Frank Bures nació y vive en Min[...] han aparecido en *Harper's Magaz[...]* [...] *Runner's World*, *New Republic* y *The Washington Post Magazine*.

T0290312

GEOGRAFÍA DE LA LOCURA

FRANK BURES

GEOGRAFÍA DE LA LOCURA

EN BUSCA DEL PENE PERDIDO Y OTROS DELIRIOS COLECTIVOS

TRADUCCIÓN DE INÉS CLAVERO

MALPASO

BARCELONA   MÉXICO   BUENOS AIRES   NUEVA YORK

Para obtener este libro en formato digital escriba su nombre y apellido con bolígrafo o rotulador en la primera página. Tome luego una foto de esa página y envíela a <ebooks@malpasoed.com>. A vuelta de correo recibirá el e-book gratis. Si tiene alguna duda escríbanos a la misma dirección.

© Frank Bures, 2016
© Traducción: Inés Clavero
© Malpaso Ediciones, S. L. U.
Gran Via de les Corts Catalanes, 657, entresuelo
08010 Barcelona
www.malpasoed.com

Título original: *The Geography of Madness*

ISBN: 978-84-17081-54-6
Depósito legal: B-29.889-2017
Primera edición: marzo de 2018

Impresión: Cayfosa
Diseño de interiores: Sergi Gòdia
Maquetación: M. I. Maquetación, S. L.
Imagen de cubierta: © Getty Images / Malpaso Ediciones, S. L. U.

Para Bridgit, por todo

Que el cielo tenga piedad de nosotros —tanto presbiterianos como pa-
ganos—, pues todos en cierto modo
estamos terriblemente mal de la cabeza, y lamentablemente necesitamos
arreglo.

HERMAN MELVILLE , *Moby Dick*

INTRODUCCIÓN

En 1990 salí de una pequeña ciudad del Medio Oeste para pasar un año en Italia como estudiante de intercambio. Lo que allí encontré fue desconcertante, y lo que siguió fue uno de los años más difíciles de mi vida. Cuando regresé a casa, ya no era el mismo.

¿Qué había pasado? ¿Cómo puede el hecho de cambiar de lugar, de lengua, de cultura... cambiar quien eres? Y, sin embargo, así fue. Tras un año inmerso en la sociedad italiana, me sentía alguien distinto, y la profundidad de aquel cambio me perturbaba. Ya no me sentía del todo estadounidense, pero tampoco italiano. Era como si hubiera dejado algo atrás.

Lo que ignoraba entonces era que aquel año en el extranjero marcaría el inicio de una búsqueda que me costaría años comprender, por no decir completar. *Geografía de la locura* es la historia de esa búsqueda, que me llevó a destinos donde jamás imaginé que iría, como Nigeria, Tailandia, Borneo, Singapur, Hong Kong o China. En aquellos lugares me topé con fantasmas errantes de zorros, lagartos que reptaban bajo la piel, cerdos venenosos y mentes envenenadas. También alcancé a vislumbrar cómo nuestras ideas pueden matarnos y nuestras creencias, salvarnos; cómo este tipo de convicciones determinan veladamente el curso de nuestras vidas.

Pero, además, estas ideas pueden provocar que te desaparezca el pene, como descubrí cuando fui a Nigeria a investigar el fenómeno del «robo mágico de penes», cuyas víctimas notaban que sus genitales desaparecían porque alguien se los había robado mediante brujería. En la literatura médica, el robo mágico de penes se conoce con el nombre de *koro*, y se considera un «síndrome ligado a la cultura». Los afectados (por lo general, hombres) sienten que sus genitales se invaginan dentro de su cuerpo. Si finalmente eso sucede, lo siguiente será la muerte.

En medio de la fascinación que me despertaban aquellos casos de hurto, otra pregunta brotó en mi mente: ¿cómo sería vivir en un mundo donde fuera posible que tu pene se esfumase en el momento menos pensado? A su vez, dicha reflexión me condujo a cuestiones profundas como: ¿qué es la cultura?, ¿de qué está hecha?, ¿de qué modo estamos ligados a ella?

Estas cuestiones suscitaron acalorados debates durante buena parte del siglo xx, pero en la década de 1990, la era de la globalización, los grandes pensadores las dejaron de lado. Arguyeron que la cultura no podía definirse, pues era todo aquello que hacíamos. Asimismo, hubo quienes opinaban que, si la cultura lo era todo, entonces también era nada. Al final, la palabra acabó convirtiéndose en una compleja paradoja, y el mundo pasó página.

Pero yo era incapaz de pasar página. Sabía que la cultura no era nada. Lo sabía porque había mirado a los ojos a Starrys Obazi, a quien le habían robado el pene en una esquina cualquiera de Lagos. Lo sabía porque había sentido en mis carnes el poder de la cultura, y porque desde entonces me esforzaba por comprenderlo.

Hoy, tras años de plantear preguntas y recorrer numerosos lugares, creo tener las respuestas que buscaba. No solo sobre lo que es la cultura, sino también sobre cómo esta hace que estemos enfermos o sanos, cuerdos o dementes; sobre cómo nos da esperanza y nos la arrebata; sobre cómo nos dice quiénes somos y quiénes dejamos de ser; sobre cómo nos moldea y cómo nosotros la moldeamos a ella.

Gran parte de lo que encontraréis en estas páginas os parecerá imposible o, al menos, difícil de creer, pero esta es una obra de no ficción. Todos los hechos y las conversaciones de este libro tuvieron lugar y están reproducidos con la mayor fidelidad posible. Se han corregido ciertas cuestiones gramaticales para facilitar la lectura, tras consultarlo con los hablantes cuando fue posible localizarlos. Los mundos que he intentado transmitir aquí existen y son reales para quienes habitan en ellos. Espero que también lo sean para vosotros a medida que leáis y viajemos juntos; y que la línea entre lo real y lo imaginario, lo familiar y lo extranjero, comience a difuminarse. Para entonces, espero que vislumbréis el papel que todos desempeñamos a la hora de crear mundos que pueden parecer extraños desde fuera, pero que desde dentro son perfectamente lógicos, y que alcancéis a ver que los hilos que mantienen unidos dichos mundos son los mismos que rigen nuestras vidas y nos mantienen unidos entre nosotros.

1

EL CASO DE LA VIRILIDAD PERDIDA

El sol estaba en lo alto y el calor ya apretaba cuando nuestro coche se adentró en Alagbado, una localidad polvorienta y decadente del extrarradio de Lagos, la megalópolis nigeriana donde se suponía que vivía un joven llamado Wasiu Karimu.[1] Le habían robado el pene.

Unos días antes, su nombre había aparecido en el periódico. El titular rezaba: «El juzgado desestima el caso de un hombre por falsas acusaciones sobre la desaparición de sus genitales». El artículo explicaba que Wasiu Karimu viajaba en un autobús cuando «profirió un fuerte alarido, alertando de que su aparato genital había desaparecido. Acto seguido, agarró a [Funmi] Bello, sentada junto a él, y la exhortó a gritos a que le devolviera el miembro "robado"».

Ambos descendieron del autobús y una multitud de «bellacos» se apiñó en torno a Bello, dispuestos a matarla. Por suerte, una patrulla de policía que pasaba por allí intervino, evitó el linchamiento y escoltó a Karimu y a Bello hasta la comisaría. Una vez allí, Karimu informó al inspector de que «poco a poco, su miembro estaba regresando».

El periódico en cuestión proporcionaba la dirección postal de Wasiu Karimu, de modo que me propuse averiguar qué había sucedido exactamente dentro de sus pantalones. Un amigo llamado Toni Kan me había prestado su coche y había pedido a Akeem, el mecánico que le hacía las veces de chófer, que me condujera al lugar.

Circulamos entre casuchas de madera y pequeños restaurantes, atravesamos enormes charcos embarrados, dejamos atrás miradas curiosas que nos escrutaban desde las entradas de las casas, hasta que por fin llegamos a la dirección que figuraba en el periódico. Las gallinas y las cabras se dispersaron ante el vehículo, que lucía una inscripción de PRENSA en el parabrisas. (Toni trabajaba para varios periódicos y revistas de Lagos.)

La casa de Wasiu Karimu era amplia, tenía dos pisos y había una tiendecita al lado. Bajamos del coche y preguntamos a la dependienta si Karimu vivía allí.

—Sí, pero no anda por aquí —contestó.

Akeem se acercó al patio de la casa y una mujer apareció frente a él. Afirmó ser la madre de Wasiu y echó a Akeem del patio a voz en grito. Este se refugió dentro del coche y permanecimos un rato en mitad de la carretera a pleno sol, esperando a que apareciera Wasiu Karimu. Pero, al cabo de unos veinte minutos, unos jóvenes doblaron la esquina y se apostaron en torno a la casa. Dos de ellos llevaban palos.

Akeem me miró:

—Los Area Boys de la zona —farfulló.

En Lagos, los Area Boys eran matones que se regían por su propia ley. Se habían multiplicado tras la caída de la dictadura militar en 1998, sembrando una nueva clase de terror por toda la ciudad. Aquellos tipos se pavoneaban con unos aires que daban mala espina. Podía ver las gotas de sudor resbalando por el cuello de Akeem, que se volvió hacia mí:

—Vámonos de aquí.

—Un minuto —le supliqué.

Habíamos recorrido un largo camino; de hecho, había viajado desde Estados Unidos solo para eso, y aquella podía ser mi única oportunidad de hablar con la víctima de un hurto de pene. Así que esperamos. No estábamos haciendo nada malo, pensaba, tan solo quería hacer unas preguntas. Caminé hasta la tienda junto a la casa de Wasiu y compré una Coca-Cola.

—Señor —dijo la joven al entregarme el botellín—, ¿está buscando a alguien?

—Sí, a Wasiu Karimu.

—Señor, tal vez sea mejor que se vaya antes de que haya problemas. Será lo mejor para todos.

Apuré mi refresco y volví al coche.

—Está bien —accedí. Estaba empezando a encontrarme mal, y ahora era mi propia espalda la que estaba empapada en sudor—. Vámonos.

Akeem negó con la cabeza y dirigió la mirada hacia la carretera. La habían cortado con un par de tablones de madera y un coche. No había salida.

Uno de los Area Boys que vigilaba la casa de Wasiu Karimu parecía particularmente predispuesto a propinar una paliza. Se precipitó hacia la calle, aporreando el suelo con la vara.

—¡Fuera la prensa! —bramaba—. ¡Fuera la prensa!

Los tipos se apiñaron frente a la casa. Tras una espera interminable, llamaron a Akeem. Charlaron un momento. Luego me llamaron a mí, querían ver el artículo sobre Wasiu. Saqué la arrugada fotocopia del bolsillo y se la entregué.

El hombre con aspecto tranquilo y camiseta de 50 Cent era sin lugar a dudas el líder. Cogió el artículo, lo desdobló y lo leyó.

—Déjanos ver tu documentación —espetó.

Había salido sin mi pasaporte precisamente por esa razón, y mi carnet de conducir había desaparecido de la habitación del hotel. Todo cuanto llevaba era un carnet caducado de la YMCA. Se lo di.

El jefe, que se llamaba Ade, lo cogió y se lo pasó a un tipo larguirucho con la dentadura torcida, quien lo examinó un instante y lo devolvió.

—¿Sabes quiénes somos? —quiso saber Ade.

No lo sabía.

—Somos del CPO. ¿Conoces el CPO?

El CPO era el Congreso del Pueblo Odua, una organización pseudopolítica a medio camino entre los Area Boys y la milicia. Eran violentos y arbitrarios. En los últimos tiempos habían asesinado a varios policías de Lagos y el gobierno estaba intentando expulsarlos de algunas zonas de la ciudad.

—Tenemos que estar seguros —continuó Ade— de que no vienes a hacer daño. Quizá te ha enviado aquí esa mujer.

Se refería a la mujer que había robado el pene de Wasiu Karimu. Se oyó un fuerte estrépito: una botella de vidrio había reventado contra una de las ruedas de nuestro coche. Akeem y yo dimos un respingo.

—No —respondí, intentando mantener la calma—. Solo quería hacerle unas preguntas. ¿Está por aquí?

—No, no está.

Estaba. En aquel momento yo no lo sabía, pero, por lo visto, el propio Wasiu Karimu nos escuchaba desde la distancia. Akeem lo había visto, me aseguró más tarde: era el tipo bajito, joven y nervioso, que aguardaba detrás.

Los hombres intercambiaron unas palabras en yoruba. A continuación, el secuaz de Ade, el de la dentadura torcida, relató los hechos. Wasiu, afirmó Dientes Torcidos, se había montado en el autobús y había tomado asiento junto a aquella mujer. Como no tenía reloj, le preguntó la hora. Ella tampoco la sabía. Entonces apareció el revisor y le pidió el billete. Tampoco lo tenía. Cuando se levantó para apearse del autobús, se chocó con Wasiu.

—Entonces —continuó—, Wasiu sintió que algo le estaba pasando a su cuerpo. Algo malo. Así que se palpó, y ya no la tenía.

—¿Ya no estaba o estaba encogiendo? —quise saber.

—¡Encogía! ¡Encogía! Se estaba haciendo más pequeña.

Y entonces, al notar que su pene menguaba, Wasiu Karimu comenzó a gritar y a pedirle a la mujer que se lo devolviera. El revisor los expulsó del autobús y una vez abajo, una multitud rodeó a la acusada, sin dudar ni un instante de que fuese capaz de hacer tal cosa. Pero, en cuanto vio el peligro acechar, continuó Dientes Torcidos, devolvió la virilidad de Wasiu a su lugar, de modo que cuando la policía se lo llevó a comisaría, pensaron que había mentido y lo detuvieron.

—¿Y para qué quería esa mujer el pene? —pregunté.

—Para *yuyu* —contestó—, o para sacar algo de dinero.

Con el rabillo del ojo, podía ver que habían desmontado el control de carretera.

—¿Alguna pregunta más?

—No. Eso es todo.

—Vale —repuso—, podéis iros.

—Gracias.

Miré a Akeem y asentí. Nos montamos en el coche y arrancamos.

Antes de viajar a Nigeria, pasé varios años siguiendo noticias de casos similares al de Wasiu Karimu en aquella región. Todo comenzó en 2001, cuando di con un artículo en la página web de la BBC titulado «Pene "desaparecido" desata linchamiento masivo».[2] En aquel incidente, al menos doce personas murieron en el sudoeste de Nigeria a manos de una muchedumbre enfurecida, acusadas de «hacer desaparecer los genitales de la gente». Ocho de los acusados pertenecían a una hermandad evangelista. Un grupo de lugareños furibundos los atacaron y los quemaron vivos.

El artículo hacía referencia a un suceso similar, acaecido el mes anterior en un estado nigeriano cercano, que se había saldado con la muerte de seis personas. Según el informe más reciente, la policía afirmaba tener la situación bajo control, después de un despliegue de agentes de paisano «para vigilar de cerca a los acusados de levantar falsas sospechas».

Las imágenes desfilaban por mi cabeza, aunque me costaba mucho imaginar el pánico desatado ante una banda de linchadores rabiosos. Si algo estaba claro, era que la gente creía que los penes desaparecían (fuese cierto o no) hasta tal punto que estaba dispuesta a matar por ello. ¿Era una cuestión de miedo? ¿De creencias? Pero era algo muy fácil de comprobar. Entonces ¿quizá había algo más? Había vivido un tiempo en el este de África, donde aprendí que algunas historias podían tener varias capas; cuando pensabas haber llegado al fondo de una, aparecía otra nueva. Tal vez Nigeria también funcionaba así.

Unos meses antes, me topé con otro artículo en la BBC: «Benín en alerta por el pánico a los "hurtos de pene"».[3] En aquel país que lindaba con el oeste de Nigeria, bandas callejeras improvisadas habían asesinado a otras tantas personas acusadas de brujería y robo de genitales. Un fotoperiodista y un director de instituto se habían librado por los pelos. En total, cinco personas habían muerto en, al menos, diez ataques. Cuatro fueron quemadas vivas y una quinta, descuartizada.

En otras palabras, los hurtos de penes eran un asunto serio. Pero había algo en el tono displicente del artículo que me molestaba. En particular, esta frase: «La creencia de que las partes íntimas de los hombres pueden desaparecer por arte de magia tras un apretón de manos o un conjuro es de lo más habitual en Benín, un país donde reina la superstición y el analfabetismo».

Me pareció frívolo. Tenía un tono moralizante, de superioridad. El artículo parecía sugerir, o afirmar, que la gente civilizada estaba libre de la superstición, que la educación era el remedio contra los robos de pene y que la alfabetización podía paliar nuestra locura.

Por razones que en aquel momento se me escapaban, no estaba dispuesto a tachar aquellos hechos de mera ingenuidad primitiva. Eso era demasiado fácil. Estaba convencido de que quedaba mucho que escarbar y me moría de ganas de visitar no solo Nigeria, sino cualquier lugar donde algo así fuera posible, donde la desaparición de un pene por arte de magia no despertase incredulidad, sino pánico. Había algo que lo hacía parecer real, algo que ensamblaba aquel mundo. ¿Sería lo mismo que en su día había mantenido unido el mío? ¿Lo mismo que hizo que este se desmoronara? Tenía la certeza de que, tarde o temprano, tendría que ir allí para descubrirlo.

Imprimí el segundo artículo y lo guardé en mis archivos. En aquella época vivía en Portland, Oregón, donde trabajaba en una gran librería y escribía de forma puntual para algunos periódicos locales. Redacté una propuesta de reportaje y la envié a varias revistas masculinas, el blanco más lógico.

Una a una, las respuestas fueron llegando. Era demasiado caro, demasiado arriesgado, demasiado raro. Hablé por teléfono con un editor que estaba interesado, pero que no podía permitirse pagarme un viaje a Nigeria para encontrar, básicamente... nada.

Tampoco yo tenía una buena respuesta. Después de todo, no sabía con qué me iba a encontrar, ni siquiera sabía qué estaba buscando, así que nadie me iba a enviar hasta allí para que lo descubriese. No obstante, aunque no fuese capaz de articular la historia que quería contar, sabía que no se trataba de vender humo. Al contrario, se me antojaba una historia que iba más allá del robo de penes. Archivé los artículos en mi carpeta e intenté hacer lo mismo con la historia relegándola al fondo de mi memoria.

Entretanto, la vida siguió su curso. Mi mujer Bridgit y yo dejamos Portland para ir a vivir un año en Tailandia, y al volver nos instalamos en Madison, Wisconsin. Compramos una casa y al cabo de poco tiempo supimos que esperábamos una niña. Pero entre toda esa emoción, sentí una punzada de pánico. Nigeria me carcomía por dentro. Sabía que era un momento pésimo para marcharme, que Bridgit, embarazada de pocos meses, no querría que me fuese.

Pero también sabía que tenía que hacerlo, y que si no lo hacía me arrepentiría para siempre. Antes de iniciar ese nuevo capítulo de nuestras vidas, tenía que cerrar este último. Porque si esperaba a que nuestra hija naciese, tal vez nunca llegaría a Nigeria. Y si no lo hacía, temía no encontrar nunca aquello que estaba buscando.

De modo que empecé a ahorrar. Y me embarqué en el desconcertante proceso de conseguir visado para viajar a Nigeria. Durante varias semanas intenté contactar con la embajada de Nigeria en Washington, pero nadie descolgó el teléfono. Finalmente, decidí probar suerte con el consulado de Nigeria en Nueva York. Llamé una y otra vez, realicé complejas cábalas a fin de dar con el mejor momento para encontrar a alguien en la oficina (a eso de las diez de la mañana, pensaba yo), hasta que por fin lo logré. Mi interlocutor me explicó el procedimiento, arcano, desconcertante y especialmente concebido para desanimar al turista. Lo cierto era que había que tener muchas ganas de viajar allí.

Tres meses después, era el único turista a bordo de un avión lleno de nigerianos rumbo a Lagos. Todos vestían pantalones vaqueros de diseño y llevaban las maletas a reventar de regalos. Tras el aterrizaje, la puerta de la cabina se abrió y reconocí un olor a comida, fogata y diésel fundiéndose en el denso aire tropical.

El Aeropuerto Internacional Murtala Muhammed era una cochambre fruto de años de descuido. El suelo estaba desconchado y lleno de hoyos, y el lugar transmitía una desolación comparable a la de una estación de autobuses de Detroit. Con todo, apareció mi equipaje, me lo eché al hombro y salí hacia aquella ciudad de diecisiete millones de almas.

Llevaba un nombre en el bolsillo: Toni Kan, un amigo de un escritor a quien conocía.[4] Habíamos intercambiado algunos correos electrónicos y Toni había quedado en pasar a recogerme al aeropuerto. Agarré mis bártulos, salí fuera y escruté la horda de taxistas chillones, pero no sabía qué aspecto tenía mi anfitrión y tampoco vi a nadie con pinta de estar buscándome, de modo que me aventuré hacia los taxis resuelto a regatear. Después de varias negociaciones inflexibles, conseguí a un taxista dispuesto a bajar a treinta dólares (aunque estoy convencido de que pagué de más). Me monté en su coche y fuimos al único hotel que encontré por menos de trescientos dólares la noche: el hotel Mainland, un decrépito edificio situado después del puente de Carter, frente a la isla de Lagos, el corazón de la ciudad.

En el hotel, las planchas del techo del vestíbulo estaban resquebrajadas, sucias y medio caídas en algunas zonas. La moqueta emanaba tufillo a humedad. Cuando cerré la puerta de mi habitación, me percaté de que la cerradura estaba rota, así que llamé a recepción y enseguida se presentaron dos hombres de mantenimiento. Tras una hora de chapuceo, el funcionamiento de la cerradura parecía bastante aceptable. Les di las gracias y me tumbé en la cama para ver los informativos: las cámaras enfocaban varias trifulcas entre multitudes incontrolables en algún punto de la ciudad. Tenían relación con secuestradores que robaban partes del cuerpo de sus víctimas para emplearlas en brujería.

Parecía como si todo el mundo allí tuviera miedo. Finalmente, entre imágenes de hordas enfurecidas y penes desaparecidos, caí rendido de sueño.

A la mañana siguiente, me despertó un sonido que no era capaz de reconocer, como una especie de murmullo grave. Parecía provenir de la ventana. Me levanté, la abrí y me di cuenta de que era el ruido de la ciudad: el clamor de los millones de habitantes de Lagos, que discutían, chillaban y reían. Era más bulliciosa que cualquiera de las metrópolis en las que hubiera estado en mi vida. Volví a cerrar la ventana, aunque apenas se notó la diferencia. Bajé al vestíbulo dispuesto a salir, pero necesité un par de minutos para armarme de valor. Después atravesé el umbral y me aventuré hacia las calles. Describir Lagos como una ciudad «vibrante» sería quedarse corto. Es muchísimo más, desborda una energía que nunca antes había sentido. Y me dejé guiar por ella. Caminé como si supiera adónde iba, aunque no tuviera la menor idea. Crucé el puente hasta la isla de Lagos. Deambulé por las calles atestadas de gente. No sabía por dónde empezar mis pesquisas sobre los ladrones de penes. Entré en librerías, tomé mototaxis y pedí ayuda a gente que fui conociendo, pero con poca suerte y nula perspicacia.

Al final, fui a parar al mercado de Jankara, un montón de puestos apretujados bajo unas planchas de chapa ondulada que protegían la mercancía del sol y la lluvia. Bajo esa cubierta podía encontrarse una amplia gama de hojas, ramas, semillas, conchas, pieles, huesos, cráneos, lagartos y sapos muertos, productos todos reputados por sus propiedades reconstituyentes, terapéuticas o dañinas, en función de las necesidades de cada uno.

El mercado también era famoso por la cantidad de cosas «oscuras» que podían adquirirse allí. En concreto, *yuyu*: magia. Durante mi primera visita a Jankara conocí a una mujer bajita y rechoncha llamada Edy. Charlamos unos minutos antes de que me declarase su amor y me anunciase su intención de casarse conmigo. Cuando le dije que ya estaba casado, amenazó con usar sus poderes mágicos para conquistarme: con dos figuritas de madera me impediría pegar ojo hasta verla.

Unos días después regresé al mercado y encontré el puesto de Edy. Nada más adentrarme en los oscuros pasillos, me reconoció.

—¡Ah! —exclamó—. ¡Has vuelto!

—Sí.

—Siéntate —ordenó, y me indicó un banco. Se sentó frente a mí—. ¿Qué me has traído? —Le mostré las frutas que acababa de comprar—. Ah, muy bien —concedió, y empezó a comer, aunque fuese de día, estuviésemos en pleno Ramadán y fuera musulmana—. ¿Cómo está tu mujer?

—Está bien.

—¿Y qué tal tu otra mujer?

—¿Quién?

—¿Cómo que «quién»? —repitió mi pregunta con tono burlón—. Sabes muy bien quién es. ¡Soy yo!

—Bueno, estaría bien, pero en Estados Unidos eso no es posible.

Apareció un hombre que le entregó un gurruño de papel con una lista de ingredientes. Edy estudió la lista con detenimiento, se levantó y recorrió su puesto recolectando palitos, hojas, semillas y ramas. Lo machacó todo y lo metió en una bolsa. Mientras preparaba el remedio, el hombre tomó asiento en el banco junto a mí.

—¿Es para ti? —quise saber.

—Sí. Es para ser muy fuerte.

Después apareció otro hombre e hizo su comanda. Algo para el apéndice, dijo. Cuando se hubo marchado, Edy volvió a sentarse frente a mí.

—Tengo una pregunta —dije.

—¿Sí?

—En mi país no tenemos *yuyu*.

—Sí.

—Pero he leído en el periódico algo sobre penes robados...

—Ah, eso —me interrumpió—. Ni caso. Eso no es verdad. Si te toco tu cosita así —y me tocó la pierna—, ¿te desaparece el pene?

—No —respondí, incómodo—, pero ¿qué pasa si vengo a verte y te pido protección? ¿Puedes hacerlo?

—Sí, claro que puedo.

—¿Cuánto?

—Mil nairas. O dos mil. De ahí para arriba. —Era una suma considerable para los estándares nigerianos (más de quince dólares).

—¿Y te lo pide mucha gente?

—Sí —murmuró, y miró a su alrededor—. Mucha.

El primer caso de desaparición de pene en África sobre el que conseguí encontrar información ocurrió en Sudán en la década de 1960.[5] A partir de esa fecha, había montones de artículos bien documentados sobre episodios que tuvieron lugar en Nigeria entre mediados y finales de la década de 1970. Uno de ellos sucedió en Kaduna, una ciudad del norte. Un psiquiatra llamado Sunday Ilechukwu estaba trabajando en su consulta cuando apareció un policía escoltando a dos hombres.[6] Uno de ellos decía que necesitaba un examen médico y acusaba al otro de haber hecho que su pene desapareciera.

Como en el caso de Wasiu Karimu y la muchedumbre de fuera del autobús, el episodio también había provocado una trifulca en la calle. Durante la exploración médica, relató Ilechukwu tiempo después, la víctima miraba al vacío mientras él examinaba su pene. El diagnóstico fue normal.

En la revista médica *Transcultural Psychiatric Review*, Ilechukwu escribió: «El paciente miró por primera vez a su entrepierna y declaró que sus genitales acababan de regresar».

En opinión de Ilechukwu, este caso se enmarcaba dentro de la epidemia de robos de penes que asoló Nigeria entre 1975 y 1977. «Por las calles de Lagos, podía verse a los hombres caminar aferrados a sus genitales, algunos con descaro y otros con discreción, con las manos en los bolsillos. [...] Las mujeres también se agarraban el pecho, con mayor o menor disimulo, cruzando los brazos por encima. [...] La vigilancia y las agresiones anticipadas se tenían por buenos profilácticos, lo que se tradujo en un colapso del orden y la ley.» En aquellos casos, la víctima gritaba: «¡Al ladrón! ¡Mis genitales han desaparecido!», e inmediatamente la masa identificaba un culpable, lo retenía y, en muchos casos, lo mataba.[7]

Después, por alguna razón, los ánimos se calmaron. No obstante, en la década de 1990, el tema resurgió y durante los siguientes quince años se produjeron incidentes esporádicos con una frecuencia bastante elevada. Después tuvieron lugar los ataques en Nigeria y Benín sobre los que había leído. Un estudio enumeraba cincuenta y seis episodios aislados de «genitales encogidos, desaparecidos o robados» ocurridos en África occidental entre 1997 y 2003, durante los cuales al menos treinta y seis supuestos ladrones de penes habían muerto en altercados callejeros.[8] En general, la prensa local era la única que se hacía eco de estos hechos, que no tenían mayor trascendencia fuera de la región.

Por su parte, el resto del mundo recibía estas noticias con una mezcla de incredulidad, rechazo y diversión, como resultaba evidente en aquel artículo de la BBC sobre

Benín. Pero ¿aquella gente se lo creía de verdad? ¿Por qué no lo comprobaban y listo? Si bien aquellas preguntas no eran del todo injustas, el tono en el que se formulaban remitía a otra época, no tan lejana a la nuestra, en la que los médicos occidentales habrían tildado tales comportamientos de supersticiones, «reacciones primitivas», o «psicosis étnicas». Las implicaciones estaban bien claras: aquellas conductas eran fruto de la imaginación de mentes más simples.

Un día, después de recorrer a pie Lagos en busca de historias de penes robados, decidí tomar un taxi en lugar de regresar caminando al hotel. El tráfico estaba saturado y salir de la isla de Lagos nos costó lo que me pareció una eternidad. Por fin, el taxista se incorporó, muy poco a poco, al puente de Carter, y avanzamos sobre el agua hacia la otra orilla.

El hotel Mainland se alzaba frente a nosotros sobre los tejados de chapa ondulada de los edificios más bajos. Estábamos a punto de llegar cuando el taxi se detuvo.

Había un grupo de policías frente al coche. Algunos llevaban ametralladoras y solo unos pocos vestían uniforme. Los que no iban uniformados eran Area Boys que colaboraban con la policía. Uno de ellos se acercó a nuestro vehículo. Era un tipo grandullón, de mirada espeluznantemente glacial y rostro encendido. Su cabeza ocupaba toda la ventanilla cuando se acercó para hablarnos. Me miró, miró al taxista, y me volvió a mirar.

—¿Hacia dónde te dirigías? —preguntó.

—¿A qué te refieres?

—Te he visto caminar por ahí. —Señaló con el dedo hacia la calle por la que había llegado.

—Estaba dando una vuelta.

—Pasaporte.

—No lo tengo —mentí.

—¿No? Muy bien. Fuera del coche.

Salí del taxi. La gente curioseaba y empezó a formarse un corrillo. Los demás «policías» me observaban con interés.

—¿Qué llevas en la mochila?

—Nada —volví a mentir.

Llevaba toda mi documentación, algunos libros y los nairas que acababa de cambiar por doscientos dólares. El dinero estaba encima de todo, y tras años de viajes en lugares de este tipo había aprendido que enseñárselo sería la peor estrategia posible en la partida de póquer que estábamos jugando, una que no podía permitirme perder pues ya empezaba a quedarme corto de efectivo. No pensaba a abrir la mochila por nada del mundo.

—Déjame ver.

—No. Oye, mira, puedo volver caminando al hotel —dije, y señalé carretera abajo. Acto seguido, comencé a andar. Dio un paso hacia mí. Se levantó la camisa y sacó un arma del cinturón.

—Sube al coche —ordenó.

Retrocedió para hablar con los demás Area Boys. Aproveché ese instante para colocar el dinero en el fondo de la mochila y, apenas lo hube hecho, un policía uniformado que llevaba chaleco antibalas se aproximó.

—¿Qué llevas en la mochila?

—Nada. —La abrí para que pudiera ver el interior—. Solo libros. Papeles.

El policía se alejó y vi que el Area Boy regresaba a la carga. El taxista me miró y susurró furtivamente:

—¡Dale un poco de dinero! —Saqué un billete de quinientos nairas, lo equivalente a unos cuatro dólares—. ¡No! ¡No! ¡Quinientos no! Solo doscientos.

Guardé el billete de quinientos y el taxista me pasó uno de doscientos en un abrir y cerrar de ojos. El Area Boy pegó de nuevo la cara contra la ventanilla.

—Déjame ver tu mochila. —Esta vez, le mostré la documentación y los libros—. ¿Por qué no me lo has enseñado antes?

—Me he puesto nervioso —me excusé.

Le di el billete de doscientos. Lo cogió, miró con disimulo a su alrededor y se lo introdujo en el bolsillo, como si nadie se hubiera dado cuenta de lo que estaba haciendo. Se alejó unos pasos del coche y nos despidió con la mano.

Arrancamos y el taxista se volvió hacia mí:

—¡Y ahora dame esos quinientos!

Si veía Lagos como una ciudad con una energía sin par, también veía la rapidez con la que aquella marea podía volverse en contra de uno. La sensación de vulnerabilidad y la impresión de que existían unas fuerzas que escapaban a tu control era constante. Cada vez que salías por la puerta, era necesario llevar todo tu ingenio contigo.

De vuelta al hotel, me tumbé en la cama, aún un poco tembloroso. Pensé en llamar a casa, pero cada vez que lo hacía, Bridgit rompía a llorar y estaba claro que escuchar esta historia no le iba a hacer ninguna gracia. Así que puse las noticias en la televisión: el ejército había prendido fuego a una comisaría después de que un policía hubiera abofeteado a un militar en un control; un muchacho acusado de secuestro había caído en manos de una multitud que lo había quemado vivo.

La televisión no resultó ser ninguna ayuda para distraerme de los Area Boys, de modo que saqué una carpeta con algunos textos que quería leer. Había imprimido algunos artículos de la biblioteca médica de Madison que hablaban de los hurtos mágicos de penes. Los psiquiatras transculturales se referían a estos fenómenos como «síndrome de retracción genital» o *koro*, un apelativo originario de Asia. En un principio, el *koro* se clasificó dentro de un cajón de sastre que aglutinaba diversas condiciones mentales que no se hallaban en el mundo occidental, los llamados «síndromes ligados a la cultura» (o, más recientemente, «síndromes culturales»). En otras palabras: enfermedades mentales que solo podían darse en determinadas culturas.

El *koro* no era el único síndrome cultural de África. Había otros, como el *ode ori*, por el que algunos habitantes de la parte yoruba de Nigeria sentían que un organismo reptaba por el interior de su cabeza, causándoles mareos y pérdidas de visión. O «pesadez de cerebro», que podía provocar dolorosos síntomas en el cuello y los ojos, además de una disrupción cognitiva, en los estudiantes tras largas sesiones de estudio. También estaba el *mamhepo*, un trastorno relacionado con el egoísmo, cuyas víctimas imitaban a un animal concreto elegido por una bruja. Por no hablar de la «muerte por vudú» (o «muerte psicogénica»), donde se le anunciaba el momento de su muerte a la persona sobre la que recaía la maldición, y después se cumplía.

Del mismo modo que los hurtos de penes, todos estos síndromes eran terriblemente reales para quienes los experimentaban. Pero ¿por qué razón existían en unos sitios y no en otros? ¿Acaso el lugar donde uno vive determina el modo como puede perder la cabeza? ¿Es posible que una persona que se vuelve loca en una cultura enloquezca de manera diferente en otra? Es más, ¿cabe la posibilidad de que no enloquezca? Y, puestos a pensarlo, ¿qué es una «cultura»? ¿Y hasta qué punto estamos ligados a ella?

Al cabo de unos días logré reunirme por fin con Toni Kan, quien tuvo el detalle de acogerme en su casa (lo que supuso un salto cualitativo en comparación con el mugriento Mainland). Toni era escritor de ficción y periodista, y tenía muchos amigos que trabajaban para diversos medios de comunicación de Lagos. Un día quedamos con algunos de ellos en un restaurante callejero frente al Teatro Nacional. Hablamos sobre el panorama literario de la ciudad, que atravesaba un período de renacimiento. Pasamos varias horas allí sentados, bebiendo y charlando. Los periodistas eran divertidos, audaces, categóricos. Eran curiosos, cultos e interesantes. En definitiva, eran intelectuales.

Después de un rato, saqué a colación el tema del robo mágico de penes y pregunté si alguien había oído hablar del asunto. ¿Sucedía de verdad? Un editor llamado Jossy me miró a los ojos:

—No. No sucede. Te lo aseguro, no es más que un mito.

Llegaron más bebidas, se expusieron más opiniones, y observé cómo, durante la hora que siguió, el centro de gravedad se desplazó. Un escritor mencionó algo sobre un incidente inexplicable que le había ocurrido a su tía. Dio a entender que la magia había tenido algo que ver. Otro editor compartió una anécdota similar protagonizada por una hermana. Toni, por su parte, nos habló de una chica de su edificio que aceptó de un extraño lo que ella creía ser agua. Cuando se despertó, descubrió que había cruzado el país en autobús y que le faltaba el dinero que se disponía a ingresar en el banco: el agua contenía *yuyu*. A continuación, Jossy habló de un curandero capaz de localizar cualquier objeto robado. También charlamos sobre los «secuestradores» que vagaban por las calles en busca de víctimas a las que robar partes del cuerpo para después emplearlas en rituales. (Uno de los periódicos había publicado artículos titulados «Diez maneras de evitar el secuestro» y «Ocho tácticas empleadas por los secuestradores».)

Poner en entredicho cualquiera de esas historias significaba poner en entredicho a la persona sentada a tu lado, pero dudar de todas ya era harina de otro costal. Con cada una de las anécdotas, sentía que se iban cosiendo más puntadas, como si me estuvieran arrastrando hacia un lugar donde aquellas cosas eran posibles. Fue un cambio visceral, más ubicado en mi estómago que en mi cabeza. Aquellos tipos no tenían ninguna pinta de locos, ni de crédulos. ¿Acaso no hay, me pregunté, cosas en este mundo que escapan a nuestro entendimiento?

Antes de separarnos, Jossy volvió a mirarme fijamente a los ojos.

—Es cierto —afirmó—. Ocurre. Sin duda. Y conozco a alguien a quien le pasó.

Nos costó unos días localizarlo, pero al final dimos con Starrys Obazi. Para entonces, Akeem y yo ya habíamos visitado a Wasiu Karimu. Aunque nos hubiéramos acercado a la cuestión, yo aún necesitaba oírlo de boca de la víctima, de quien hubiese estado en la escena del crimen y pudiera describir la experiencia con todo lujo de detalles. Esa era mi gran esperanza. Así que concertamos una cita en un establecimiento barato de comida rápida situado en la zona norte de Lagos.

Cuando Toni y yo llegamos al local, Starrys, un tipo enjuto de voz nasal, ya nos estaba esperando. Los tres dispusimos la comida y nos instalamos en una mesa junto a la ventana. A nuestro alrededor, otros nigerianos paseaban sus bandejas y tomaban asiento para comerse sus hamburguesas, atentos a los vídeos de hip-hop que emitía un televisor a nuestra espalda. Starrys se abalanzó sobre su pollo como el periodista hambriento y desocupado que era.

Durante catorce años, había sido el redactor jefe de FAME, una revista de prensa rosa nigeriana, hasta que el dueño, por alguna razón desconocida, dejó de pagarle. El trabajo, incluso los encargos editoriales peor pagados, escaseaban en Lagos; habían pasado varios años desde que Starrys ocupó su último puesto.

El robo de su pene, explicó, ocurrió en 1990, cuando aún era reportero del *Evening Times*. Por aquel entonces, se consideraba escéptico (y era, además, testigo de Jehová). Había oído hablar de los ladrones de penes. Había oído historias, tal vez hasta las había escrito, pero no era un asunto que le preocupase demasiado.

Pero un día, cuando estaba esperando el autobús para ir al trabajo, se le acercó un hombre con un pedazo de papel con el nombre de una calle escrito.

—¿Sabes dónde está? —preguntó el hombre sin pronunciar el nombre.

Starrys no conocía la calle, y por alguna extraña razón dudó de que existiera realmente. Entonces apareció otro tipo detrás de Starrys y, sin haber visto el papel, le indicó al hombre cómo encontrarla. Aquello era aún más raro. Ambos se alejaron juntos y Starrys notó una sensación que jamás en su vida había sentido.

—En aquel momento —dijo inclinándose hacia delante—, noté que algo abandonaba mi cuerpo, comencé a sentirme vacío por dentro. Me llevé la mano a los pantalones y me la palpé. Estaba anormalmente pequeña. Más pequeña que el tamaño de siempre. Y el escroto estaba plano. Comprobé con los dedos a ver si los testículos se me habían subido, pero no estaban. Se habían esfumado. ¡Y yo me sentía tan vacío! —Su voz se tensó al rememorar el pánico de aquel día.

Starrys salió corriendo tras ellos y les plantó cara. «¡Le ha pasado algo a mi pene!», acusó al extraño que había pedido indicaciones. Este alegó no tener ni idea sobre lo que Starrys le estaba contando. Algo le dijo que era mejor no gritar, nos explicó.

—En cuanto alzase la voz, lincharían al tipo. Y si lo linchaban, ¿cómo iba a recuperar mi pene?

Starrys dio cuenta del pollo y se limpió las manos con una toallita.

—Medía un cuarto de su tamaño normal —recordó.

Su voz se resonaba con énfasis, como si ni siquiera ahora terminara de creerse lo sucedido, pero lo creía. Yo, por mi parte, a medida que lo oía relatar su historia, notaba cómo me sumergía en ella. Era capaz de sentir el temor de Starrys. Cedí ante el pánico de su voz. Era tan real, tan cierto. En aquel momento, también yo sentí pavor.

Continuó el relato. El segundo hombre accedió, pese a las negativas del primero, a acompañar a Starrys al hospital más cercano para denunciar el robo. Justo cuando llegaron a la entrada del edificio, el hombre agarró a Starrys y gritó: «¡Vamos adeeentro!». Y entonces ocurrió algo.

—Cuando me agarró, me tranquilicé. Noté una paz interior. Me palpé y mis testículos estaban allí.

También palpó su pene, las tres cuartas partes que faltaban estaban de vuelta. El médico exploró a Starrys y no diagnosticó ningún problema. También aconsejó al extraño que dejara de armar líos en la calle.

Me estaba acercando, lo intuía. Escuchando las historias de amigos de amigos, leyendo artículos de periódico, viviendo en mis carnes el miedo que inspira el CPO, contemplando a Starrys y percibiendo el pánico de su voz. Aquellas experiencias me habían acercado al lugar que había ido a buscar: a los confines de la racionalidad, a un mundo de magia. Y entonces sentí una punzada de miedo. Lagos había cambiado desde mi llegada. Ahora la ciudad se me antojaba peligrosa, y sus peligros, plausibles. Las historias que me habían contado me habían sumergido hasta otras profundidades, me habían arrastrado hacia otra corriente. Y antes de irme, tenía que comprobar si podía dejarme llevar un poco más lejos.

Así pues, uno de mis últimos días en Lagos, salí a pasear. Por las calles, serpenteantes y abarrotadas, decenas de miles de personas iban y venían, ocupando aceras y calzadas. La densidad humana era tal que los coches tenían que circular entre la gente a paso de tortuga y a golpe de bocina, surcando la masa humana cual arado en los campos.

Estaba lejos del mercado de Jankara cuando comencé a caminar sin saber hacia dónde me dirigía. Lo único que quería era comprobar si podía rozar la frontera que separaba mi mundo de aquel, bastante más escurridizo. Quería cruzar al otro lado: no solo escuchar la historia, sino formar parte de ella. Quería darme la vuelta y ver a alguien comprobando si su virilidad estaba en su sitio.

Avanzaba entre la multitud, pero a pesar de la proximidad, apenas nos rozábamos. Varios torrentes humanos se cruzaban, raudos y ágiles. Me adentré en la ciudad. Observaba a la gente que pasaba a centímetros de mí y hacía amagos de deslizarme en la corriente, aunque tampoco así lograba el contacto. Intenté golpear disimuladamente con el hombro a algunas personas, pero la mayoría iban con demasiada prisa, demasiada atención, demasiado recelo.

Seguí caminando y conseguí chocar mi hombro con el de un tipo. Cuando me di media vuelta, este no parecía haberse inmutado. Intenté ser un poco menos sutil con el siguiente, pero también hizo como si nada. Repetí la operación con unos cuantos viandantes más, hasta que por fin embestí a un hombre con suficiente ahínco como para que supiera que había sido adrede.

Me detuve para mirarlo. Ni se acuclilló, ni se agarró las partes. No me señaló, no me acusó. Ni tan siquiera volvió la vista. Simplemente, siguió su camino. Y en aquel momento comprendí que podría dejarme llevar por la corriente de aquel río, pero nunca conseguiría hundirme. Fluía a mi alrededor, pero no en mi interior. Yo estaba en el agua, pero el agua no estaba en mí.

Cuando aterricé en Lagos lo ignoraba, pero era eso lo que había ido a buscar. El hecho de que los robos de penes fueran o no reales no era lo importante, puesto que las corrientes que los conducían a la cultura (es decir, las historias) eran reales para quienes los contaban, los oían y los vivían. Ahora lo entendía desde un prisma nuevo. Aunque también era consciente de que si quería desenredar aquella maraña de cultura y rarezas, si quería entender cómo funcionaba y de dónde emanaba su poder, necesitaría ir más allá. Aún no sabía cómo, pero tendría que remontar el río hasta llegar al manantial.

2

SIGUIENDO LOS HILOS

De vuelta a casa, pasé mis notas a limpio. Al leerlas, el relato no me sorprendió por extraño, sino por trivial. Cuando alcé la vista y me vi en Wisconsin, me resultaba extraño que no hubiera Area Boys, linchamientos masivos, o magia flotando por las calles. Las carreteras estaban asfaltadas. La policía y el ejército no estaban en guerra. La electricidad era constante, infinita.

Con todo, cada vez que hablaba de Nigeria a mis amigos estadounidenses, me resultaba imposible describir lo que me había encontrado en África sin sonar vacuo e irreal, incapaz de explicar la sensación de estar allí, la normalidad y el sentido de aquel fenómeno.

No era la primera vez que me faltaban las palabras. Durante toda mi vida, había pensado que mis experiencias en otros países superaban con creces mi habilidad para describirlas. La primera vez ocurrió durante uno de los años más difíciles de mi vida, cuando me marché de la ciudad de Minnesota donde crecí para descubrir mundo.

Nuestra ciudad se llamaba Winona y estaba rodeada de peñascos que se alzaban a orillas del Mississippi.[1] Sabíamos que existía un mundo más allá, pero nuestro horizonte era cercano. Lo que sucediera al otro lado de aquellas colinas nos interesaba más bien poco.

Un año, cuando estaba en el instituto, recibimos a una estudiante italiana de intercambio. Tenía el pelo largo y moreno, y una hermosa sonrisa. Se llamaba Anna y se alojaba en casa de unos amigos de mis padres. Al cabo de unos meses, nos comentaron que el hermano pequeño de Anna también quería venir a Estados Unidos y buscaba una familia que lo acogiese. Mis padres me plantearon la pregunta: ¿quería irme a Italia?

No sabía qué responder. No quería no ir a Italia y tampoco tenía prisa por ir a la universidad. Era la primera vez que se me presentaba una oportunidad así. De modo que, a falta de otros planes mejores, acepté, sin sospechar que aquella decisión cambiaría drásticamente el curso de mi vida.

El verano siguiente llegó Fritz, el hermano de Anna. Encajó a la perfección en nuestra familia de tres hermanos, pero no tanto en la sociedad de Winona. Estábamos en 1989 y la globalización aún no había llegado a la zona norte del Medio Oeste, así que el estilo europeo de Fritz causó revuelo en nuestra ciudad obrera. Los vaqueros pesqueros, los zapatos Brogue y el corte de pelo extravagante causaron su muerte social, o, en otras palabras, el destierro a la mesa de los estudiantes de intercambio.

Una noche, mis amigos y yo fuimos a una fiesta y nos llevamos a Fritz con nosotros. La organizaba una panda de chicos que se habían graduado hacía un par de años. Cuando llegamos a la casa, uno de los tipos estaba en la entrada para asegurar que no se colase ningún pardillo. Me observó con recelo y me dejó pasar.

Una vez dentro, oí una discusión detrás de mí. Volví a asomarme a la puerta, donde el gorila señalaba los pantalones de Fritz y le decía que no podía entrar.

—Pero ¿por qué? —preguntó Fritz mirándose los pantalones.

—¿Qué pasa? —intervine.

—Este tío lleva vaqueros —replicó el gorila.

Todos los demás íbamos con bermudas. Por lo visto, llevar vaqueros en verano no estaba bien visto.

—No pasa nada —tercié—, acaba de llegar de Italia. —Y puse los ojos en blanco dando a entender lo poco que los italianos entendían de moda. El gorila frunció el ceño, dio otro repaso a Fritz e hizo un gesto con la mano para que pasáramos.

A lo largo del curso, el inglés de Fritz mejoró y nos hicimos amigos. Después de mi graduación, regresó a Bolonia, la ciudad donde vivía, y al cabo de poco tiempo, me fui para allá. Aquella familia de ocho hermanos vivía en una casa situada en una colina a las afueras de la ciudad. Los días de colegio, los cinco mayores y yo nos apretujábamos en el coche familiar, bajábamos a la ciudad a toda prisa y nos apeábamos justo delante de nuestro colegio.

Me asignaron la rama «científica» porque se acercaba más al currículo estadounidense que el itinerario «clásico» o «de letras». Pero todas las clases se daban en italiano, y el español que llevaba años estudiando resultó no ser de gran ayuda. Durante semanas y meses, me senté junto a Filippo, mi compañero de pupitre, sin entender una palabra. Anotaba vocabulario al azar y, de tanto en cuando, alguna palabrota que Filippo me proporcionaba. Después, a la una del mediodía, volvíamos a meternos en el coche y conducíamos colina arriba para comer en casa con toda la familia.

La familia de Fritz se había mudado de Alemania a Italia cuando él era muy pequeño y ambos idiomas convivían en aquella casa donde se respiraba una mezcla del rigor alemán con la pasión italiana. Nuestras jornadas eran estrictas y todas aquellas formalidades (los modales, la ropa, las normas) no tardaron en sacarme de quicio. No les veía ningún sentido. Un día estábamos comiendo y yo engullía feliz mi plato de pasta y bebía los vasos de agua de un trago, cuando Anna comentó:

—Si sigues comiendo así nunca tendrás novia, ¿sabes?

—¿Comiendo cómo?

—Pues así —repuso, e imitó a un hombre prehistórico devorando un muslo de mamut.

Me puse un poco a la defensiva:

—¿Y qué más da? —espeté con brusquedad—. Mientras la comida llegue a la boca...

—Es que es tan americano... Aquí no funciona así. Mira, Constanza, sin ir más lejos, está pensando en dejarlo con su novio porque tiene unos modales pésimos.

—¿En serio?

Si lo que quería era llamar mi atención, lo había conseguido. Constanza era su amiga, la preciosa morena que me había robado el corazón.

A medida que mi frustración iba creciendo, me sentía como Fritz en Minnesota, mirándose los vaqueros y preguntando: «¿Por qué?». Los míos tenían efecto desgastado, pero ahora solo me parecían viejos y raros. Había tantas cosas que había asumido como ciertas y sólidas, pero que ya no me lo parecían. Todas las fórmulas que me sabía para ser divertido, guay y audaz se habían esfumado. Día tras día, infringía una lista interminable de normas cuya existencia ni siquiera sospechaba, reglas que no entendía y en las que tampoco creía. Cuando agucé el sentido en busca de certezas, no quedaba nada. Los parámetros que me habían enseñado en casa, a los que, por cierto, nunca había dedicado reflexión alguna pues constituían toda mi fuente de sabiduría, estaban hechos trizas. Me habían entregado unos nuevos, pero no podía leerlos ni comprenderlos.

Fritz intentaba ayudarme a entender ese tipo de cosas, pero la mayoría iban más allá de una simple explicación. Así que me quedaba tumbado en la cama, mirando al techo e intentando recordar cómo era yo en mi ciudad. Por fuera, parecía ir superándolo día tras día, pero por dentro, sentía como si algo se hubiera roto, como si no tuviera la menor idea de quién se suponía que era.

En Navidad regresé un par de semanas a Winona. Al llegar, todo me resultaba extraño, como si hubiera aterrizado en la luna. El tiempo parecía transcurrir a cámara lenta. Las palabras que usaba la gente, los chistes que contaban me sonaban como si salieran por un altavoz diminuto. No era el único que estaba confundido: un amigo comentó lo raro que había vuelto.

Cuando me preguntaban por Italia, no sabía bien cómo explicarlo. No encontraba las palabras. Había demasiados elementos invisibles. En aquel momento, me di cuenta de que había empezado a entender aquel lugar de otro modo y de que no era capaz de eliminar esa distancia al volver a casa. Había cambiado: ya no era la misma persona que se había marchado de Winona. Las conexiones con mi hogar habían sido cercenadas y, aunque pudiera remendarlas (un par de días después ya me sentía mejor), era evidente que en un período muy breve había dejado una cultura atrás y había comenzado a integrarme en otra.

Regresé a Bolonia después de Año Nuevo y las cosas por fin comenzaron a cuadrar. Mi italiano mejoró exponencialmente. Filippo y yo nos hicimos amigos. En la cena, bebía el agua a pequeños sorbos y comía respetando los nuevos modales.

Pero lo más sorprendente era que hacía todo eso la mar de feliz. De golpe, cobraban sentido todas esas cosas que apenas un mes antes me parecían impensables. Nuevas maneras de pensar, de actuar, de ser, se presentaban ante mí. Los mismos parámetros que se me habían antojado tan confusos comenzaron a adquirir cierto sentido, y cada vez me parecía más clara la sabiduría que encerraban.

De vuelta en Winona, ya no sabía adónde pertenecía. Una parte de mí quería volver a Italia, donde había aprendido una barbaridad y me quedaba otro tanto que aprender; otra quería descubrir sitios nuevos, pues existían un sinfín de lugares por explorar; y otra quería sentarse y estudiar para intentar entender el mundo y las experiencias que había vivido al cambiar de una cultura a otra.

La universidad no fue una gran ayuda en ese aspecto. Por aquella época imperaba el credo de la multiculturalidad, según la cual las culturas eran entes frágiles que era necesario proteger y conservar, como si fueran delicadas estatuas instaladas por el campus para maximizar nuestra «diversidad». Las culturas apenas podían ponerse en entredicho y bajo ningún concepto podían ser objeto de crítica. Todo cuanto había que hacer era venerarlas (aunque nadie terminase de entender qué eran exactamente). Solo sabíamos que eran aquello que nos diferenciaba.

Fingía seguir la corriente, pero en el fondo la idea no me entusiasmaba demasiado. Incluso después de haber vivido en primera persona el extraño poder de la inmersión, aquello que llamaban «choque cultural», intuía que había algo más. Sabía que la cultura no solo moldea nuestra manera de ver el mundo, sino también la de sentirlo y la de encontrar nuestro lugar en él; en definitiva, que la cultura era algo poderoso y tangible. Pero por aquel entonces, poco más sabía.

No tuve claro el modo de abrirme paso entre todo ese lío hasta que un hombre llamado Paul Gruchow vino a nuestra clase de inglés a dar una charla. Gruchow era un prestigioso escritor naturalista que vivía cerca de nuestra facultad.[2] Era calvo y corpulento, de risa fácil y mirada ensimismada, por lo que daba la impresión de tener siempre la cabeza en otro sitio. La barba le confería un aire de profesor, profesión que, de hecho, ejercía a veces.

No recuerdo gran cosa de lo que contó, pero sí de haberme quedado cautivado. Yo ya había empezado a fantasear con la escritura como el camino más apetecible de todos los que se abrían ante mí, pero no tenía la menor idea de por dónde empezar. Y ahí, enfrente de todos nosotros, teníamos a un escritor, la prueba viviente de que aquella opción era posible. ¿Lo conseguiría yo también? ¿Cómo sería eso de ser escritor? ¿Qué tenía que hacer?

Deseaba conocer los entresijos del mundo de Gruchow, así que lo abordé al terminar la clase, y me invitó a su casa unos días después.

Pacientemente, me habló de su vida, de su empleo en un pequeño periódico, de su primer libro y de los muchos baches con los que se había topado. Cuando le pedí su opinión, negó con la mano. Me advirtió de que el camino estaba plagado de penurias y decepciones, que de cada siete aspirantes a escritores, solo uno lo conseguía.

—No lo hagas —me advirtió—. A menos que no haya otra cosa que puedas hacer.

Estuvimos un largo rato charlando. Le oía hablar, prestando atención solo a las partes que necesitaba escuchar. Ahora entiendo que aquello era precisamente lo que buscaba: una historia a partir de la cual construir la mía.

Saber hacia dónde se quiere ir no implica saber cómo hacerlo. Ya tenía un objetivo en mente, un sueño, lo siguiente era pensar en los pasos que me conducirían a él. Estaba a punto de acabar la carrera y algo tenía que hacer: o dar clases, o salir a ver mundo. Bridgit y yo llevábamos saliendo desde el primer mes de universidad. Seguíamos muy enamorados, pero no me sentía preparado para llevar una vida estable. Al contrario, quería inestabilidad. La mera idea de volver a sentarme en un aula se me hacía insoportable. Así que empecé a pedir consejos e ideas a otros escritores. Uno me dijo que necesitaba empaparme de temas sobre los que escribir. Otro, que si quería enseñar, tendría que sacarme un título, pero que si quería escribir, no. Así que la balanza se inclinó hacia el mundo.

Casualmente, conocía a una profesora que dejaba la docencia para llevar a cabo un programa de enseñanza en Tanzania, un país con el que mantenía estrechos vínculos (su marido y ella habían participado en la primera misión del Cuerpo de Paz). Buscaba gente para dar clases durante un año en las escuelas con las que trabajaría. Bridgit tenía otros planes, así que acordamos pasar el año cada uno por su lado. Ambos sabíamos que era por una buena causa, pero, entre lágrimas, temí arrepentirme de mi decisión, pues estaba anteponiendo mi ambición personal al amor.

Con todo, volé al este de África, a una ciudad del norte de Tanzania llamada Arusha, donde me instalé en una vieja casa colonial situada al final de un camino de tierra. Estaban renovándola para convertirla en una escuela, y yo iba a ser el primer inquilino desde hacía muchos años.

Durante unas cuantas semanas no tuve agua corriente, así que iba hasta un arroyo cercano con un cubo. La casa estaba a un rato caminando de la escuela. En mi habitación, en el piso de arriba, tenía una mesa, una cama y una pequeña estufa de propano. Por las noches, rellenaba mis libretas a la luz de una bombilla que colgaba encima del escritorio. Cuando la electricidad fallaba, me alumbraba con velas. Escribía sobre dar clases, sobre la escuela, sobre el dinero. También sobre la cerveza, la basura, los aguacates y un sinfín de cosas más.[3]

Los días se hicieron semanas, y luego meses, y, una vez más, volví a experimentar profundos cambios. A medida que fui conociendo a alumnos y vecinos y descubriendo su visión del mundo, mi vida allí adquirió un cariz diferente. El tiempo se expandía alrededor de los acontecimientos, en lugar de contraerse para constreñirlos. Las jornadas transcurrían a un ritmo más fluido, menos frenético. A los extranjeros nos llamaban *wazungu*, del verbo suahili *kuzunguka*, que quiere decir «marear la perdiz»; saltaba a la vista hasta qué punto aquel mote era acertado. Comencé a entender el significado profundo de palabras como *kusindikiza* («acompañar a alguien parte de su camino a casa») cuando los lugareños recorrían varios kilómetros a pie junto a mí. También empecé a comprender el significado del proverbio *wageni ni baraka* («los invitados son una bendición») cuando me invitaban a sentarme con ellos para comer o tomar un té. Me percaté de que ese nuevo mundo estaba repleto de gestos que demostraban que la gente aprecia tu compañía y valora más tu presencia que tu ausencia. Estas revelaciones despertaron algo en mí que ni siquiera sabía que llevaba dentro. Intenté plasmarlo en mi diario, pero aún no sabía cómo escribir sobre ese tipo de cosas, a pesar de lo mucho que me aportaban.

Después de un año, volví a casa. Bridgit y yo nos reencontramos y, al cabo de algunos meses, cargamos todas nuestras cosas en una furgoneta de mudanzas U-Haul y partimos rumbo al oeste, hacia Portland. Allí, después de un tiempo, encontré trabajo en un Powell's Books, rodeado, precisamente, de todo aquello que yo quería hacer, de todo aquello que yo quería ser.

Cuando nadie miraba, me detenía a la altura de la sección de África. Era muy grande y abundaban los libros malos, aunque era posible dar con alguno bueno. Intentaba hacer el proceso a la inversa: trataba de imaginarme cómo había llegado a existir cada libro, cómo se suponía que funcionaban esas cosas. Otras veces, me quedaba en la sección de revistas de segunda mano y hacía lo mismo, hojeando antiguos números de *Granta*, donde aparecían algunas de mis historias y escritores favoritos: Bill Bryson, Bruce Chatwin, Martha Gellhorn, Ryszard Kapuściński.

Empecé a enviar algunos textos que había escrito sobre Tanzania y finalmente logré que me publicaran unos pocos. Entretanto, comencé a colaborar con algunas publicaciones locales y a interiorizar la estructura de las historias. Aún no acababa de entender cómo funcionaban, pero poco tiempo después, sería capaz de manejarlas.

Continué escribiendo y trabajando. Bridgit y yo nos casamos y, aunque la vida parecía avanzar hacia la siguiente etapa, nos parecía que aún teníamos tiempo para otra aventura, otro año fuera, pero esta vez juntos. Tras una larga búsqueda, nos ofrecieron ir como profesores de inglés a una escuela en el sur de Tailandia, en una zona remota que casi no era ni Tailandia.[4]

Esta vez, me marché con una idea clara: iba a escribir un libro con arco narrativo, la historia de nuestro año de tropiezos y aprendizajes, que culminaría con el conocimiento de nuestros alumnos y de nosotros mismos. El libro trataría del arte de tender puentes, de atravesar fronteras. Imaginaba, esta vez, una suerte de versión tailandesa del *River Town* de Peter Hessler, sobre sus dos años como profesor de inglés en China.

Sin embargo, a los pocos días de llegar, me quedó claro que la historia que tenía en mente no sería la que iba a salir. Nuestra escuela estaba en Yala, una ciudad cercana a la frontera con Malasia, situada en una zona que llevaba cien años en conflicto. Allí, la mayoría de la gente no era de etnia tailandesa, ni practicaba el budismo, sino que eran malasios y musulmanes. La mayor parte, incluyendo los alumnos de la guardería de Bridgit, no hablaba ni una palabra de tailandés: solo utilizaba el malayu, el idioma local.

Por si esto fuera poco, se estaba fraguando una guerra separatista. Los policías de Yala sufrían tiroteos. Estallaban motos bomba por doquier. La cara de Osama bin Laden podía verse en las puertas de los coches o en las camisetas de los mercadillos. En una ciudad cercana, habían reducido la escuela a cenizas.

Tras pocas semanas, Bridgit comenzó a desesperarse. Para empezar, ella ni siquiera tenía ganas de dar clase y, encima, nuestra situación era deprimente. Y para continuar, Yala era un lugar deprimente, donde no había nada que hacer aparte de cenar en el único hotel del pueblo, donde una vedete interpretaba canciones melancólicas en una sala vacía.[5]

El único extranjero del pueblo era un estadounidense enorme llamado Greg. Todas las semanas se desplazaba en autobús con su esposa filipina hasta una ciudad cercana para ir a Kentucky Fried Chicken a por aprovisionamiento para varios días.

Una noche regresé a casa y me encontré a Bridgit haciendo las maletas, dispuesta a marcharse al amparo de la oscuridad. Pero la tranquilicé y conseguimos idear una salida algo más digna. Antes de terminar nuestro segundo mes allí, ya estábamos a bordo de un tren rumbo a Bangkok.

De camino hacia el norte, miraba por la ventanilla, viendo cómo mis esperanzas quedaban atrás, con apenas unas pocas páginas de mi cuaderno completadas con una historia que jamás llegaría a escribirse.

Una vez lejos, en la megalópolis del norte, encontramos un apartamento en la vigésima planta de un edificio cercano a un canal. Por la ventana veíamos Bangkok, «la ciudad de los ángeles», que se extendía hasta el mar.

Ahora que no dábamos clases, no estaba del todo claro qué hacíamos allí. Pero la idea era pasar un año en Tailandia y decidimos ceñirnos al plan. Teníamos unos pocos ahorros y yo podría ganar algo de dinero como freelance; lo conseguiríamos. Así que me compré un viejo portátil en el cuarto trasero de un centro comercial especializado en ordenadores y acto seguido me puse a preparar propuestas de reportajes, que envié desde un cibercafé situado a unos pocos bloques de nuestra casa.

Al principio funcionó. Conseguí unos cuantos encargos de varias revistas estadounidenses. Uno sobre la historia de un físico que estudiaba cómo nadan los peces. Otro para un artículo sobre turismo médico. Otro sobre la tensión que se respiraba en el sur del país.

Pero poco a poco, a medida que intenté darles forma, las historias empezaron a desmoronarse. El pez no era lo suficientemente fotogénico. La guerra de Irak había desanimado a muchos estadounidenses de practicar turismo médico. Y la situación en el sur era demasiado peligrosa como para ir de visita. Entonces recibí un correo electrónico que me cambió la vida. El editor de *Granta* quería encargarme una historia que le había propuesto sobre Bruno Manser, un suizo idealista y activista (además de pastor) que había desaparecido en la isla de Borneo. Manser llegó a Borneo a mediados de la década de 1980, donde lo adoptaron los penan, una tribu nómada que habitaba en los bosques. Aprendió su idioma y deambuló por la selva junto a ellos durante seis años.

Desafortunadamente, al cabo de un tiempo la industria maderera comenzó a invadir el territorio de los penan. Malasia vendió cantidades desorbitadas de bosque a Japón y Corea, y el hogar de la tribu fue consumiéndose. Durante la década de 1990, Manser los ayudó a organizar manifestaciones y piquetes en la carretera. Como resultado, se convirtió en un blanco del gobierno malasio, hasta el punto de que se rumoreaba que habían puesto precio a su cabeza. Después, en el año 2000, atravesó las montañas que marcaban la frontera con Indonesia y fue a parar a un poblado llamado Bario. Desde allí se adentró en los bosques y nunca más se volvió a saber de él.

A principios de 2003 tomé un vuelo a Borneo. Localicé a gente que había conocido a Manser, hablé con algunos penan, entrevisté a su hermano, a su novia y a sus amigos, tracé su ruta hasta el último lugar por donde el suizo había pasado cerca de Bario, que por aquella época no disponía aún de acceso por tierra. Después, regresé a Bangkok y volqué todo cuanto tenía en la historia. Por fin tenía la sensación de haberlo conseguido. Por fin sentía que estaba haciendo lo que me correspondía, que el camino con el que había soñado había virado hacia el punto que yo deseaba alcanzar. Mis esfuerzos habían merecido la pena. Ahora sí, mi carrera como escritor acababa de empezar y pronto mi obra reposaría junto a la de los escritores que admiraba.

Cuando envié mi historia, superaba las doce mil palabras. Esperé una respuesta. Y llegó: habían rechazado la historia a primera vista. Contesté pidiendo una oportunidad para revisarla, para reescribirla, pero nunca más tuve noticias. Pese a todo, envié una versión revisada y todo cuanto obtuve a cambio fue un cheque que cubría parte de mis gastos. Y así, sin blanca e inseguro de mi capacidad para escribir ningún tipo de historia, ayudé a Bridgit a preparar nuestro equipaje para volver a casa.[6]

Nos instalamos en Madison, Wisconsin, una ciudad muchísimo más tranquila que Bangkok. En comparación, era como estar muy lejos del mundo, como en un retiro. Pero la sensación de derrota no me abandonaba. Me puse en contacto con una revista de la ciudad y algunos periódicos locales y encontré trabajo como introductor de datos en una librería.[7] De vez en cuando, presentaba mi candidatura para otros puestos vacantes en la ciudad, sin llegar a conseguirlos.

Cada pocos meses, regresaba a la historia de Bruno Manser. La estudiaba de manera obsesiva, intentando entender qué había fallado, no solo en la historia de Manser, sino en la mía. Al volver a leerla me percaté de que estaba muerta, y de que el editor había tenido razón en matarla. Lo que no entendía era por qué. La reescribí una y otra vez, tratando de resucitarla. Por fin, caí en la cuenta de que había introducido tal cantidad de detalles que resultaba imposible decir qué relevancia podía tener cada uno de ellos. Había redactado un informe exhaustivo, una cronología. No había escrito ninguna historia. Conté qué había pasado, olvidándome del porqué.

En la librería, una mampara separaba mi despacho de los servicios. Me encasquetaba unos auriculares para acallar el sonido que nuestros clientes hacían al aliviarse. De vez en cuando, el dueño asomaba la cabeza para reprocharme algo que había hecho mal, pero por lo demás pasaba la mayor parte del tiempo solo, sentado, preguntándome perplejo qué había hecho para terminar allí, tan lejos del lugar que creí que ocuparía. ¿Cómo puede alguien saber cuál es el punto preciso en el que debe girar, cuál es la decisión acertada o el riesgo correcto que se debe correr? ¿Qué hay que hacer cuando la vida que soñaste parece estar tan lejos de la que estás viviendo?

Y entonces, un día, cuando estaba en el trabajo, recibí un correo de un amigo editor de una página web de literatura de viajes llamada *World Hum*. Había publicado algunos de mis ensayos sobre Tanzania y tenía una buena noticia que darme por teléfono.

Un poco desconcertado, lo llamé y me anunció que habían seleccionado uno de mis artículos para el *Best American Travel Writing*. Saldría junto a los mismos escritores que leía cuando me escondía entre las estanterías de Powell's.

Si bien no era la historia que había imaginado para mí, podía ser una con la que fuese capaz de lidiar. Por primera vez en varios meses, sentí esperanza. Quizá fuese capaz de hacerlo, después de todo. Quizá podría ser un escritor.

Y ya llevaba tiempo soñando con Nigeria.

3

LIGADOS A LA CULTURA

Al volver de Nigeria, trabajé en el relato durante meses. Pasé horas en la biblioteca médica hojeando viejas revistas, leyendo estudios clínicos e intentando encontrar el sentido de los llamados «síndromes ligados a la cultura» que figuran al final del *Manual diagnóstico y estadístico de los trastornos mentales*, la biblia de la psiquiatría moderna.

Además del *koro*, existían un montón de enfermedades mentales que el estadounidense medio no sería capaz de reconocer. Algunas eran sencillamente inimaginables. Estaba el *amok*, de Malasia, que provocaba que la persona pasara un tiempo hundida y amargada, después entrara en una fase homicida aleatoria y después no recordara nada.[1] También en Malasia era posible padecer *latah*, un estado hipnótico provocado por un susto repentino, cuyas víctimas imitaban las palabras y los gestos de las personas de su alrededor.[2] (Este síndrome afectaba sobre todo a mujeres de mediana edad.)

En Japón, algunas personas desarrollaban el *taijin kyofusho*, un pánico aterrador a la vergüenza ajena (no a la propia). Existían diferentes subtipos: «*sekimen-kyofu* (fobia a sonrojarse), *shubo-kyofu* (fobia a un cuerpo deforme), *jikoshisen-kyofu* (fobia al contacto visual directo), y *jikoshu-kyofu* (fobia al propio olor corporal)».[3] También se diagnosticó entre los jóvenes japoneses el *hikikomori*, un retiro social extremo que

57

se ha convertido en una suerte de «pandemia silenciosa» en Japón.[4] Los afectados se negaban a salir de sus habitaciones durante años y en ocasiones fue necesario tratar algunas partes de su cuerpo que se estaban necrosando, donde la piel había comenzado a pudrirse. Esta condición parecía guardar cierta relación con la creencia japonesa en que todos tenemos un ser interior y otro exterior, y con la preocupación en torno a las máscaras tras las cuales nos ocultamos. A menudo, los afectados son incapaces de dibujar el rostro de sus madres.[5]

En Camboya, la gente sufría de *khyâl cap*, o «ataques de viento», durante los cuales se cree que el *khyâl*, una «sustancia parecida al viento», circula por la sangre, asciende hasta la cabeza y causa todo tipo de problemas, como mareos, insuficiencia respiratoria, aturdimiento, o fiebre, entre otros. Los ataques de *khyâl* pueden deberse a «estar preocupado, ponerse de pie, cambios meteorológicos y cualquier tipo de susto, desde un sobresalto hasta despertarse por una pesadilla». En teoría, puede causar asfixia, rotura de los vasos sanguíneos del cuello e incluso paros cardíacos.[6]

En la India, los hombres corrían el riesgo de verse afectados por el síndrome de *dhat* tras sufrir una gran pérdida de semen (uno de los siete fluidos corporales esenciales para la medicina ayurvédica), que los hacía adelgazar y sentirse cansados, débiles e impotentes.[7] En algunas zonas del país, también podían contraer *koro*: en 1982, ochenta y tres hombres y mujeres del Bajo Assam acudieron de urgencia a diversos hospitales aquejándose de un «cosquilleo» en la zona abdominal inferior y del encogimiento de sus testículos o pechos.[8] Cerca de allí, en el noroeste de Bangladesh, se registraron cuatrocientos cinco casos.[9] Asimismo, en el distrito de Bikaner del Rajastán, los pacientes que sufrían del síndrome de *gilhari* llegaban aterrados al hospital con la nuca hinchada: se quejaban de que un *gilhari* (un tipo de lagarto) reptaba bajo su piel y estaban convencidos de que, si el bicho alcanzaba su cuello, morirían.[10]

Fue una investigación fascinante. Había visto hasta qué punto la cultura podía moldear nuestras percepciones y nuestros comportamientos. Pero ¿acaso iba más allá de la mera percepción? El abanico de fobias extrañas era inmenso, existían multitud de ideas sobre la interacción entre el cuerpo humano y el mundo. Todos aquellos síndromes parecían apuntar hacia creencias que me resultaban increíblemente ajenas, hacia mundos más extraños aún que aquel donde los hurtos mágicos de pene estaban a la orden del día. ¿Cómo sería eso de tener un lagarto reptando bajo tu piel? ¿O sentir que sopla un viento en tu interior? ¿O estar preguntándote sin cesar quién se esconde tras la máscara de todos y cada uno de tus conocidos?

¿Cómo entender este tipo de cosas? ¿Cómo imaginar lo que supone experimentarlas en primera persona? Provienen de historias que no conocemos, narradas en idiomas que no entendemos. Emergen de una historia de la que no formamos parte y de mundos cuya existencia no aceptamos. En China, por ejemplo, la gente puede padecer «frigofobia», o «miedo patológico al frío (*pa-zeng*), miedo a la pérdida de vitalidad, miedo desproporcionado al viento (*pa-feng*) y la necesidad de llevar una cantidad excesiva de ropa».[11]

Aquellos eran miedos arraigados en la creencia de que la vida es una cuestión de equilibrio entre el yin y el yang (entre el frío y el calor, la luz y la oscuridad), donde el desequilibrio se traduce en enfermedad. En ese mundo existen cinco fases, cinco estados de la materia (madera, fuego, tierra, metal y agua), y cada uno está asociado a un color, un sabor, un olor, un sonido humano, una emoción, una virtud y dos órganos, uno para el yin y otro para el yang.[12]

Para mí, leer sobre aquellas dolencias era una cosa, pero era consciente de que llegar a entenderlas me costaría años. Había que estar entre ellas, comprenderlas desde dentro. Lo ideal sería hablar su idioma, puesto que la mayoría de los síndromes carecían de equivalentes en inglés. Cualquier intento de traducción implicaba cierta distorsión. Ted Kaptchuk, un investigador de Harvard que estudió medicina china en Macao, escribió que había tardado años en descubrir que «la medicina china contenía una miríada de variantes y que la tradicional que él había estudiado se hallaba lejos del arte de curar».

En cambio, para la población local, para quienes se habían criado allí, esos síndromes tenían todo el sentido del mundo. Algo como la frigofobia, completamente extraño para un observador extranjero, podía ser tan lógico como visceral para quienes lo vivían desde dentro.

A medida que leía sobre síndromes culturales, me quedó claro que no era necesario viajar hasta China para encontrar ese tipo de peculiaridades. Me enteré de que en Europa también habían tenido un episodio de hurtos genitales, de ahí que la desaparición mágica del pene pareciese más plausible que la preocupación por los «órganos del elemento Tierra». En 1487, dos clérigos alemanes publicaron *Malleus maleficarum*, una guía sobre las brujas y sus artimañas donde dedicaban varios capítulos a alertar del peligro de que una hechicera causara la desaparición del *membrum virile* de sus víctimas.[13] Asimismo, el *Compendium maleficarum* enumeraba las diversas tácticas de las brujas para afectar a la virilidad del hombre. La séptima consistía en «retraer, esconder o incluso extraer los genitales masculinos». (Podía tratarse de una condición pasajera o permanente.)[14] Incluso en la década de 1960, tenemos testimonios de inmigrantes italianos que trabajaban en Suiza, aterrados por la pérdida de virilidad relacionada con la brujería.[15]

Sin embargo, los cambios culturales que atravesó Europa durante el Renacimiento y la Ilustración, junto al avance de la ciencia, el empirismo y una visión más mecanicista del mundo, acabaron por mermar el poder de tales ideas.

La medicina china, en cambio, seguía en la misma línea. La religión nunca tomó las riendas (como sí sucedió en la europea) y todavía es posible remontarse a las raíces de esta disciplina en el *Nei Jing*, la *Historia de la medicina tradicional china* del Emperador Amarillo, elaborado entre los años 400 y 100 a. C. Aquel tratado alertaba de los peligros mortales del *suo yang*, o «pene menguante» y advertía de que «las enfermedades causadas por el frío provocan la retracción del pene. [...] La muerte suele acontecer en otoño».[16]

Esta advertencia caló a lo largo de los siglos. Por el año 200 d. C., un médico llamado Zhang Zhong Jing (conocido como el Hipócrates chino) mencionó el *suo yang* en *Sobre la enfermedad fría* y describió los síntomas como: «El pene se retuerce [...] y el sexto o séptimo día se produce un encogimiento del escroto y escalofríos en las extremidades. [...] El afectado no puede beber y pierde la conciencia».[17]

A principios del siglo VII, otro médico llamado Sun Simiao afirmó que el coito excesivo podía acarrear «daños en el Qi», la energía vital (también llamada *chi'i*), que podían traducirse en que «la lengua se contraiga, los labios empalidezcan, los testículos encojan, y puedan producirse contracciones abdominales. [...] A continuación, se experimenta un sentimiento intenso de fatalidad inminente».[18]

En una recopilación de remedios médicos realizada en 1835, Pao Siaw-Ow describió el *suo yang* como una «fiebre de tipo yin» (refiriéndose a que podía deberse a un frío excesivo) y, como tratamiento, recomendaba calor yang para equilibrar.[19]

Para cuando esto llegó a oídos de los occidentales, a finales de la década de 1880, las cazas de brujas ya eran agua pasada y la mayoría de la gente se había olvidado de preocuparse por su *membrum virile*. Así, a los europeos les sorprendió sobremanera toparse con ese miedo en el pueblo al que estaban colonizando. El primer europeo en comentarlo fue un colono holandés llamado Benjamin Matthes, que vivió en la isla de Célebes, en la actual Indonesia. En 1874, Matthes estaba elaborando un diccionario de buginés cuando se encontró con el término *lasa koro*, que significaba «encogimiento de pene», una enfermedad que el holandés calificó de común entre la población local y que, a su parecer, «tenía que ser muy peligrosa».[20]

Se trataba de un miedo que se había extendido por toda la zona y seguía vivo bien entrado el siglo XX. De hecho, entre las décadas de 1960 y 1980 se produjeron epidemias considerables en Singapur, Tailandia, la India y alrededores.[21] La más importante tuvo lugar en la isla de Hainan, al sur de China. Comenzó en otoño de 1984 y continuó hasta la primavera del año siguiente, propagándose de aldea en aldea. Hacia el final, se creía que el espíritu de un zorro, que rondaba por la isla y robaba los genitales de los hombres por la noche cuando estaban en la cama, había atacado a varios centenares de víctimas.[22]

Para los médicos occidentales, ese tipo de cosas no pasaban de ser meras curiosidades. En 1942, el *Stitt's Diagnosis, Prevention and Treatment of Tropical Diseases* catalogó varios de estos cuadros como «enfermedades de ocurrencia escasa o de origen dudoso».[23]

A diferencia de nuestras enfermedades, que eran exclusivamente biológicas, aquellas eran desdeñadas por ser producto de mentes débiles y primitivas. Según Lawrence Kirmayer, editor de la revista *Transcultural Psychiatry*, se creía que: «Los pueblos australes o los no occidentales tenían lóbulos frontales subdesarrollados y, por ende, tendían a mostrar comportamientos desinhibidos», es decir, que no estaban los bastante desarrollados como para padecer trastornos mentales.[24]

Pero en 1948 llegó a Hong Kong un joven que lo cambiaría todo. Pow Meng Yap creció en Malasia y estudió medicina psicológica en Cambridge.[25] Una vez titulado, se trasladó a Hong Kong para dirigir el psiquiátrico Victoria, que empezó a transformar de inmediato. Con él, el Victoria se convirtió en un laboratorio de ideas y técnicas novedosas.

Poco después de su llegada, Yap se percató de que varios de sus pacientes padecían una peculiar aflicción. Algunos jóvenes tenían miedo de que sus penes fuesen absorbidos por sus cuerpos y estaban convencidos de que, si eso ocurría, morirían. Los episodios solían ocurrir de noche, después de la masturbación, el coito o un baño frío. La mayoría de los pacientes de Yap se recuperaron con una combinación de psicoterapia y medicamentos, aunque unos pocos siguieron teniendo crisis de ansiedad de forma puntual. Uno de los pacientes no mejoró en absoluto, pero, por suerte, ninguno de ellos llegó a morir.

Yap llevaba tiempo reflexionando sobre la confluencia entre cultura y salud mental, fascinado por cómo la cultura influía en la psiquiatría y viceversa. En Francia, los neurólogos podían inducir un ataque de histeria si comprimían los «puntos histerogénicos» del paciente, mientras que al otro lado del canal, sus homólogos ingleses no eran capaces de localizar dichos puntos, escribió Yap.[26] Lo que consideramos patológico, señalaba Yap, depende de lo que consideremos normal. Y las ideas europeas o estadounidenses sobre la normalidad no eran «necesariamente las más extendidas ni las más saludables», razón por la cual no era conveniente exportarlas tal cual al resto del mundo.[27] «En psiquiatría caminamos sobre suelo inestable —escribió—. Incluso dentro de una misma cultura [...] las ideas sobre lo que constituye la anormalidad pueden variar», y deberíamos evitar «pensar que la normalidad psicológica es una característica especial de la civilización occidental».[28]

Yap creía que la cultura influía en los tipos de problemas mentales que podían afectar a una sociedad. En 1965 publicó un artículo en el *British Journal of Psychiatry* titulado «*Koro*: un síndrome cultural de despersonalización», en el que argumentaba que los «síndromes culturales» dependían de pacientes que «aprendían un conjunto de creencias particulares»,[29] y moldeaban tanto la forma como la incidencia de la enfermedad.

Así las cosas, para los chinos, creer en la posibilidad del *koro* no era anormal. Esta reposaba sobre unas raíces profundas y provenía de un sistema de creencias que se remontaba a miles de años atrás. Y aquello era, en realidad, parte de la causa.

Lo que todavía no estaba claro era qué parte. Pero, por primera vez, la psiquiatría occidental se tomó algo más en serio un fenómeno como el *koro*. Como señaló Yap, el hecho de que no fueran nuestros síndromes no significaba que no fuesen reales.

Casi tres años después de regresar de Nigeria, y siete años después de descubrir el robo mágico de penes, mi historia sobre las investigaciones de aquel fenómeno en Nigeria apareció en la *Harper's Magazine*. Cuando salió, concedí unas pocas entrevistas y llegó a mis oídos que habían despedido a un profesor por trabajar el relato en clase con sus alumnos. Me sentí culpable, pero al mismo tiempo estaba aliviado de que por fin la historia hubiera salido al mundo.

Con todo, aún quedaban partes que me resultaban molestas, cabos sueltos que no había atado, preguntas que había planteado pero a las que no había dado respuesta.

Todas giraban en torno a la idea de cultura, en torno a qué era y cómo funcionaba. Eran preguntas de gran calado, antiguas y difíciles, y, aunque habría sido estúpido intentar abordarlas en serio en un artículo de revista, sentía la necesidad de seguir excavando en ellas. Sentía que había algo más que necesitaba saber.

Continué leyendo material sobre los síndromes culturales y, al cabo de un tiempo, me percaté de que la palabra «narrativa» aparecía con frecuencia. A finales de la década de 1970, un antropólogo llamado Arthur Kleinman comenzó a elaborar un argumento en la misma línea que Yap: las enfermedades mentales estaban sujetas a las culturas donde se manifestaban, y no podíamos exportar nuestras categorías mentales de manera sistemática.[30] No obstante, mientras que Yap concebía la cultura como un organismo mayor del que todos formamos parte, Kleinman consideraba que la historia personal de la enfermedad de cada paciente también desempeñaba un papel crucial.[31] Un psiquiatra debía entender cómo se veían sus pacientes, a sí mismos y a su enfermedad, y a qué fuerzas apuntaban como la causa de su sufrimiento.

Yo ya era consciente del poder de la narrativa, de las historias; lo había sentido en Nigeria, en Italia, en Tanzania... en todos lados. En aquella época, Bridgit y yo teníamos dos hijas y, a medida que iban creciendo, yo iba percibiendo un poder similar que actuaba en sus vidas. Cuando la mayor estaba punto de cumplir cuatro años, empezó a pedir cosas que podían parecer un poco raras. «Cuéntame las partes tristes de tu vida», soltaba de pronto en plena cena. O: «Háblame de cuando has tenido miedo».

Esta fase duró un tiempo. Yo me presté al juego y le hablé de cuando me operaron de apendicitis en África, de cuando casi me caí por un barranco o de cuando un anzuelo me atravesó el dedo. Hablábamos de las muertes de la familia y ella permanecía sentada, con los ojos abiertos de par en par, sin pronunciar palabra, escuchando como si su vida dependiera de ello.

Hasta que no hube enumerado una lista de huesos y corazones rotos, no me di cuenta de lo que me estaba preguntando en realidad: ¿Cómo puedo lidiar con la tristeza? ¿Qué pasará cuando tenga miedo? Lo que mi hija buscaba eran argumentos sobre los que construir el suyo, pistas que le indicaran qué camino seguir cuando la vida la pusiera en esas encrucijadas. Para ella, las historias eran como mapas del mundo.

A partir de ese momento, empecé a prestar más atención a los libros que les leíamos, las películas que veían y las historias que compartíamos. Entendí que todas aquellas cosas repercutían en su interior, les proporcionaban esquemas y pistas que las ayudarían a la hora de afrontar cualquier acontecimiento que acaeciera en sus vidas o a la hora de tomar decisiones. Las historias que oían sentaban las bases de los caminos que se abrían ante ellas, e iban moldeando el mundo a medida que penetraban en él.

Pasó el tiempo. Sentía que me acercaba a las respuestas. Estaba tendiendo un puente entre Italia y Nigeria, incluso más allá. Sabía que aún tenía que llegar más lejos. En uno de sus artículos, Yap citaba a Paracelso, el médico suizo que dijo: «El médico debe ser un viajero, pues debe inquirir sobre el mundo».

La próxima vez que se abriera una puerta, sabía que tenía que salir por ella.

4

MENTES MODERNAS

Con el paso de los años, desarrollé cierta facilidad para desenvolverme en diferentes culturas, aprender idiomas y adaptarme a otras maneras de pensar. Y, aunque pueda parecer una ventaja para un escritor de viajes, para mí es más bien un inconveniente.

Cada vez que aterrizo en algún sitio nuevo, resuenan en mi mente las palabras del filósofo inglés Herbert Spencer a propósito de un francés que se propuso escribir un libro sobre Inglaterra a las tres semanas de haber llegado al país. Después de tres meses viviendo allí, consideraba que aún no estaba preparado. Y al cabo de tres años, llegó a la conclusión de que no tenía ni idea sobre Inglaterra.[1]

La inmersión consiste en ir bajo la superficie, en darse cuenta de todo lo que uno desconoce, por lo menos al principio. Así que, cuando aterricé en Hong Kong, sabía que no llegaría muy lejos con el diccionario de frases útiles de cantonés que llevaba en el bolsillo. Después de todo, el lenguaje no es el único camino que conduce a los secretos y las historias de la gente, solo que es el primero. Con todo, tenía la sensación de que allí iba a encontrar algo. Era la misma intuición que me había arrastrado a Nigeria.

Bajé del autobús en Wan Chai, el antiguo barrio rojo, y busqué el albergue que había reservado. Desde la calle, la puerta era casi invisible, pero al salir del ascensor me encontré en un lugar abarrotado hasta la bandera. La gente estaba sentada frente a su ordenador, con las rodillas casi rozándose y los auriculares puestos, sin hablar. El único que me dirigió la palabra fue un adusto luchador de kickboxing montenegrino que había ido a Hong Kong a montar un negocio de champán y relojes. La cosa iba mal, me dijo, desde que se había dado cuenta de que en Hong Kong ya tenían un montón de relojes, e incluso más champán.

Al día siguiente salí a recorrer la isla de Hong Kong, un tupido bosque de rascacielos. El primer punto que quería visitar era el hospital psiquiátrico Victoria, donde Yap, recién llegado de Cambridge en 1948,[2] empezó a poner en práctica sus novedosas ideas sobre medicación, electroshocks y lobotomías.[3] De camino, me detuve en un lugar que había visto en el mapa, un edificio de ladrillo de dos plantas llamado Museo de Ciencias Médicas de Hong Kong.

El museo tenía un aura cálida y anticuada. Los suelos eran de madera maciza, los techos tenían molduras de escayola y una enorme escalera conducía a la planta superior. Hasta había una chimenea.

Aquel edificio había sido el Instituto Bacteriológico, construido en 1906 para ayudar a combatir la epidemia de peste bubónica que afectó a los barrios circundantes. Después de que un brote masivo matara unas ochenta mil personas en la ciudad cercana de Cantón,[4] la enfermedad se propagó rápidamente hasta Hong Kong, donde no tardaron en aparecer pilas de cadáveres amontonados. Por las noches se tiraban a los muertos a las calles o al puerto.

Nadie conocía la causa de la peste. Los chinos pensaban que emanaba de la tierra cuando estaba seca y porosa. Los ingleses, en cambio, creían que se debía a «los inmundos hábitos de vida de los doscientos diez mil chinos que residían allí».[5]

El gobierno colonial británico tuvo dificultades para controlar la enfermedad. Después de que expulsaran a siete mil chinos de sus casas, empezó a circular el rumor de que los médicos ingleses rajaban las tripas de las embarazadas chinas para extraer los ojos de los fetos y preparar con ellos un antídoto contra la peste. En un determinado momento, dos doctoras extranjeras fueron agredidas por una muchedumbre.[6]

Pero en 1905, los científicos hallaron al culpable (las pulgas), y poco a poco los brotes se fueron controlando.[7] La victoria contra la peste marcó un antes y un después en la actitud de la población local hacia la medicina occidental: los habitantes de Hong Kong empezaron a vislumbrar lo poderosa que podía llegar a ser. Con esta historia en mente, asumí que el Museo de Ciencias Médicas sería una especie de santuario de la medicina occidental, pero nada más lejos de la realidad. De hecho, lo primero que vi nada más entrar fue un letrero que rezaba: EL CANON MÉDICO DEL EMPERADOR AMARILLO, junto a un ejemplar del texto fundador de la medicina china de 1910, donde podían encontrarse algunas de las primeras referencias a los peligros del *suo yang*.

En el museo, dos mundos y dos ciencias se exhibían una al lado de la otra. Una exposición analizaba el papel de la efedrina en ambas medicinas. En otra sala se exhibían pósteres con la descripción de la función de un órgano según la perspectiva occidental a un lado, y la china al otro. En Occidente, el bazo limpia la sangre y puede provocar dolor cuando se inflama. En China, el bazo es uno de los cinco «órganos Zang» que almacenan Qi, y los problemas asociados a él podían manifestarse en el «brillo en los labios, secreciones, como la saliva, y pensamientos».

Había leído acerca de los principios básicos de la medicina tradicional china y creía haberlos entendido (al menos someramente). Yap escribió que «la tradición china concebía el universo como un vasto organismo del que el hombre era tan solo una parte».[8] El cuerpo se entendía como un microorganismo de un mundo mayor.

Sin embargo, cuando me vi confrontado a esta creencia en persona, me sentí perplejo. Sencillamente, no resultaba creíble, no era en absoluto verosímil. En su libro *The Healing Arts*, Ted Kaptchuk dice: «La medicina es la aplicación de las creencias de la gente sobre el cosmos a las experiencias del día a día».[9] Si bien es cierto que, cuando lo leí, lo acepté sin más, en aquel momento creí atisbar la distancia entre aquel mundo y el mío, entre aquellas dos ciencias. Como todo el mundo en mi cultura, crecí pensando que el cuerpo era una máquina, que la enfermedad venía de las partes averiadas y que los médicos eran una especie de mecánicos. Era incapaz de ver la conexión entre mi hígado y mis pensamientos.

Una vez en el vestíbulo del piso de abajo, me saludó una anciana china que hablaba con un sutil acento británico. Tenía modales de abuela e iba vestida como si fuera camino a la iglesia. Era la doctora Faith Ho, una patóloga jubilada que trabajaba como voluntaria en el museo. Le pregunté si había oído hablar de Pow Meng Yap.

—¡Por supuesto! ¡Claro que me acuerdo de él! Cuando era estudiante de medicina, nos dio clase en el psiquiátrico de High Street. Y luego abrió el hospital de Castle Peak, aunque seguía manteniendo sus pacientes.

—¿Qué recuerda de él?

—Era muy amable. Y tranquilo. Aunque de estudiantes no sabíamos gran cosa acerca de sus investigaciones. Falleció en los setenta, ¿no?

—Exacto —confirmé—, en 1971. El año que nací.

Volví la vista hacia el museo. Le pregunté qué opinaba la gente de Hong Kong sobre ambas medicinas.

—Bueno, yo creo que casi todo el mundo recurre a las dos. La gente cree que la medicina china es buena para unas cosas y la occidental para otras.

—¿Cada vez se cree menos en la medicina china?

—¡Qué va! Al contrario, está en auge. A la gente le interesa mucho el tema. Más que antes.

La doctora Ho miró su reloj, se dio cuenta de que llegaba tarde a una reunión y se disculpó, no sin antes entregarme su tarjeta.

La seguí fuera y seguí deambulando en dirección opuesta al centro de la ciudad, hasta que llegué al antiguo psiquiátrico, cuyo nombre original era Asilo Lunático Europeo.

Desde la calle, aquel edificio con una arcada imponente parecía soportar el peso de los años. Yap trabajó allí durante tres décadas. Fue allí donde llegaron aquellos jóvenes que se agarraban el pene aterrorizados, convencidos de que estaban al borde de la muerte.

Intenté entrar, pero para mi sorpresa el edificio auténtico no estaba. Lo habían derruido y habían levantado uno nuevo en su lugar. Habían conservado los viejos arcos de piedra y los habían colocado al frente de la nueva estructura. Lo único que quedaba era la fachada.

Al día siguiente salí del albergue, fui hasta el metro y tomé un tren hacia Castle Peak, el lugar que había mencionado la doctora Ho. Fue allí donde Yap había construido su nuevo hospital hacía muchos años.

El tren avanzaba rápido por los Nuevos Territorios, antaño la zona rural y agrícola de Hong Kong. Ahora, los bloques de pisos delimitaban el camino.

Casi una hora después, el tren se detuvo y me apeé. Al oeste, veía la escarpada silueta de Castle Peak, una pequeña montaña al borde de la bahía de Shenzhen. En la época en la que Yap llegó, aquel era un lugar sembrado de piscifactorías y árboles frutales, un apacible refugio para las mentes perturbadas.

Sabía qué rumbo tomar, así que empecé a caminar en esa dirección, cuesta arriba, por entre los callejones y las casas. Dejé atrás viviendas y fábricas, hasta que me topé con una valla alta que delimitaba el perímetro del hospital de Castle Peak. El recinto era enorme, los edificios eran nuevos y blancos, habían demolido los originales hacía algunos años.

Seguí el cercado hasta llegar a la entrada, donde un confuso guardia de seguridad anotó mi nombre. Le expliqué que había acudido para visitar la biblioteca, si es que existía, y pocos minutos después, una simpática joven llamada Natalie salió a recibirme. Trabajaba en el departamento de relaciones públicas y me condujo a través de puertas cerradas con llave y zonas restringidas, hasta que llegamos al museo del hospital, que parecía un santuario en honor al doctor Yap. Allí estaba, en una fotografía descolorida sentado en su despacho, y en otra junto a su mujer y sus hijos, con un simple SU FAMILIA a modo de título. En ambas fotos estaba impecablemente peinado y la gruesa montura de sus gafas sobresalía por encima de su tímida sonrisa.

Sobre una mesita, encontré un grueso libro verde con letras doradas estampadas que rezaban: *Colección de publicacio-*

nes del profesor Pow Meng Yap. Comenzaba con una lista de unos cincuenta artículos académicos publicados entre 1944, cuando aún estudiaba en Inglaterra, y 1977, seis años después de su muerte.

La variedad de ámbitos de investigación de Yap era asombrosa. En un artículo sobre el «síndrome de posesión», comparaba a los pacientes franceses y chinos que creían estar poseídos por espíritus. En otro, observaba la diferencia entre la elevada tasa de alcoholismo de los europeos de Hong Kong y la de los chinos, mucho más baja. También había un estudio de cincuenta páginas sobre «el efecto *latah*» en la Malasia natal de Yap (el *latah* ya estaba en declive cuando salió este artículo en 1951).[10]

No cabía duda de que las ideas de Yap se habían adelantado a su tiempo varias décadas, e iban más allá de las fronteras de Hong Kong. También escribió sobre historia y filosofía, sobre la tendencia existencialista de los psiquiatras europeos y la mecanicista de los estadounidenses y los británicos. Reflexionó sobre el hecho de que cada cultura tuviese su propia «ideología de la salud mental». (Consideraba, por ejemplo, que el movimiento de la higiene mental de Estados Unidos iba de la mano de los médicos puritanos de Boston.) Yap comentó cómo la ideología de la salud mental occidental fracasó en China, «por una parte, porque las botellas orientales no se han rellenado con el vino añejo y, por otra, porque el paladar no parecía apreciar aquel vino nuevo».[11]

Cerré el libro y miré por la ventana. Tras el hospital, Castle Peak se erguía hasta el cielo. Ahora que había visto Hong Kong, tenía más sentido que Yap hubiese llegado a estas conclusiones en un lugar donde las culturas llevaban siglos mezclándose. El propio Yap, sin ir más lejos, había crecido en una cultura, se había educado en otra y había trabajado en otra distinta.

De modo que no era de extrañar que tuviera una visión tan meridiana de cómo la cultura moldea los contornos de nuestra mente.

Unos días después, recorrí el Distrito Central de Hong Kong en busca de una dirección. Cuando la encontré, ojeé los nombres del timbre hasta que di con él: doctor Wai Hoi Lo, otra de las personas que había conocido y trabajado con el doctor Yap y que aún seguía con vida. Hacía dos décadas que se había jubilado del servicio de salud pública, pero a sus ochenta y dos años el doctor Wai todavía ejercía y estaba en plena forma.

El edificio estaba ocupado por médicos, tanto de la corriente occidental como de la china. Tomé el ascensor hasta la planta del doctor Wai y atravesé el vestíbulo con paredes de madera hasta llegar a su despacho, donde me lo encontré encorvado en su butaca. Tenía las cejas canas, el pelo negro y llevaba gafas de montura fina. Me invitó a tomar asiento. Temía que no pudiera oír mis preguntas, pero captó todo cuanto le dije, incluso lo que pregunté sobre el doctor Yap.

—¡Por supuesto que me acuerdo de él! —exclamó—. Un hombre ocupadísimo.

—¿Y recuerda algo de cómo era? —quise saber.

—Muy tranquilo. Solo le interesaba leer, sobre todo cosas relacionadas con la psiquiatría. Y estaba siempre al corriente de las novedades del mundo de la psiquiatría. Pero era solitario y era nuestro superior, así que nunca íbamos a hablar con él en serio. Era amable, por lo menos eso me parecía a mí, y hablaba muy bien inglés. Sin embargo, con el chino necesitaba la ayuda de su mujer. Le interesaban sobre todo los aspectos culturales de la psiquiatría.

—¿Como el *koro*?

—Sí. Recuerdo una vez, en el año 1967, cuando Yap era el presidente de la Asociación de Psiquiatría de Hong Kong y yo era el secretario. En aquella época, hubo una epidemia de *koro* en Hong Kong, no muy importante, solo algunos casos al día durante una semana.[12] La mayoría era gente sin estudios, analfabeta, que oía hablar de ello en las noticias y luego se asustaba. Al final, se hizo contagioso, así que escribimos un comunicado a todos los periódicos de China pidiendo que no publicaran nada acerca del *koro*. Evidentemente, no todos nos hicieron caso, pero después de aquello, la epidemia se redujo.

—¿Y se ven casos hoy en día?

—Mucha gente sabe qué es el *koro*, pero ahora Hong Kong está bastante occidentalizado. Los casos que me encuentro aquí no son tan diferentes de lo que veía en Londres. Hace mucho tiempo que no me encuentro un caso de *koro*. Personalmente, creo que todos estos síndromes culturales desaparecerán cuando la gente esté mejor educada.[13]

Aquella noche fui hasta el puerto. Al caer la noche, comenzó el espectáculo de la Sinfonía de Luces. Rayos láser destellaban desde los rascacielos al ritmo de una música emitida por altavoces instalados por toda la ciudad. Las luces bailaban sobre el agua, en un espectáculo bello y surrealista. Sin embargo, yo no podía dejar de pensar en todo lo que quedaba bajo la superficie.

5

MENTES SALVAJES

¿Estaba en lo cierto el doctor Wai? ¿La educación era la única herramienta para acabar con los síndromes culturales? ¿Ya estaba pasando? ¿Acaso el *koro*, el *latah* y todo sobre lo que había leído desaparecería de la faz de la Tierra gracias a la educación? ¿Acabaríamos reduciéndolo todo a pura química? Tales eran las implicaciones de la gran discusión en torno a los síndromes culturales: que eran producto de la ignorancia,que no eran reales, que con educación desaparecerían.[1]

Esta hipótesis tenía muchos adeptos, sobre todo en Occidente, pero no me parecía del todo correcto confrontar educación y cultura; después de todo, también en Occidente teníamos cultura. La idea de que la educación acabaría con las falsas creencias y todo se reduciría a mera biología implicaba contraponer cultura y biología, lo que tampoco me parecía acertado. Como Yap señaló, aunque el influjo biológico fuera innegable, la cultura ejercía su propio poder, que no estaba limitado a los no occidentales. Pero entonces ¿qué era exactamente la cultura? ¿Cómo funcionaba? Eran cuestiones que no había logrado esclarecer a lo largo de mi investigación. Mi punto de partida había sido el diccionario, pero la mayoría de las definiciones aludían a un «patrón del comportamiento humano y sus productos» o cosas por el estilo. Eso era como decir que la cultura es «lo que pensamos y hacemos», lo que a su vez plantea nuevos interrogantes acerca de estos patrones: ¿de dónde vienen? ¿Cómo cambian? ¿Cómo nos cambian? Si algunos síndromes están ligados a la cultura, ¿a qué aspectos exactamente?

No encontraba respuesta a estas preguntas. Y cuanto más indagaba, mejor comprendía por qué. Según dijo el historiador social Raymond Williams, «*cultura* es la segunda o la tercera palabra más complicada del idioma inglés».[2] La definición más antigua que logré encontrar se remonta al latín. La palabra «cultura» significaba «el cultivo o la recolección de cosas que crecen, como cereales o ganado», y así fue pasando a la mayoría de los idiomas europeos. Alrededor del siglo XVI, algunos escritores y filósofos ingleses, como Thomas Hobbes, Francis Bacon y Thomas More, comenzaron a emplear el término en discusiones sobre la mente, puesto que consideraban que esta también necesitaba de un cultivo adecuado para crecer.

A principios del siglo XVIII, cuando los filósofos alemanes forjaban sus teorías sobre la evolución humana e intentaban explicar cómo habíamos pasado del estado de la naturaleza a los estados-nación, equipararon la palabra «cultura» a «civilización». Gustave Klemm propuso tres fases de evolución del ser humano: salvajismo, domesticación y libertad.[3] El barón de Montesquieu las llamó: salvajismo, barbarie y civilización.[4] A partir de entonces, la cultura y la civilización comenzaron a fundirse.

El etnólogo inglés E.B. Tylor siguió con estas cuestiones. Versado en filosofía alemana, creía, al igual que sus colegas continentales, en una trayectoria ascendente de la evolución humana. Tylor nació en 1832, en el seno de una familia londinense dueña de una fundición. Empezó a trabajar allí con dieciséis años, pero cuando cumplió veintitrés ya presentaba síntomas de «consunción» (probablemente tuberculosis) y el médico le aconsejó viajar a los trópicos.[5] En 1856, Tylor zarpó hacia Cuba. A bordo de un ómnibus en La Habana, conoció por casualidad a un banquero y etnólogo llamado Henry Christy,[6] quien despertó su interés por el estudio de los mecanismos de las sociedades humanas o, como Tylor lo llamaría más adelante, «la ciencia de la cultura». Viajaron juntos a México, donde permanecieron tres meses. En 1861, Tylor publicó un libro sobre aquel periplo, *Anáhuac o México y los mexicanos antiguos y modernos*, una especie de documental salpicado con sus conjeturas sobre las costumbres mexicanas.

De regreso a casa, Tylor continuó estudiando pueblos que, a su modo de ver, todavía no habían alcanzado la civilización, y en 1871 publicó su obra más famosa, *Cultura primitiva: investigaciones sobre el desarrollo de la mitología, filosofía, religión, arte y costumbres*. En ella, desarrollaba su propia definición de «cultura»: «El conocimiento, las creencias, el arte, la moral, el derecho, las costumbres y cualesquiera otras capacidades y hábitos adquiridos por el hombre como miembro de la sociedad».[7]

De acuerdo con Tylor, la cultura era algo que se iba construyendo con el tiempo. Los primeros humanos eran salvajes que no tenían básicamente nada, su cultura era primitiva, simple y emocionalmente rudimentaria. Los bárbaros, quienes habían pasado al siguiente estadio, habían acumulado algo más de conocimiento, de moral y de modales. Pero aquellos que habían alcanzado el nivel superior, o sea, los europeos, ya estaban en lo más alto. Su cultura era pura, racional y científica. Estaban civilizados.

Tylor creía que todos los humanos pertenecíamos a la misma especie (una idea muy progresista para la época) y que todos estábamos en el mismo camino, entre un pasado de ignorancia y un futuro de ilustración. Para él, la labor de quienes ya habían llegado a la civilización consistía en ayudar a aquellos que aún estaban inmersos en el proceso.[8]

«Donde las hordas bárbaras andan a tientas, los hombres cultivados suelen ser capaces de avanzar con claridad —escribió—. El oficio de la etnografía consiste en poner de manifiesto los restos de la cultura antigua y rudimentaria que hayan dado lugar a supersticiones nocivas para destruirlos.» «La ciencia de la cultura —añadió— es esencialmente reformadora.»[9]

En la década de 1990, cuando estaba en la universidad, ya sabíamos que la definición de Tylor era errónea. Los humanos eran una misma especie, de acuerdo, pero no todos estábamos en el mismo camino. Había muchos senderos, muchos idiomas y muchos patrones de comportamiento humano. Y cada uno surgía a su manera en los distintos rincones del mundo.

Éramos pluralistas, relativistas, multiculturalistas o una mezcla de las tres. A diferencia de los conservadores como William Bennett, no creíamos en la existencia de un conjunto de libros, valores e ideas que estuviera por encima del resto.

Nuestra línea de pensamiento provenía de otro de las figuras fundamentales de la antropología, el académico alemán Franz Boas, probablemente la segunda persona más importante en la historia de esta disciplina después de Tylor. Boas comenzó en la misma escuela de Tylor, pero de joven vivió una experiencia que cambió radicalmente su modo de pensar.

En 1881, cuando aún era un estudiante de geografía, Boas viajó a la isla de Baffin, cerca del círculo polar ártico, en Canadá, con la idea de investigar la influencia de la geografía sobre los patrones de migración de los pueblos nativos.[10] Pasó un año viviendo los rigores del crudo y eterno invierno de Baffin. En ese tiempo, le sucedió algo inesperado: conoció a la población local. Aprendió su idioma y escuchó sus historias. Los nativos de Baffin se abrieron a él; y este descubrió su historia y la sofisticación de su modo de vida. Entendió de qué manera la vida y los pensamientos de aquella gente habían sido moldeados por el mundo tan extremo en el que vivían y, por consiguiente, se habían adaptado a él.

A su regreso, Boas llegó a una conclusión rompedora: Tylor no tenía razón. Los «salvajes» no lo eran tanto. «Cuanto más veo sus costumbres, [pienso] que no tenemos derecho a tratarlos con superioridad», escribió en su diario.[11]

No era cierto que no hubieran adquirido suficiente cultura, ni que carecieran de moral, de ley o de pensamiento complejo. Los habitantes de la isla de Baffin tenían todo aquello, solo que en versiones diferentes a las nuestras y, por ende, difíciles de percibir para nosotros, a menos que uno se tomase el tiempo necesario y aprendiera su idioma. Llegó a la conclusión de que la cultura no era una meta única que los humanos aspirasen a alcanzar; no era una cima, sino una cordillera. Donde Tylor veía cultura, Boas vislumbraba culturas.

Boas continuó su trabajo con las tribus kwakiutl del Noroeste del Pacífico y no tardó en rechazar la idea de que la humanidad evolucionaba siguiendo «etapas» establecidas.[12] Al contrario, para él las culturas evolucionaban de manera independiente y local.

Poco a poco, la tesis fue calando entre los occidentales por todo el mundo. La exploración, la colonización y las migraciones masivas de los siglos XIX y XX hicieron que los europeos entraran en contacto con idiomas, vidas, tradiciones y mundos que funcionaban con su propia lógica. Se toparon con personas que entendían de otro modo las fuerzas que actuaban bajo la superficie de las cosas.

Con todo, la pregunta sobre qué era realmente la cultura se quedó abierta. En la década de 1950, con la esperanza de zanjar la cuestión de una vez por todas, los antropólogos Alfred Kroeber y Clyde Kluckhohn intentaron recopilar tantas definiciones como pudieran. Terminaron con ciento sesenta y cuatro descripciones, que iban desde «cualquier aprendizaje social transmitido» hasta «la energía humana organizada en patrones repetitivos de comportamiento», pasando por «los productos de cualquier esfuerzo o ajuste no genético del organismo».[13] En otras palabras, no la resolvieron.

Los primeros años de la década de 1990 vieron el momento cumbre de las guerras culturales* en Estados Unidos, y en aquella época los estudios culturales se convirtieron en un ámbito académico muy demandado. Sin embargo, pese a la prominencia de la idea de cultura (o, al menos, de la palabra), los intentos de dar respuesta a aquella pregunta tan simple (¿qué es?) seguían siendo exasperadamente abstractos.

En aquella época, Peter Logan, profesor de estudios culturales en la Universidad de Temple, comenzó a investigar la etimología de la palabra «cultura», tirando del hilo de las

---

* Conflicto entre los sectores conservadores y liberales que generó un gran debate público e influyó, entre otras cosas, en la elección del currículo académico de las escuelas públicas. *(N. de la T.)*

guerras culturales, del concepto posmoderno de «culturalismo», de E. B. Tylor y de sus predecesores.

—Es un problema colosal —me dijo Logan—. En todos los debates de los que tengo constancia, nadie se pone de acuerdo sobre el significado de «cultura», ni siquiera dentro del ámbito de los estudios culturales. Se presupone que puede significar cualquier cosa, pero eso conlleva problemas, porque si significa todo, no significa nada.

Según Logan, la polémica principal en los estudios culturales no giraba en torno a la cuestión de si existía una o muchas culturas, ni en torno a la definición más adecuada. El debate más acalorado se daba «entre los que piensan que debería haber una definición y los que no». Pero incluso los partidarios de la definición tampoco coinciden en cuál debería ser.

Una cosa estaba clara: la cultura no era un feudo exclusivo de la gente primitiva y tampoco de la civilizada. La cultura no era educación, pero tampoco ignorancia. Y, desde luego, no era un conjunto cualquiera de patrones aleatorios transmitidos de generación en generación como una reliquia familiar.

La cultura estaba por todos lados, pero no lo era todo. No era biológica, pero tampoco podía desprenderse de la biología. Era algo poderoso y cambiante, algo que se nos metía dentro y formaba parte de nosotros. La cultura era lo que hacía que el robo mágico de un pene fuera posible en un sitio e imposible en otro, lo que hacía que la gente pensara y se sintiera diferente a un lado y otro de una frontera, de un idioma.

No obstante, saber lo que era capaz de hacer no explicaba lo que era, ni de dónde emanaba su poder. Y eso era precisamente lo que yo necesitaba saber.

6

CERDOS VENENOSOS

Al sudoeste de Hong Kong se hallaba otra ciudad que había sufrido una epidemia de penes menguantes. En 1967, en uno de los brotes de *koro* mejor documentados de la historia, cientos de personas se precipitaron despavoridas a los hospitales de la ciudad-estado de Singapur, convencidas de que, si perdían su vigor, morirían.

Singapur es hoy uno de los países más ricos y prósperos de la Tierra, por lo que cabe pensar que la ola de modernización ha arrasado con buena parte de su antiguo carácter. La misma ciudad que durante siglos fue un cruce internacional de caminos ahora está limpia, es segura y tiene todo a lo que aspiran la mayoría de los países; aunque, como dijo un amigo mío, vivir en Singapur sea como vivir en una sala de espera.

¿Cuánto había cambiado desde 1967? ¿Quedaría rastro de su antigua cultura urbana o también se habría borrado? ¿Dónde habían ido a parar las viejas maneras de pensar y de creer? ¿O acaso era aún más complicado? ¿Qué parte había cambiado y cuál había resistido? El único modo de averiguar si allí los penes seguían desapareciendo era visitando la ciudad.

Mi primera mañana allí, antes de que empezase el calor, me levanté y tomé el autobús que recorría Orchard Road, una avenida bordeada por rutilantes centros comerciales. Hacia el final del trayecto, me bajé frente a un edificio alto y redondo donde estaba la consulta de un psiquiatra llamado Paul Ngui, uno de los pocos investigadores de la epidemia de 1967 que seguía vivo.[1]

A sus ochenta y dos años, estaba delgado y en buena forma; seguía jugando al golf dos veces a la semana, aunque había dejado el judo, el boxeo y los demás deportes que practicaba. Ngui se inclinó hacia mí y me entregó una copia del artículo publicado cuando era un joven doctor y participó en un estudio de seguimiento de cientos de pacientes de *koro*.

—Fue una epidemia inusual —explicó Ngui—. Antes en esta región se daban casos aislados, sobre todo entre chinos y malasios, especialmente después del acto sexual o masturbación de algún tipo, pero en este caso no tenía relación con la actividad sexual, sino con la ingesta de cerdo.

La epidemia empezó en octubre. Un varón de dieciséis años llegó corriendo a las consultas externas del hospital general, con sus padres pisándole los talones. Según rezaba el informe: «El chico estaba asustado y pálido y tiraba con fuerza del pene para impedir que desapareciera dentro de su abdomen». Los padres pedían ayuda a gritos a los médicos, clamaban que su hijo estaba sufriendo *suo yang* y moriría si no lograban detener la retracción. Los médicos tranquilizaron a la familia y administraron diez gramos de clordiazepóxido al chico, tras lo cual mejoró.

El asunto había empezado en el colegio, donde el muchacho había oído rumores de que el cerdo contaminado (inoculado contra la peste porcina) podía provocar *koro*. Aquella mañana había comido un *bun*, un panecillo al vapor, relleno de cerdo. Cuando fue a orinar y miró hacia abajo, notó que su pene empezaba a menguar. «Asustado, agarró el órgano rápidamente y corrió a buscar a sus padres, pidiendo ayuda a gritos.»[2]

Siguieron más casos. Pronto, los hospitales estaban desbordados y las ventas de cerdo cayeron en picado. El Departamento de Producción Primaria declaró que tanto la fiebre porcina como la vacuna eran inofensivas para los humanos, pero no lograron impedir que la epidemia se expandiese como la pólvora. Por fin, al cabo de siete días, la Asociación Médica de Singapur y el Ministerio de Sanidad comunicaron por televisión y por radio que el *koro* era una enfermedad con una base exclusivamente psicológica y que no había provocado la muerte de nadie. Se produjo un descenso inmediato del número de casos y, hacia finales de mes, habían cesado por completo.[3]

En total se registraron cuatrocientos sesenta y nueve casos,[4] aunque es muy posible que la cifra real fuera mayor, puesto que la encuesta solo tuvo en cuenta a los hospitales occidentales y no incluyó a los médicos tradicionales chinos. Todos los pacientes entrevistados habían oído historias sobre el *koro* antes de vivirlo en sus propias carnes. Después de la epidemia, la Asociación China de Medicina llegó a la conclusión de que «la epidemia de Shook Yang había sido fruto del miedo, los propagadores de rumores, las condiciones climáticas y un desequilibrio entre el corazón y los riñones, y que no tenía nada que ver con la entidad clásica del Shook Yin».[5] (*Shook yang* es *suo yang* en cantonés. Con el término *shook yin* se designaba a veces al trastorno que amenazaba a los genitales masculinos y femeninos.)[6]

Entretanto, un «equipo de investigación del *koro*» con una perspectiva occidental, del que Ngui formaba parte, concluyó que el *koro* era un «síndrome de pánico ligado al adoctrinamiento cultural».

—Los rumores llegaban a los oídos de la gente —decía Ngui—. Luego se iban a dar un baño o lo que fuera. Si se bañaban con agua fría, se producía un encogimiento del pene. Y eso bastaba como desencadenante, porque la creencia estaba muy arraigada. Y después acudían a todo correr al hospital para pedir tratamiento.

—¿Porque estaban asustados?

—Claro, el miedo. Un miedo demencial. Podías verlos agarrándose el pene, presas del pánico, en la ambulancia que los conducía al hospital. Toda la familia estaba muerta de miedo. Y por supuesto, creían que podían morir, a lo que se añadía además una ansiedad terrible. Solía recaer sobre quien llevaba el dinero a casa y no se lo podían permitir. Los hospitales locales estaban saturados de gente que acudía. No daban abasto. Pero la mayoría solo necesitaban que alguien los tranquilizase o, en su defecto, un valium.

En general, las víctimas eran de origen chino, aunque también hubo algunos malasios e indios; asimismo, se dieron casos de mujeres aquejadas de retracción genital. Además de la retracción, los síntomas incluían visión borrosa, vómitos y desmayos, entre otros. Muchos pacientes tenían estudios, algunos incluso habían ido a la universidad.[7] Los autores del informe del Grupo de Estudio del *Koro* escribieron: «Lo más fácil sería pensar que una enfermedad asociada a la cultura iría de la mano de creencias supersticiosas que la educación debería encargarse de disipar».[8] Y, en su artículo, Ngui apuntaba: «La creencia cultural en el concepto de *koro* es un factor primordial de su génesis».[9]

—Aquellas creencias culturales procedían sobre todo de los emigrantes del sur de China —prosiguió Ngui—. Muchos se han reasentado en Singapur. Vinieron de Fujian hace muchos, muchos años. Cuando llegaron aún mantenían la mayoría de aquellas antiguas creencias tradicionales y culturales. En aquella época la educación china despertaba más interés que ahora, la gente deseaba seguir aprendiendo la historia antigua de China a la manera tradicional.

—¿Y qué hay de la fuerza de esa creencia hoy en día?

—Ha disminuido.

—Pero la gente sigue creyendo en el equilibrio entre el yin y el yang, y en la medicina tradicional china, ¿no?

—¡Ah, sí, ya lo creo! Pero en el *suo yang* ya no.

—¿Alguna vez ve casos de *amok*? —quise saber.

—Nunca. Verá, es difícil saberlo, porque en aquella época había muy pocos psiquiatras y la mayoría de los casos ocurrían en lugares remotos. Un par de casos donde el sujeto pierde de pronto el control y ataca. En Estados Unidos también tenéis de eso. ¿Lo llamáis *amok*? Allí usan armas. Pero en general se asocia a algún desorden de la personalidad, a alguna historia de trastornos. En realidad, nunca llegamos a estudiarlo en serio, así que no podemos decir qué es el *amok*.

—¿Y el *latah*?

—El *latah* no es una enfermedad seria. Es más bien algo gracioso. Vengo de una familia de chinos, específicamente de los peranakan. ¿Sabe lo que es?

—No.

—Pues quiere decir que mis ancestros eran chinos emparentados con malasios. Los hijos iban a China a estudiar, pero como eran malasios, las madres hablaban malayo. Mi madre era peranakan y mi padre, chino angloparlante, pero en casa se hablaba malayo. Sé leer en chino, pero nunca recibimos educación china. —Ngui hizo una pausa para consultar un mensaje en su smartphone. Y prosiguió—: En mi familia tuvimos un *latah*, un primo mío. Cuando mis tías y mi madre se juntaban, se dedicaban a chincharlo. A veces, él soltaba palabrotas como «joder» o «vagina», o cosas por el estilo, y a todo el mundo le hacía gracia, pero falleció hace quince o veinte años. Ahora esto ya no se ve. Aunque el *latah* no es una enfermedad, es un síndrome; tampoco es ansiedad, es una mera reacción, un sobresalto.[10]

—Y hoy, ¿ya no hay *latah* entre la gente joven?

—No que yo sepa.

—¿Tiene alguna idea de la razón?

—Supongo que porque todos han recibido una educación. Tiene mucho que ver con esto.

—¿Ni más *koro*?

—Se dan algunos casos, pero muy pocos. Ahora tenemos un sistema educativo muy bueno. Supongo que la mayoría de estos síndromes culturales se extinguirán con el tiempo, ¿no? Yo creo que se están perdiendo. Ya casi no se ven. Quedarán relegados a la historia.

Di las gracias a Ngui y me despedí de él. Salí a la calle y caminé por Orchard Road. De nuevo, me hallaba ante el tema de la educación. ¿Marcaba alguna diferencia entre el pasado y el presente, entre lo antiguo y lo moderno? Mientras caminaba, intenté imaginar la distancia entre la Singapur del Ngui de treinta y seis años, que pasaba consulta a jóvenes aterrorizados y a sus familias, y la del Ngui de ochenta y dos años, que no había vuelto a ver nada parecido.

Singapur había cambiado, de eso no cabía duda: ahora era una ciudad de turismo, de finanzas, de compras. Antes, a orillas del río Singapur se veían puestos ambulantes que vendían platos de comida a diez centavos,[11] y ahora había restaurantes temáticos que cobraban diez dólares por una copa.

Donde antes había burdeles y fumaderos de opio, ahora había cervecerías artesanales y una franquicia de Hooters.[12] Aquella noche caminé hasta el agua y me senté en los escalones del muelle. Estaban gastados tras doscientos años de uso; desde allí se cargaba y descargaba la mayor parte del tráfico marítimo de Singapur.

Saqué de la mochila una lata de cerveza Raffles que había comprado en un supermercado Seven Eleven. En la orilla de enfrente, se alzaba la estatua del mismísimo sir Stamford Raffles, el fundador de la Singapur moderna. Estaba seguro de que las costumbres pasadas no habían desaparecido. Si acaso estaban algo diluidas, pero allí seguían.

Había oscurecido. Las luces resplandecían en el horizonte. Alcé la lata hacia Raffles y di un sorbo. Pronto, en el muelle, el espectáculo de luces iba a empezar.

El barrio chino de Singapur estaba plagado de comercios que vendían remedios tradicionales chinos. Al día siguiente, me dirigí hacia allí para indagar sobre el *suo yang*. Deambulé entre los baldes de calamares, pepinos de mar secos, hongos, ostras y cortezas de árbol. La clientela entraba y salía sin parar, exponiendo sus problemas de salud, para los que los tenderos recetaban una mezcla de plantas y otros ingredientes (que podían ser frescos o envasados). El negocio funcionaba.

En un cochambroso mercado al aire libre que aglutinaba agencias de viaje, copisterías, puestos de *noodles* y teterías, entré en uno de aquellos comercios. Me acerqué al mostrador. Un tipo corpulento emergió tras él con toda tranquilidad. Yo, no sé por qué, tenía la mano en el estómago. Lo señalé.

—¿Tienes problema con baño? —chapurreó en un inglés rudimentario. Acompañó la pregunta de un gesto de barrido con la mano hacia abajo, para indicar el vaciado del intestino.

—Sí —respondí; no era del todo falso.

—¿Vas todos los días?

—Sí.

—¿Muchas al día?

Seguí respondiendo que sí, a sabiendas de que era más fácil que embarcarme en mi investigación genital.

—¿Duele?

—Un poco... —mentí.

Sacó una cajita.

—Toma esto cada día.

—¿Es para el yin o para el yang?

—¡Oh! ¡Conoces yin y yang!

—Un poco.

—Esto es para demasiado yin.

—¿Y qué otras cosas puedes tratar?

—¡Muchas cosas!

—¿Tienes a alguien con *suo yang*? —Me miró con aire de no entender. Volví a intentarlo—: ¿*Suo yang*? Cuando el pene del hombre se introduce dentro de su cuerpo.

—No, nunca.

—¿Llevas mucho tiempo aquí?

—Esta tienda cincuenta años. Yo treinta años trabajando aquí.

—¿Estabas aquí en 1967?

—En 1967, yo estudio.

Compré algunos remedios para el estómago y seguí mi ruta hasta que encontré otra tienda. Pregunté al tendero si conocía el *suo yang*.

—Ya sabe, cuando el pene desaparece dentro del cuerpo. Intenté expresarlo con gestos, pero el resultado fue un extraño juego de mímica en público. Se señaló la entrepierna:

—¿Te refieres a este problema?

—Sí.

—¿Para hombres?

—Sí.

Me entregó una caja con píldoras.

—Esto muy bueno. —Volvió la espalda a las empleadas, bajó el codo hasta la entrepierna y subió el antebrazo, como simulando una erección gigante—. Te hace muy fuerte.

—Gracias —respondí, cogí la caja y ojeé la etiqueta.

La cosa no funcionaba. El lenguaje era un problema. Dejé el medicamento y me marché. Llamé por teléfono a un amigo que vivía en la ciudad y hablaba y escribía mandarín. Me envió por correo electrónico los caracteres chinos de *suo yang* junto a una breve explicación. Lo imprimí, regresé al barrio chino y entré en la primera tienda que vi. Se lo mostré a la mujer del mostrador.

—¿Conoce esto? —pregunté.

—Sí. Uno de los ingredientes es *suo yang*. Es especial para hombres.

—No —aclaré—, no es un ingrediente, es una enfermedad. Hubo una epidemia y la gente pensó que iba a morir.

Volvió a mirar el papel.

—¿Morir? Para este problema, mejor que vea al médico.

—¿Al médico tradicional?

—Sí, vuelve dentro de media hora.

—Pero no necesito la medicina para mí.

—Aquí tiene, esta medicina le ayudará. —Me entregó una caja pequeña.

—¿Cuánto es?

—Veinte dólares.

De nuevo en las calles, caminé frente al Museo de China-town,[13] entre las hordas de turistas que estudiaban las cartas de bebidas. Pese a las apariencias y los problemas de comunicación, estaba claro que la gente no había dejado de creer en la visión del mundo que exponían aquellos vetustos textos de la medicina china. La única diferencia era, tal vez, que ahora convivían con otro mundo, el occidental, más visible en la superficie, como una especie de palimpsesto. ¿Cómo encajaban juntos? ¿El antiguo se había debilitado? Decidí probar suerte en una última tienda. El tendero no parecía muy anciano, pero hablaba bien inglés, así que le pregunté directamente:

—¿Tienen a veces clientes que preguntan acerca del *suo yang*? Cuando el pene desaparece dentro del cuerpo.

Sabía exactamente de lo que hablaba.

—Para eso necesitas pene de tigre. Es difícil conseguirlo en Singapur. Tal vez en Tailandia.

—Pero ¿viene mucha gente a preguntar por él?

—Ya no. En otros tiempos sí, pero ahora no.

—¿Y qué les recomienda hacer?

—Para eso hay que consultar a un médico.

Al día siguiente, tomé un tren hacia las afueras de la ciudad, hacia el Instituto de Salud Mental de Singapur. Era la versión ampliada y renovada del antiguo hospital de Woodbridge, donde terminaron muchas de las víctimas de la epidemia de 1967 después de que se les diagnosticasen problemas mentales, no genitales.

El doctor Chee Kuan Tsee era un hombre menudo. Estaba a punto de jubilarse, pero seguía trabajando allí. Él también había investigado la epidemia de 1967. Y ahora lo tenía frente a mí, mientras su memoria viajaba al pasado.

—Yo era un novato —explicó—. Estaba en prácticas. Paul Ngui era mayor que yo. Debíamos de ser unos seis en el equipo de investigación. Montamos un puesto en las clínicas y entrevistamos a la gente. Fue una verdadera epidemia, un auténtico pánico.

—¿Recuerda a alguna de las personas que entrevistó?

—Me acuerdo de un hombre que había estudiado en la universidad. Normalmente tendemos a asociar este síndrome con la clase baja, analfabeta, supersticiosa, pero tuvimos a gente con estudios superiores. Ese hombre venía de una universidad china. También recuerdo a un policía malasio. Sabíamos que era musulmán, o sea, que no comía cerdo, por lo que no podía estar infectado por la carne. También vimos algunos casos... Se supone que es un trastorno masculino, pero también tuvimos a mujeres que se quejaban de retracción de vulva o de pezones.

—¿Y de qué tenían miedo?

—Sobre todo de la muerte. También ha habido epidemias en Tailandia y por ahí, pero no conozco la explicación contextual de las otras epidemias de *koro*. Cada una tiene su propia historia, su propio razonamiento del fenómeno. Pero para aquella epidemia tenemos el nuestro. En Singapur, la población es mayoritariamente china, el 70 por ciento, así que la creencia en este *koro* reposa sobre las historias tradicionales chinas. Por ejemplo, la de un emperador que murió, y luego la gente vio que tenía el pene encogido y se había introducido en su cuerpo. Entonces, la creencia es que el pene encogido o retraído es la causa de la muerte, en lugar de pensar que cuando estás muerto el pene se encoge, lo que sería el efecto de la muerte.

—¿Qué emperador? —quise saber.

—No me acuerdo. El investigador principal, el doctor Gwee Al Leng, era un académico chino, por lo que estaba al tanto de esta anécdota. Pero en Singapur, aquella fue la explicación que se dio a los casos individuales. En la medicina china, el pene menguante se asocia con la muerte, lo que provoca pánico y ansiedad. Y esa sería la explicación. Pero no lo explica todo.

—¿A qué se refiere?

—Bueno, existen varios modelos y teorías de los trastornos mentales, pero ninguno es capaz de explicarlo todo. El psicólogo pensará basándose en el modelo psicológico; el médico, en el modelo médico; el trabajador social, en el social, y el religioso, en el modelo religioso. Intentamos contemplarlo desde un prisma más holístico, más ecléctico...

—¿Y no apuntan hacia la misma causa?

—Bueno, en medicina, cuando tienes una fractura, una infección o un paro cardíaco, eso sería la etiología, es decir, la causa. Pero en psiquiatría es diferente; lo mejor que podemos hacer es pensar en síndromes, es decir, conjuntos de síntomas que aparecen juntos con frecuencia a los que ponemos el nombre de un trastorno mental. Luego, decidir que el síndrome tal se llamará tal trastorno mental es cuestión de consenso. La elección está basada en las opiniones de expertos de todo el mundo y funciona así: a este patrón, esta progresión; a esta causa la llamaremos este trastorno mental.

»O sea, que todo depende de lo poderoso que seas y de quién lleve la voz cantante. En este momento, son los estadounidenses. Llegaron con el *DSM-IV* y el *DSM-5*, para que los siguiera el mundo entero, pero en realidad no son científicos. Lo que pasa es que consideramos que eso es todo, y esto enfada a muchos países en vías de desarrollo que tienen muchos síndromes de los llamados «culturales». Intentaron meter mano en el DSM, pero los echaron para atrás tachándolos de que eran científicos. En la India tienen todavía más síndromes culturales, pero no los encontrarás en el DSM. Los excluyen.

—¿Y por qué pasa eso?

—Bueno, tuvimos a un psiquiatra británico, Max Hamilton. ¿Le suena la escala de ansiedad y depresión de Hamilton? Pues Hamilton vino aquí hace muchos años, a finales de los setenta o principios de los ochenta. Y nos incordiaba un poco. Era muy directo, muy tajante. Nosotros hablábamos de los síndromes culturales y él no les daba importancia alguna. «Eso de los síndromes culturales es una patraña», decía. Pensaba que, con el tiempo, dejarían de existir. Que todo se reduciría a la psicopatología básica de ansiedad, depresión, psicosis y estados disociativos.

»Y en parte, tenía razón. Yo ya no veo *amok*,[14] ni *latah*. Incluso el *koro* es cada vez menos frecuente. De modo que tenía razón en el sentido de que, en nuestra cultura y nuestro estilo de vida globalizados, en el adoctrinamiento globalizado, hay mucho de clónico. Y de que todo se puede clasificar en conceptos básicos: ansiedad, depresión, psicosis y estados disociativos. Es lo que se conoce como las «formas» de psicopatología. La forma es la base, el núcleo, pero la manifestación es el contenido. Por ejemplo, el delirio es la forma, pero su manifestación será diferente, y se dirá que es cultural, estará marcada por lo que les hayan dicho a las personas, lo que se espera de ellas. O sea, que depende de las historias que les hayan contado.

Apenas tres kilómetros al norte del lugar donde el doctor Chee y yo estábamos sentados, se hallaba la frontera norte de Singapur con Malasia, un país con gran influencia histórica en Singapur. De hecho, Singapur llegó a formar parte de la Federación de Malasia, hasta que fue expulsada en 1965.

El panorama cultural de Malasia es radicalmente diferente al de los países europeos, incluso al de aquellos chinos que dominaron Singapur. Y, casualmente, Malasia fue el crisol de dos de los síndromes culturales más famosos: el *amok* y el *latah*.

De vuelta al centro de la ciudad, atravesé el río Singapur, pasé junto al antiguo cementerio malasio, con sus diminutas lápidas, y continué hacia Kampong Glam, la parte malasia de la ciudad. Había una hermosa mezquita antigua y, en la acera de enfrente, encontré el Centro Cultural Malasio.

Una vez dentro, pasé un rato viendo fragmentos de películas de terror antiguas, donde aparecían espeluznantes criaturas que no era capaz de identificar. También había una exposición sobre medicina tradicional de Malasia, una disciplina que combina elementos de la medicina china y de la *unami*, de la antigua Grecia, con otras cosas, como, por ejemplo, un complicado ritual llamado *main peteri* que, en teoría, «unía» a los individuos enfermos. Esta ceremonia es anterior al islam y a día de hoy se sigue practicando en ciertas partes de Malasia. Durante el *main peteri*, el *bomoh* (un brujo, un curandero tradicional) induce exorcismos, estados de trance y viajes a través del *maya*, la cortina de ilusiones que separa el mundo visible del invisible.

En la recepción del centro, encontré a una mujer servicial que tuvo la gentileza de contarme algunas cosas sobre las creencias tradicionales malasias. Llevaba un pañuelo en la cabeza y gafas.

—¿La gente sigue acudiendo a ver los *bomohs*? —comencé.

—¡Oh! —exclamó, alarmada. Lanzó una mirada a su alrededor—. *Bomoh* es una palabra muy fuerte. ¡Hay que tener cuidado al usarla! Hay varios tipos de *bomohs*.

—¿Como cuáles?

—Primero está el curandero tradicional. Esos solo intentan ayudar a la gente. Y luego están los que trabajan con Satán. Usan magia negra.

—¿Y funciona?

—¡Claro que funciona! Una de mis amigas, esto es una experiencia verídica, pues su marido es dueño de una empresa muy importante. Entonces ella pensó, pues quiero casarme con otro, tener novio y esas cosas. Así que la acompañé a ver a muchos *bomohs* de esos y vi que lo que le contaban no estaba bien. Entonces fue a un *bomoh* de Tailandia y le pagó tres dólares para que le ocurriera algo a su marido.

—¿Y le pasó algo al marido?

—No. Mi amiga paró. Entonces su marido se casó con otra. Cuando el conjuro se ha roto, tienes que seguir pagando si no quieres buscarte problemas.

—En las películas del otro edificio he visto algo que parecía un vampiro. ¿Qué era?

—Es *pontianak*, la mujer vampiro.

—¿Es como los vampiros europeos? ¿Esos que se beben tu sangre?

—Parecido. Pero esto es una cuestión de generaciones. Si tu tatarabuela muere y se convierte en una, se transmite a la generación siguiente. La mayoría de las vampiros son personas que mueren por suicidio o por algún accidente. Eso me dijo mi madre. Nunca han visto a un vampiro hombre, solo mujeres vampiro. Tienen el pelo largo y llevan ropa blanca porque salen de la tumba. Cuando vas caminando a las plegarias de la noche te pueden atrapar.

—¿Y la gente sigue creyendo en eso?

—Sobre todo la gente mayor. Ahora los jóvenes están educados, así que no se lo creen. Dicen que no tiene sentido, sobre todo lo de los vampiros. Ven las películas, les encantan las películas de terror sobre *penanggalan* [una cabeza de vampiro voladora con vísceras colgando por el cuello] en Singapur. Yo también creo en eso, porque, al fin y al cabo, Dios no solo nos creó a ti y a mí, también creó a Satán, a los vampiros y esas cosas. Pero eso no quiere decir que no les tenga miedo.

—¿Se trata de una creencia tradicional de Malasia?

—¡Sí! Te podrás enterar de esas cosas si vas a Indonesia. Singapur es un poco más moderna. Pero ahí verás al *Orang Minyak*. El hombre aceitoso.

—¿Qué es?

—Pues, a ver, el hombre aceitoso es un colaborador de Satán. Tuvo que sacrificar la sangre de su madre y entregársela a Satán para convertirse en un hombre apuesto. Porque, en verdad, el hombre aceitoso es muy feo, feísimo. Pero entonces cambió y se convirtió en guapo. Otra versión cuenta que este *Orang Minyak* tiene que violar a cien mujeres y después se puede convertir en un hombre rico y apuesto. O algo así. Tiene mucho de mito, pero también tiene su base real. Estas cosas pasan.

»Y hay una cosa graciosa: que si ves a una mujer vampiro, puede que te corte cierta cosa, porque tú tienes algo que ella no tiene.

Sonrió e indicó con gesto tímido la zona pélvica.

—O sea, que buscan hombres.

—Sí, o venganza.

—Ya veo... —Se me estaba haciendo tarde. El sol se precipitaba hacia abajo—. Entonces, debería volver corriendo a casa, ¿no?

—Sí —asintió—, será mejor.

7

ENFERMEDADES ESTADOUNIDENSES

Resultaba curioso sentarse frente a personas como Paul Ngui o el doctor Wai y oírles decir que la educación, la occidentalización y la modernización estaban acabando con los síndromes culturales, una hipótesis que reposaba, aunque veladamente, sobre la superioridad (la racionalidad) de la cultura europea. Era como si hubieran entendido a Tylor al revés, pues, si estaban en lo cierto, la educación conducía hacia una eliminación de la cultura, más que hacia su consecución. De ser así, nuestros síndromes estadounidenses estarían desprovistos de cultura y, por ende, nosotros también.

Yo sabía que eso no era verdad. Tenemos una cultura, aunque no siempre sea fácil verla desde dentro; por mi parte, ya había entrado y salido de ella las veces suficientes como para estar seguro de su existencia. Cada vez que regresaba del extranjero, percibía su singularidad con la misma clarividencia que el día que aterricé en Italia, en Nigeria o en Tailandia. Al llegar, me sentía como un antropólogo que estudiaba una raza de personas que corrían frenéticamente, veneraban los músculos protuberantes y consideraban el confort una suerte de derecho de nacimiento.

Por supuesto que teníamos cultura. Y si la teníamos, también tendríamos síndromes culturales: enfermedades únicas, que no se dan en otros lugares. Sin embargo, estas no se mencionaban al final del *Manual diagnóstico y estadístico de los trastornos* mentales (*DSM*). Algunas figuraban en el cuerpo principal del manual, como la anorexia, y otras estaban detalladas en otras partes: el síndrome de los recuerdos reprimidos, el síndrome de Truman, la personalidad tipo A o el síndrome de Noé (trastorno de acumulación de animales). Todos eran síndromes que no sufren otros pueblos, trastornos mentales que palían nuestra soledad, nuestra obsesión con la delgadez, la juventud, la fama o la vulnerabilidad. Estaban potenciados y moldeados por nuestras creencias.

Un día, en pleno proceso de investigación, estaba hablando con Bridgit cuando dijo:

—Bueno, tengo la regla. Supongo que eso explica mi estado de ánimo.

Me encogí de hombros y pregunté:

—¿Ah, sí?

Siguió un silencio glacial. Si hay algo peor que diagnosticar el síndrome premenstrual (SPM) es sugerir que puede tratarse de un síndrome cultural.

—Da igual —cedí—, supongamos que sí.[1]

Pero no podía evitarlo. Llevaba días leyendo investigaciones interesantísimas sobre el síndrome premenstrual, y la gran mayoría sostenían que no se debía a un problema hormonal que causaba estragos en la psique de una mujer.

La idea fundamental del SPM (que una mujer no domina su cuerpo) aparece citada por primera vez hace dos mil quinientos años por Hipócrates, el padre de la medicina occidental, quien creía que algunos humores y desórdenes psíquicos femeninos estaban causados por la «histeria» o el «útero errante», entendiendo literalmente que dicho órgano, impulsado por la luna, se desplazaba por el cuerpo, se alojaba donde no le correspondía y obstruía la circulación, lo que provocaba fuertes presiones. Las curas incluían el matrimonio o el coito.[2]

Esta idea perduró durante siglos, hasta principios del siglo XX, cuando las teorías médicas sobre la «histeria» empezaron a desmoronarse. En 1908, en el encuentro de la Société de Neurologie en París, Joseph Babinski defendió que la histeria era «consecuencia de la sugestión, en ocasiones directamente de un médico, y en general, absorbida culturalmente».[3] Hoy, salvo algunos maridos con pocas luces, nadie diagnostica histeria.

En 1931, un ginecólogo estadounidense llamado Robert Frank retomó la idea bajo un nuevo prisma. Publicó un artículo titulado «The Hormonal Causes of Premenstrual Tension», en el que presentó los síntomas que aparecían durante la semana previa a la menstruación: irritabilidad, hinchazón, cansancio, depresión, dolores agudos, nervios, agitación y propensión a cometer «acciones estúpidas o insensatas» debido a la actividad ovárica. De nuevo, la causa estaba en el útero.[4]

Más adelante, en 1953, la doctora británica Katharina Dalton profundizó en el tema y llegó a la conclusión de que el trastorno estribaba en la fluctuación de estrógeno y progesterona.[5] Lo llamó síndrome premenstrual y pronto los síntomas aumentaron hasta incluir: ansiedad, tristeza, malhumor, estreñimiento o diarrea, sentimiento de descontrol, insomnio, antojos alimenticios, incremento del apetito sexual, enfado, disputas con familiares o amigos, discernimiento nublado, falta de coordinación física, disminución de la eficiencia, aumento de la fuerza o el poder personal, sentimientos de conexión con la naturaleza o con otras mujeres, convulsiones, ataques de asma , alergias, sinusitis, trastornos de ansiedad, síndrome del colon irritable, migrañas y esclerosis múltiple.[6]

Si cualquiera de estos síntomas aparecía durante la segunda mitad del ciclo menstrual, se padecía SPM. La tasa de mujeres aquejadas de este síndrome oscilaba entre el 5 y el 95 por ciento.[7]

En la década de 1980, tres mujeres fueron juzgadas en el Reino Unido, acusadas de delito incendiario, agresión y homicidio. Las tres solicitaron responsabilidad atenuada alegando que sufrían SPM, y obtuvieron sentencias reducidas a condición de someterse a un tratamiento hormonal.[8]

A partir de entonces, según un estudio, las mujeres estadounidenses empezaron a acudir en masa al médico pidiendo ayuda para tratar sus SPM. «Se fundaron grupos muy famosos como el PMS Action [por sus siglas en inglés], con el objeto de promover el reconocimiento y el tratamiento del SPM por parte de los profesionales de la salud. En Estados Unidos surgieron clínicas privadas que seguían el modelo de las del Reino Unido y creció el entusiasmo por la terapia de progesterona, para disgusto de muchos ginecólogos que consideraban su uso como "no científico" y "comercial", por no decir ilegal».[9]

Basándose en todo esto, la tercera versión del DSM, publicada en 1987, incluyó una nueva categoría: trastorno de la fase lútea tardía («lútea» hace referencia a la progesterona). Se propuso como objeto de estudio para ulteriores investigaciones, y, pese a la ausencia de esta, apareció en la cuarta versión del manual con el nombre de trastorno disfórico premenstrual, o TDPM.[10] En 2013 obtuvo categoría propia en el DSM-5 como una enfermedad mental independiente.[11]

Pero ni el SPM ni el TDPM existen en la mayor parte de las culturas.[12] Carecemos de marcadores biológicos para medirlos, ni se ha encontrado una correlación concluyente entre los niveles de estrógeno y progesterona y el SPM. Como un estudio señaló: «Cuanto más tiempo pase una mujer de una minoría étnica viviendo en Estado Unidos, más probabilidades tiene de referir SPM. En esa misma línea, si estamos dispuestos a aceptar el TDPM como un trastorno médico, entonces debemos aceptar la exposición a la cultura estadounidense como un factor de riesgo para contraerlo».[13] Si es un síndrome, se trata de uno cultural.[14]

Nada de esto habría sorprendido a Lynn Payer, una periodista especializada en medicina criada en Kansas. Estudió bioquímica y psicología antes de matricularse en la Facultad de Periodismo, de la que se graduó en 1969. Poco después de finalizar sus estudios, se trasladó a Francia, donde vivió durante ocho años y trabajó como editora y corresponsal en temas de salud para el *New York Times*. Allí se percató de que, cuando iba al médico, recibía opiniones muy distintas a las de sus doctores de Estados Unidos.

En un principio, según relata en su libro *Medicine and Culture*, atribuyó esta diferencia a que «los médicos europeos estaban peor formados que los estadounidenses y practicaban una medicina más "primitiva". En tanto que norteamericana con formación en bioquímica, consideraba que la medicina era una ciencia con una manera "correcta" y otra "incorrecta" de enfocar una enfermedad, y cualquier desviación con respecto a la norma estadounidense era "incorrecta"».[15]

Sin embargo, en Francia comenzó a toparse con enfermedades que no existían en Estados Unidos ni en ningún lugar fuera de las fronteras galas. Si acudías a un médico por una migraña, tenías muchas probabilidades de que te diagnosticaran *crise de foie*, o «crisis de hígado», para la que existía un amplio abanico de medicamentos. Si presentabas síntomas de fatiga, calambres musculares o hiperventilación, era probable que te encontraran «espasmofilia» y recibieras el tratamiento correspondiente.

Había otros países con enfermedades propias. En Alemania, si tu presión sanguínea era baja, podían diagnosticarte *Herzinsuffizienz* o «insuficiencia cardíaca» y recetarte medicación para el corazón; los alemanes son, a todas luces, los mayores consumidores del mundo. En Inglaterra, eran frecuentes los diagnósticos de «sabañones», esas inflamaciones rojizas debidas a la vasoconstricción causada por el frío, una dolencia relativamente poco frecuente fuera de Inglaterra.[16]

«Muchas veces, lo único que hay que hacer para contraer una enfermedad es ir al país donde esté reconocida. Cambiar de país curará el mal o lo transformará en otra cosa», escribía Payer.

Para Payer, Estados Unidos entendía el cuerpo desde una perspectiva mecanicista, lo que se conoce como el «modelo biomédico», según la cual contemplamos el cuerpo como si se tratara de una máquina.[17] Vemos nuestro sistema circulatorio como un conjunto de tuberías, nuestro cerebro como un ordenador y nuestro corazón como una bomba. Comparamos al cuerpo con un coche, una metáfora que data de la década de 1920, cuando aparecieron estos vehículos en nuestras vidas.

Asimismo, pensamos en la enfermedad como resultado de la avería de una de las partes y en el médico como un mecánico cuya labor consiste en reparar el fallo. Si algo no puede explicarse en términos mecánicos, tendemos a pensar que no es real. Y, sin embargo, las cosas suelen ser bastante más complejas.

Pongamos, por ejemplo, el síndrome del túnel carpiano. La mayoría coincidirá en que se trata de una enfermedad puramente biomecánica: usamos demasiado el ordenador, colocamos mal las muñecas y el nervio roza contra el hueso. A continuación, surge un problema.

Pero, curiosamente, existen varias afecciones prácticamente idénticas al síndrome del túnel carpiano que han aparecido y desaparecido en el pasado. En la década de 1830, los médicos empezaron a documentar casos de «calambre del escribiente», una dolencia que afectaba a una incipiente clase de oficinistas. Los pacientes también sentían dolor, parálisis, hormigueo, espasmos, agarrotamiento en manos y muñecas y «una multitud de síntomas que podían perjudicar a los trabajadores de maneras impredecibles».[18] La enfermedad remitió a finales del siglo XIX.

En 1875 se introdujo una nueva afección en el *British Medical Journal*: «el calambre del taquígrafo», que provocaba hormigueo, espasmos, dolores y otras molestias similares a las del calambre del escritor. En 1894, un experto estimó que esta enfermedad afectaba al 0,5 por ciento de los trabajadores. En 1911, un estudio llevado a cabo en Gran Bretaña calculó que la cantidad de afectados era del 64 por ciento.[19] Unos años más tarde, tanto la taquigrafía como su correspondiente calambre eran agua pasada. El caso estaba cerrado.

A lo largo del siglo XX, a pesar del uso generalizado de la máquina de escribir y de los bolígrafos, no se dieron nuevos síndromes relacionados con la mano o la muñeca hasta la década de 1980, cuando los trabajadores de la industria cárnica empezaron a sufrir «síndrome traumático acumulativo», o síndrome del túnel carpiano, cuyos síntomas eran idénticos a los de los calambres del escritor o del taquígrafo.

Los periódicos sindicales alertaban sobre los riesgos de dicha afección, que pasó a ser el centro de los problemas laborales, en una época en la que los recortes de plantilla y la automatización estaban a la orden del día. Los sindicatos se esforzaron por despertar la conciencia ante el problema, y los medios de comunicación se hicieron eco de la epidemia a medida que se propagaba. Pronto, «el problema de la mano ocupacional y las afecciones de muñeca se había extendido a multitud de sectores, en particular a la industria automóvil, textil, electrónica y la prensa», escribió Allard Dembe en su estudio de dicha enfermedad.[20]

Entretanto, en Australia el panorama era diferente. El país también había visto un incremento del número de trabajadores aquejados de lo que llamaban «lesiones por esfuerzo repetitivo». Pero en 1985, el número de casos cayó en picado después de que el Tribunal Supremo lo declarase problema no meritorio de compensación. La sentencia propició una corriente de opinión que sugería que las lesiones por esfuerzo repetitivo eran enfermedades psicosomáticas o psicológicas, no biomecánicas.[21]

En ambos casos, los movimientos repetitivos y extenuantes formaban parte de las causas, pero no lo explicaban todo. Dembe apuntaba a otros factores en este tipo de enfermedades: el uso de nuevas tecnologías, la ansiedad económica y social, así como las noticias en los medios de comunicación acerca de los peligros de los movimientos repetitivos.

El síndrome del túnel carpiano no puede explicarse únicamente en términos mecánicos, porque, del mismo modo que

ENFERMEDADES ESTADOUNIDENSES

el SPM, las crisis de hígado, la anorexia y otras tantas enfermedades, también está determinado por nuestro entorno, y experimenta un incremento y un descenso con las mareas de la cultura. Desde que disminuyó la preocupación por el síndrome del túnel carpiano en Estados Unidos, el número de casos ha remitido, con una disminución del 26 por ciento solo durante el año 2006.

Apenas hemos empezado a reconocer que nuestro modelo mecanicista puede tener puntos débiles. Por ejemplo, cuando se publicó el *DSM-5* en 2013, Thomas Insel, director del Instituto Nacional de Salud Mental de Estados Unidos, escribió: «Los trastornos mentales son trastornos biológicos relacionados con circuitos cerebrales que ponen en juego dominios específicos de cognición, emoción o comportamiento». Insel lamentó que cuando el INSM se dispuso a determinar los parámetros biológicos de dichos trastornos, «enseguida se hizo evidente que no podemos diseñar un modelo basado en biomarcadores, pues carecemos de datos suficientes».[22]

Se sobrentiende que no hemos dado con pruebas biológicas para determinar las enfermedades mentales porque no hemos buscado con suficiente ahínco. Es plausible, pero también cabe la posibilidad de que nos falten datos porque hemos buscado en el sitio equivocado.

Cuando llamé a Arthur Kleinman para conversar sobre este tema, me dijo: «El escándalo de la psiquiatría está en que, tras cincuenta años de investigación biológica, no hayamos conseguido ni un solo test biológico que nos permita diagnosticar a los pacientes de manera rutinaria, ya sea para depresión, ansiedad, esquizofrenia, o cualquier trastorno psiquiátrico común. Es un escándalo porque ahí es donde ha ido a parar la mayor parte del presupuesto de investigación. Todo el dinero invertido no ha generado los avances clínicos que esperábamos al principio».[23]

¿Y por qué? ¿Será que los cerebros más brillantes del planeta, respaldados por las mejores universidades y los mayores fondos para investigación del mundo, sencillamente no saben dónde buscar? ¿O acaso falta alguna pieza? Algo que ocurra por encima del nivel celular. ¿Tal vez la razón por la que estos trastornos no sean visibles en una resonancia magnética funcional es que poseen una parte cultural? ¿Es porque son parcialmente psicogénicos? ¿Es porque emergen, en parte, del modo como contemplamos el mundo y como nos vemos a nosotros mismos?

Siempre me ha llamado la atención el hecho de que las enfermedades mentales tengan índices diferentes en distintos lugares del mundo. Los ataques de pánico se dan en todo el planeta, pero le ocurren a un 11,2 por ciento de la población de Estados Unidos, y solo a un 2,7 por ciento de la de Alemania. La tasa de afectados por el trastorno de pánico en Estados Unidos es del 4,9 por ciento, y tan solo del 0,1 en Nigeria. La media de trastornos de ansiedad social en Estados Unidos ronda el 4,8 por ciento, frente a un 0,2 en las áreas metropolitanas de China y un 49,4 en Udmurtia, una región de la Federación Rusa.[24]

La depresión es otro ejemplo. En Estados Unidos, la mayoría de la gente piensa que se debe a un desequilibrio bioquímico y que se cura administrando más químicos. No obstante, las tasas de depresión también varían en el mundo: Corea, Taiwán y Puerto Rico presentan niveles bajos (menos del 5 por ciento), mientras que en Francia, Suiza y Estados Unidos, la tasa oscila entre el 15 y el 20 por ciento.[25] En general, las tasas en los países asiáticos tienden a ser inferiores a las de los países europeos.[26] En Corea o en Japón, tienes una posibilidad entre cincuenta de sufrir una depresión severa en un período de un año. En Brasil, la probabilidad es de uno sobre diez.[27] La prevalencia de vida (es decir, de contraer la enfermedad al menos una vez en la vida) de la depresión grave va del 6,5 por ciento en China al 9,8 en Sudáfrica y al 19,2 en Estados Unidos.[28] Un metaanálisis de estudios sobre la depresión posparto en cuarenta países constató que la prevalencia podía variar entre 0 y 60 por ciento.[29]

Estas comparaciones son delicadas, por un lado, a causa de las diferencias lingüísticas,[30] y por otro, por la diversidad de ideas sobre el cuerpo y la mente (y el espíritu) que existe entre países. Incluso un trastorno tan bien definido como la esquizofrenia presenta una variación considerable: en 1992, un estudio multianual de la Organización Mundial de la Salud descubrió que los pacientes de la India, Nigeria y Colombia desarrollaban formas más leves de la enfermedad y presentaban mejores tasas de recuperación que los estadounidenses, los daneses o los taiwaneses. En los países más ricos, la enfermedad afectaba gravemente al 40 por ciento de los pacientes, mientras que en los menos industrializados tan solo a un 24 por ciento.[31]

Parece que Payer estaba en lo cierto y que cruzar una frontera puede influir sobre el tipo de enfermedades que contraemos. Otro estudio demostró que la prevalencia de vida de cualquier enfermedad mental iba del 12,2 por ciento en Turquía al 20,2 por ciento en México, al 37,5 por ciento en Canadá y al 48,6 por ciento en Estados Unidos.[32]

Estas afecciones no solo son biológicas, sino bioculturales; en otras palabras, influye tanto lo biológico como lo cultural. No se trata de negar que sean reales, sino de aceptar que, aunque la biología entre en juego, hay otros eslabones en la cadena. Entonces ¿qué tipo de relación mantienen la biología y la cultura? ¿Qué hace que un grupo de personas esté más deprimido o más ansioso que otro? ¿Qué empuja a algunos a pensar que les va a explotar el cuello, que su pene está desapareciendo, que su hígado sufre una crisis o que el interior de sus muñecas se está agarrotando?

Una noche del verano de 1968, mi abuela Irene se despertó, abrió un frasco de barbitúricos, se lo tragó y volvió a meterse en la cama. Al día siguiente, mi abuelo halló su cuerpo junto a él. Tenía cincuenta y seis años. Llevaban casados desde que ella tenía dieciséis y él diecinueve.

En aquel momento, mi padre estaba en Nueva York, destinado en la academia militar de West Point, donde tocaba en la banda. Mi abuelo lo llamó por teléfono para comunicarle la noticia. Ahora, casi cincuenta años después, aún necesita recomponerse cuando habla sobre aquel día. Lo único que le dijo su padre fue: «Mamá se ha ido».

Sabía lo que significaba. Estaba destrozado, aunque no sorprendido. De niño y adolescente, había visto a su madre a vueltas con la depresión. A veces pasaba varios días en la cama y después ingresaba en el hospital durante varias semanas seguidas. Un día se apoyó en una ventana del piso de arriba y se cayó. Aterrizó en el camino de entrada, magullada y con vida, aunque habría deseado no estarlo.

Mis abuelos nacieron en una comunidad de inmigrantes checos de una pequeña ciudad de Iowa. Mi abuela no tuvo una vida fácil: su madre era tan cruel con ella que incluso de adulta dudaba si había sido adoptada.

Mi abuelo creció en la casa de enfrente. Cuando era un adolescente, se quedó prendado de Irene, y se fugaron juntos para casarse en secreto. Mi padre cree que al principio vivieron momentos felices, pero los buenos tiempos pronto quedaron atrás. Mi abuelo era inflexible y frío con ella. Irene se preguntaba en voz alta si su marido la quería realmente. Lo que más ansiaba en el mundo era tener una casa; cuando por fin la encontró y pagó las letras sin decírselo, él se puso furioso y la obligó a recuperar el dinero. Vivieron de alquiler el resto de sus vidas. Yo no supe nada de esto hasta que fui bastante más mayor. Para mí, mi abuelo era un viejecito cariñoso que nos quería de corazón, nos gastaba bromas y nos regalaba juguetes raros que compraba por catálogo. Se portaba bien con mis padres. Todo cuanto sabía de mi abuela era que había muerto porque estaba «enferma».

Finalmente, la historia empezó a salir a la luz, supongo que porque para mi padre la idea de que mi abuela estuviera enferma y la de que se hubiera matado se habían fundido en una. Estaba deprimida. La depresión era una enfermedad. Y la enfermedad causó su muerte.

Por aquel entonces, nuestra cultura vivía una transformación similar a la experimentada por mi padre en la forma de ver y entender la depresión. El cambio era abismal con respecto a la idea que imperaba en tiempos de mi abuela, cuando la depresión se achacaba a la debilidad personal y el suicidio se consideraba la opción de los cobardes o, peor aún, un pecado. Existían leyes que lo penalizaban, e incluso en algunos estados, si alguien se suicidaba, el gobierno podía quedarse la herencia.

Cuando mi abuela era joven, no existía un lenguaje para hablar de lo que le ocurría, como tampoco existía ayuda real para ella. Le diagnosticaron depresión o «crisis nerviosa», pero el resultado siempre era el mismo: en los hospitales donde mi abuelo la llevaba, lo más que hacían por ella era recetarle somníferos. Pese a su rudeza, mi abuelo se desvivió por ayudarla, pero la situación era irremediable. Al final, se hizo evidente que la quiso más de lo que nadie, ni siquiera ella misma, imaginó nunca.

Desde la década de 1960, cuando nuestra concepción de la depresión pasó del plano mental al físico, esta dejó de ser algo «imaginario» para convertirse en «real». Algunos medicamentos como el Prozac, una suerte de pócima mágica que ayudaba a la gente retocando sus niveles de serotonina, contribuyeron a que este cambio tuviera lugar. Y ya en la primera década del siglo XXI entendíamos la depresión en términos casi estrictamente bioquímicos.

En mi opinión, el nuevo paradigma supuso tanto una fuente de alivio como una revelación para mi padre. Ahora que su madre quedaba absuelta de haber obrado mal, su muerte era más fácil de aceptar. La nueva explicación eximía a mi abuela de culpa y despejaba a mi padre de dudas, porque, si la depresión es una enfermedad del cerebro, si es física, entonces es tangible. Es real. No se le puede reprochar a nadie que su corazón deje de latir, ni que desarrolle cáncer de piel. (Una afección que mi padre conoce muy bien pues es dermatólogo.) Y, sin embargo, la gente culpaba a su madre, a pesar de que estuviera rota por dentro.

Pero para mí, la explicación bioquímica de la depresión nunca terminó de cuadrar del todo.[33] Con el paso de los años, empecé a poner en entredicho que la división entre lo mental y lo físico, lo real y lo imaginario fuera tan marcada. De tratarse de un proceso exclusivamente bioquímico, la depresión sería más estable, no cambiaría con el tiempo, ni variaría de una cultura a otra. Eso, por supuesto, no significaba que la depresión no fuera real, solo que tenía que haber algo más en la historia.

En un editorial de 2013 del *British Journal of General Practice* titulado «Depression as a Culture-Bound Syndrome», el psiquiatra Christopher Dowrick, autor de *Beyond Depression*, sostenía que nuestras creencias sobre la felicidad contribuyen a la ausencia de la misma. «Desde una perspectiva cultural, en las sociedades angloparlantes occidentales hemos desarrollado una ética de la felicidad donde se asume que cualquier desviación con respecto a la norma es indicio de enfermedad.» Señalaba asimismo que la depresión estaba aumentando a unos niveles que «la destinaban a ser la segunda enfermedad que más invalidez generase en 2020».[34]

Particularmente, conocía bien esta ética de la felicidad, pues era una de las facetas de Estados Unidos que más me sorprendía cada vez que regresaba del extranjero. La búsqueda de la felicidad da forma a todos los ámbitos de nuestras vidas: nuestras películas acaban con un final feliz y nuestros libros nos enseñan a aprovechar al máximo la felicidad. Hemos convertido la ciencia de la felicidad en una industria. Aspiramos a ser felices, o al menos a conseguir rozar la felicidad, en algún momento de nuestras vidas. Y dentro de ese medio que es la cultura, los sentimientos de infelicidad adquieren el valor añadido del fracaso, de lo indebido, de la enfermedad. Así, cuando no somos felices, sentimos que algo se ha roto.

Sin embargo, en otras culturas la felicidad y los sentimientos positivos no se consideran un estado de ánimo normal, ordinario; de ahí que sentirse deprimido no se contempla como anormal. Los rusos, por ejemplo, no sienten la necesidad de estar felices en todo momento. Una investigación realizada con estudiantes rusos y estadounidenses descubrió que, si bien los rusos presentaban mayor tendencia a centrarse en «sentimientos y recuerdos oscuros», tenían «menos probabilidades que los estadounidenses de sentirse deprimidos por ello». El coautor de la investigación, Igor Grossmann, dijo: «Entre los occidentales, centrarse en los sentimientos negativos suele perjudicar al bienestar, pero no es el caso entre los rusos». No aspiraban a ser felices, y por ello, no les incomodaba no serlo.[35]

La depresión, o algo similar, existe en todas las culturas, pero los índices difieren y los síntomas varían. La cultura moldea la depresión, la atenúa, la agrava y la modifica. O sea, que no es puramente bioquímica, sino biocultural. La biología influye, de acuerdo, pero hay algo más.

Todo lo cual me lleva a interrogarme sobre mi abuela. ¿Qué hubiera pasado si se hubiera sentido más querida por su madre? ¿Y si hubiera tenido otras ideas, otras creencias, otras expectativas sobre cómo hubiera debido ser su vida? ¿Y si hubiera llevado una vida más parecida a la que soñaba, o si hubiera contemplado su propia desdicha con otros ojos? ¿Y si quienes la rodeaban también la hubieran mirado con otros ojos? Si alguno de esos factores hubiera sido diferente, ¿su camino habría sido más llevadero?

En 1998, Charles Hughes, coeditor de *Culture-Bound Syndromes: Folk Illnesses of Psychiatric and Anthropological Interest*, redactó una crítica mordaz al trato otorgado a los síndromes ligados a la cultura en el DSM-IV. Reclamaba que «usar el término académico "síndromes [psiquiátricos] ligados a la cultura" es comparable a utilizar "religión ligada a la cultura", "idioma ligado a la cultura", o "tecnología ligada a la cultura", pues cualesquiera de estas áreas institucionales están moldeadas por su entorno cultural, y son, en términos específicos, únicas en él».[36]

Así, el *koro* y otras enfermedades emparentadas podían languidecer al final del libro, mientras que a otras enfermedades como la depresión, el trastorno de personalidad múltiple, la bulimia, la vigorexia y el trastorno disfórico premenstrual se les concedía un estatus universal porque los psiquiatras occidentales eran incapaces de ver más allá de sus propios horizontes culturales. En realidad, todo en el *DSM*, y en la vida, está ligado a la cultura.[37]

«Personalmente —me dijo Arthur Kleinman—, creo que ha llegado el momento de abandonar esta idea de síndromes ligados a la cultura. Todos los síndromes poseen cierto grado de influencia cultural, algunos más que otros. Pero lo que ocurrió con los síndromes culturales fue que reflejaban algo que no tenía cabida lógica en el contexto de Estados Unidos y de Europa occidental, que no representan ni a un 20 por ciento de la población mundial. Era como si todo el mundo estuviese ligado a la cultura y esa quinta parte, que casualmente eran los estadounidenses y los europeos, estuviera desprovista de ella. Y eso no tiene ni pies ni cabeza.»[38]

En cierto sentido, significa que todas nuestras enfermedades están ligadas a la cultura. Pero es a través de nuestros propios síndromes como podemos alcanzar a ver a qué están ligadas exactamente.

8

FUSIÓN DE MEDICINAS

Caía la noche cuando nuestro tren entró en la República Popular China. No las tenía todas conmigo para aquella parte de mi viaje. Iba a un país donde nunca había estado antes, no conocía a nadie, ni sabía una sola palabra del idioma, pero tenía claro que quería llegar más allá de las brillantes luces de Hong Kong y las superficies asépticas de Singapur para adentrarme en un territorio más arduo. Intuía que, si lograba superar la barrera lingüística, aumentarían mis posibilidades de descubrir otros mundos, otras culturas que habían pervivido e incluso prosperado: lugares donde el *koro* podría existir.

Y no había mejor punto de partida para esa búsqueda que Cantón, allí donde el doctor Wai dijo que empezó la epidemia de *koro* de 1967. A lo largo de la historia, la ciudad había sido la ven tana de China hacia el mundo. Fue uno de los primeros lugares visitados por los europeos y hubo una época en la que incluso existía un refrán que decía: «Todo lo nuevo empieza en Cantón».[1]

Ya era tarde cuando el tren penetró en la ciudad y me conectó con el nuevo sistema de metro. Me acerqué a la máquina de pantalla táctil y seguí las instrucciones: «Por favor, introducir monedas dentro».

Introduje mis monedas y crucé la ciudad en un abrir y cerrar de ojos. Llegué a un albergue llamado Lazy Gaga, pintado de amarillo chillón y repleto de extranjeros de visita por la Feria de Cantón, una feria de importación y exportación para pequeñas empresas. Al igual que en mi albergue de Hong Kong, todo el mundo, salvo contadas excepciones, estaba sentado frente a su ordenador portátil. Un turco entrado en carnes veía una película repantigado en el sofá, mientras, en un rincón, un mochilero polaco estaba en cuclillas frente a su bicicleta rodeado de un montón de herramientas, intentando instalar un pequeño motor y maldiciendo a voces contra la fabricación china barata. En el ascensor, una mujer china me tendió su tarjeta. Le di las gracias y me la guardé en el bolsillo, dándole a entender que también yo era un pequeño industrial.

Mi habitación estaba en el piso de arriba. Había dos literas y me instalé en una de las camas de arriba, encima de un italiano canoso de mediana edad, dueño de una pequeña empresa para la que necesitaba piezas manufacturadas. La otra cama de abajo estaba ocupada por un joven programador del norte de China, que trabajaba para una empresa local, aunque odiaba su trabajo y se planteaba dejarlo.

A la mañana siguiente, bajé a recepción a charlar con Yau, el tipo listo, divertido y ligeramente despeinado que regentaba el Lazy Gaga. Siempre daba la impresión de estar ocupado en un millón de cosas y rebuscaba constantemente algo en su riñonera. En un inglés impecable me explicó que el edificio, construido en 1982, estaba destinado a ser un hotel para miembros del gobierno y había sido el primero de la zona en tener ascensor.

—En aquella época, la gente solía acercarse a verlo, pero no se atrevía a montar—explicó Yau.

El hotel quebró en el año 2000. Yau compró el edificio a buen precio porque en el bloque contiguo habían construido apartamentos por encima del tejado del hotel. (Este hecho, me contó, le había valido una mención en un reportaje de la CNN sobre las leyes chinas de zonificación.)[2] Le hablé sobre mi proyecto y le enseñé mi papelito con la inscripción *suo yang* en chino. Le expliqué que investigaba sobre enfermedades mentales que solo se veían en determinadas culturas.

Examinó el papel.

—Pero esto no es una enfermedad mental, ¿no? Solo es un síntoma. Existen un sinfín de razones por las que los genitales de un hombre pueden encoger.

—¿De verdad?

—¡Claro! En las películas de kung-fu de antes decían *shook yang* para proteger sus genitales.

Tras darle las gracias por el dato, lo anoté en mi cuaderno y le pregunté si conocía a algún traductor. Se ofreció a realizar algunas llamadas y al cabo de un rato dio con una estudiante de arte llamada Shirley que podía traducir mientras yo deambulaba por la ciudad intentando preguntar sobre el encogimiento de pene.

Al día siguiente, Shirley vino a buscarme al Lazy Gaga. Había nacido en Cantón, en el seno de una familia de industriales de clase media (su madre fabricaba gafas 3D para el cine), pero no estaba interesada en el negocio familiar. Su pasión era el arte. Me enseñó lo que hacía en su smartphone, saltaba a la vista que tenía talento. Además, hablaba inglés perfectamente.

Nos sentamos y le expliqué todo sobre el *suo yang*, del que nunca había oído hablar. Le entregué unos cuantos estudios y los leyó con curiosidad mientras se le escapaba alguna que otra sonrisa.

—¿Y cree que esto es real? ¿O solo son imaginaciones?

—No lo sé —titubeé. Buscaba las palabras que aún no me había planteado—. A lo mejor, para las personas que lo sienten sí que lo es.

Shirley tenía una ligera idea sobre dónde ir a preguntar si seguía habiendo casos de *koro* en la zona, y salimos a recorrer juntos la ciudad. Era mediodía, las calles estaban abarrotadas de coches y bicicletas eléctricas, las tiendas eran comercios al por mayor, en los que el género estaba la vista: zapatos, hardware, monederos, textiles...

Cantón rondaba los catorce millones de habitantes y estaba considerada la tercera ciudad más importante de China, aunque no lograba desprenderse de la etiqueta de fábrica gigante. En 2010, cuando acogió a los Juegos Asiáticos, la ciudad se lanzó a una carrera de mejoras de alto nivel. Esto incluye la Canton Tower, un rascacielos de más de seiscientos metros de altura cuya forma esbelta y parabólica «parece la de una dama que mira hacia atrás, con pasión y emotividad», según una descripción.[3] Era una estructura extraña y bella, muy apropiada para aquella ciudad bella y extraña.

Llegamos a una carretera ancha con mucho tráfico y nos montamos en un autobús que iba al Hospital de Medicina Tradicional China de la Universidad de Cantón. En la recepción, Shirley realizó algunas pesquisas para saber dónde podíamos preguntar por *suo yang*.

Subimos unos pocos tramos de escaleras hasta llegar al departamento de urología. Estaba algo desconcertado, pues si el *suo yang* era un problema mental, ¿no debería estar en el departamento de psiquiatría? Tal vez, después de todo, estaba considerado como un mal corporal.

Tras recorrer un vestíbulo largo y resplandeciente donde aguardaban personas con problemas urinarios, llegamos a la consulta del doctor Li Xing Ping. Parecía perplejo por la llegada repentina de un extranjero, pero enseguida se repuso y nos recibió.

Mientras Shirley le explicaba el motivo de nuestra visita, el doctor Li asentía. Luego tradujo mis preguntas y las respuestas del doctor.

—¿Es común el *suo yang*? ¿Viene mucha gente preguntando por él?

—No —respondió—, no es nada habitual.

—Y, en un año, ¿a cuánta gente visita con este problema?

—Tal vez a nadie.

—Y antes, ¿era más frecuente?

—No mucho. En la gran ciudad no es frecuente, pero en las zonas rurales se pueden dar casos. Se trata más bien de un asunto mental.

—Y si alguien llegara con ese problema, ¿qué le recomendaría?

—Que se tranquilizase y que apartase las manos del pene. Se ponen tan nerviosos que se lo agarran por miedo a que se les retraiga. Y si mi consejo no funciona, les daría algún remedio médico para ayudarlos.

—¿Como hierbas?

—Sí.

El doctor Li hizo señas hacia detrás de nosotros y llamó al siguiente paciente, lo que significaba que era el momento de marcharnos. Le dimos las gracias y salimos de su consulta.

Una vez en la calle, tomamos otro autobús hasta el Hospital Provincial de Cantón de Medicina Tradicional China, un edificio de veintinueve plantas que estaba muy cerca del Lazy Gaga, en una calle arbolada llena de comercios de hardware. El hospital había sido fundado en 1924 y desde entonces no había dejado de crecer,[4] sobre todo desde que el gobierno ordenase la integración de la medicina occidental. Según explicaban en la página web, el hospital «continuaría apuntando hacia los mejores tratamientos de medicina china, hacia la vanguardia de los tratamientos médicos modernos y esforzándose para obtener la combinación perfecta de ambos».[5]

El vestíbulo relucía como un aeropuerto. El ambiente emanaba un intenso olor a hierbas. Al fondo, había una serie de espacios interactivos con pantallas táctiles donde los pacientes seleccionaban su dolencia, buscaban un doctor y pedían cita.

Nos acercamos a las máquinas. Un joven técnico que reparaba uno de los aparatos nos explicó cómo funcionaba el sistema. Cuando Shirley le contó lo que buscábamos, soltó una carcajada y se tapó la boca.

Por lo visto, para concertar una cita era necesaria una tarjeta que se pasaba por el lector de barras. Como no teníamos, utilizó la suya, buscó un urólogo y nos entregó un número.

En la quinta planta, tomamos asiento en la sala de espera, pendientes de que la pantalla mostrara nuestro número y la foto de nuestro doctor. La sala estaba hasta la bandera. De la pared colgaba una lista de las especialidades médicas que se practicaban tras aquel mostrador: neurocirugía, cirugía gastrointestinal, cirugía vascular, cirugía del tiroides, cirugía hepatopancreatobiliar, andrología y, por supuesto, urología.

Nuestro número apareció en la pantalla. Nos acercamos al mostrador y Shirley explicó el motivo de nuestra visita. La enfermera señaló hacia la consulta de atrás, donde había un doctor que ni siquiera se nos presentó.

De nuevo, Shirley tradujo.

—¿Ha recibido a alguien con *suo yang*? —pregunté.

—No, no muchos.

—En un año, ¿cuántos más o menos?

—Tres o cuatro.

—¿Y piensan que se trata de algo peligroso? ¿O que es un problema menor?

—Los pacientes sufren mucha ansiedad cuando les pasa. Se ponen muy nerviosos.

—¿Ansiedad por miedo a morir?

—No. Les preocupa su actividad sexual.

—¿Y qué tratamiento les receta?

—Normalmente, algunas hierbas relajantes chinas. Y el pene mejora.

—O sea, que no es algo serio.

—No, no es serio. Pero con la gente mayor puede ser un poco más difícil.

Eso era todo. De nuevo, le agradecimos su tiempo y nos marchamos.

Shirley me acompañó a pie al Lazy Gaga y allí nuestros caminos se separaron. Aquella noche me acomodé calle abajo en una silla de plástico y cené marisco y champiñones asados a la parrilla. Observaba el humo ascender hasta la oscuridad y dejarse transportar por el viento, lo que me llevó a reflexionar acerca de todas las corrientes invisibles que flotaban a mi alrededor.

Al día siguiente, tomé el metro hacia una parte más tranquila de la ciudad: el último lugar de los que había previsto visitar en Cantón. Recorrí una avenida bordeada de árboles, en cuyas aceras los vendedores ambulantes habían dispuesto sus mercancías sobre unas mantas atestadas de objetos antiguos: monedas, tuberías, medallas; todo ellos restos del pasado que habían recalado aquí.

Finalmente, encontré el cartel que buscaba: HOSPITAL DEL CEREBRO DE CANTÓN, decía en inglés. Era el psiquiátrico más antiguo de China, fundado en 1898 por un estadounidense llamado John Glasgow Kerr.[6] Los investigadores de la epidemia de Hainan de 1984 habían salido de aquí, por lo que albergaba esperanzas de encontrar a alguien que supiese del asunto, o que recordase haber trabajado en él.

No había ningún mostrador de recepción, así que deambulé por el recinto hasta que di con una pequeña zona verde donde se erigían dos estatuas, una de Kerr y otra del doctor Mo Kan-Ming, el investigador principal de la epidemia de Hainan. Había fallecido en 1996 a los ochenta años.

Al otro lado del pequeño jardín, atisbé lo que me pareció un centro administrativo. Entré, subí las escaleras y me detuve en el primer despacho. Un hombre joven ocupaba su escritorio. Le mostré el estudio de la epidemia y pregunté si alguno de los autores seguía por allí.

Clavó la mirada en los nombres y, en un inglés entrecortado, los leyó en voz alta. Unos pocos, me dijo, habían muerto. De los demás no sabía nada. Le pregunté si había alguien que estudiara el tema y me indicó con señas que lo siguiera. Recorrimos el vestíbulo hasta el despacho del doctor Li Jie, un auténtico torbellino de energía que me invitó a pasar y se mostró entusiasmado por el objeto de mi visita. Dio un respingo de la silla, se abalanzó sobre un armario archivador y extrajo un estudio titulado «*Koro* endémico entre alumnos de un colegio de la provincia de Cantón, China», sobre un brote que tuvo lugar en un pueblo al sur de Cantón llamado Fuhu.[7] El artículo decía:

Durante la tarde del 21 de mayo de 2004, un estudiante de tercero de primaria sintió, después de jugar al ping-pong, que su pene estaba encogiendo, entró en pánico y se fue corriendo a casa para avisar a sus padres. La madre, ansiosa, agarró el miembro del niño, mientras que el padre llamó de inmediato a la curandera local, una anciana de ochenta años, para un tratamiento de emergencia.

La mujer trató al niño con «moxibustión» y los síntomas desaparecieron.[8] Pero entonces:

Dos días después, el 23 de mayo, cuando el director del colegio se enteró del incidente, convocó a todo el alumnado (393 chicos y 287 chicas, 680 niños en total) en el patio de la escuela. Micrófono en mano, relató detalladamente lo ocurrido a sus estudiantes y les pidió que tuvieran cuidado y tomaran medidas de emergencia si sentían síntomas similares.

Aquel mismo día, varios niños notaron que sus penes encogían y volvieron disparados a casa para buscar tratamiento. Al día siguiente, otros sesenta estudiantes sufrieron *suo yang*. Todos, salvo uno, acudieron a la curandera. Cuando el doctor Li la entrevistó, esta evocó una epidemia anterior, de 1963, causada por «un cambio en el orden del gobierno [el Gran Salto Adelante, una campaña masiva y devastadora de industrialización y colectivización] que trajo un "viento nocivo" que penetraba en el cuerpo de la gente».

Creía que el *suoyang* tenía tendencia a producirse cuando soplaba un viento frío. Y se manifestaba como un malestar debido al viento. Además, mencionó que esa afección no debería tratarse con técnicas médicas occidentales, como inyecciones, o de lo contrario acabaría en muerte. La única cura posible era el método tradicional del *aijiu*, también llamado moxibustión, y beber agua con cayena molida (elemento yang) para calentar el estómago y los riñones.

En 2009, Li y sus colegas regresaron a la localidad con objeto de hacer un «Cuestionario de creencias populares». El 57 por ciento de los adultos de Fuhu pensaban que el *suo yang* era una enfermedad grave. Entre los niños, el porcentaje era del 59. En aquella época, la creencia estaba aún muy arraigada.[9]

—¿Todavía sigue así? —inquirí—. ¿Sigue habiendo epidemias? ¿O esa fue la única?

—Ha sido la única —respondió—. Creo que suele ocurrir en pueblos donde la gente es pobre y no tiene mucha educación. Desde 2009, no ha habido más epidemias de *koro* en el sur de China. Ahora ya es algo raro. Muy raro. A veces, en la clínica, te puedes encontrar con una persona que lo sufre. Tuvimos un estudiante de instituto de diecinueve años que padeció *koro* en 2009. Pero creo que el *koro* es cada vez menos frecuente.

—Pero ¿hay gente que sigue creyendo en la medicina tradicional china?

—Sí. Para algunos, la medicina tradicional china es muy buena. Pero es un arte, no una ciencia. Es una filosofía. Y desde el siglo XIX, prácticamente no se han vuelto a ver este tipo de epidemias. Quizá por el desarrollo económico y social. Y por la educación. La globalización. Un mundo, una cultura. Así que el *koro* ha desaparecido. ¿Por qué le interesa estudiar esa epidemia?

—Estuve en Hong Kong... —comencé a explicar.

—¡Ah! —me interrumpió—. ¡ Pow Meng Yap era de Hong Kong! Recuerdo su trabajo. Era muy famoso.

—¿Vive algún paciente de 1985 que pueda contarme cómo fue?

Li reflexionó unos instantes y sacudió la cabeza.

—No, no creo.

—¿Y alguno de estos médicos?

Le entregué el artículo.

—El doctor Mo Kan-Ming era nuestro jefe, pero falleció. El doctor Tseng, era mi amigo mío, también falleció. La mayoría están muertos. Este se jubiló, quizá el año pasado, pero no sé dónde está.

—¿Sería posible ir a Fuhu?

—Quizá. Hay unos veinte o cincuenta kilómetros de Zhanjiang hasta Fuhu. Quizá pueda llamar al doctor Peng Xinxin. Trabaja cerca de Zhanjiang. Desde allí quizá pueda tomar un autobús hasta Fuhu.

Todo aquello sonaba a demasiados *quizases*. Con todo, me facilitó el número de teléfono del doctor Peng. Le di las gracias y me despedí.

Una cosa tenía clara: necesitaba ir al sur, allí donde soplaban los vientos ancestrales.

El tren arrancó de Cantón. Moverse sentaba bien. Había emprendido mi viaje hacia el sur de la península aquella misma mañana, desde el Lazy Gaga hasta Zhanjiang, una ciudad de varios millones de personas que marcó la frontera norte de la epidemia de 1985, que llegó a extenderse por toda la península. (Fuera de la ciudad también hubo otro brote de menor escala en 1987.) Intenté ponerme en contacto varias veces con el doctor Peng, pero no obtuve respuesta.

Por la ventanilla, contemplaba el desfile de las imponentes cadenas montañosas. Dentro del vagón, reinaba el vocerío. Pasamos junto a pequeñas ciudades y arrozales, vimos centrales nucleares y mansiones a medio construir. También había granjas de cerdos, piscifactorías y torres de telecomunicaciones. La neblina envolvía las montañas. La jungla de rascacielos de Cantón había quedado atrás.

Al cabo de unas horas, el tren se detuvo. Me volví hacia la mujer de al lado y le enseñé mi billete.

—¿Zhanjiang? —pregunté.

Asintió y señaló la puerta. Recorrí el pasillo a toda prisa y me apeé justo en el momento en el que el tren reanudaba la marcha.

Estábamos a kilómetros de Zhanjiang. De hecho, estábamos a kilómetros de ninguna parte. En el aparcamiento, un grupo de mujeres aguardaba con sus mototaxis. Una de ellas se me acercó.

—¿Zhanjiang? —repetí.

Escudriñó el trozo de papel donde estaba escrito el nombre de mi hotel en chino. Llamó a otra motorista. Después discutir un rato, hizo un gesto de aceptación y mostró cinco dedos. Escribí «50» en mi cuaderno (unos ocho dólares) y se lo enseñé. Asintió. Sabía que era demasiado, pero también sabía que estaba a su merced, a menos que tuviera ganas de pasar la noche en un arrozal.

Tardamos bastante en llegar al hotel. En mi habitación había árboles pintados en las paredes, una colorida obra de arte, y una cesta con una TOALLA DE VIAJE LIMPIA (CON-

TIENE REGALO EN INTERIOR), un LUBRICANTE MASCU-
LINO 99, así como un CONDÓN CON ANILLO VIBRADOR,
todos los cuales eran NO GRATIS. Abstenerse de abrirlos parecía la mejor opción.

Tras mi ventana destellaba el óxido de los edificios de
Zhanjiang. La ciudad no aparecía en mi guía de viajes, y por
una buena razón: salvo por el decrépito parque de atraccio-
nes a orillas del canal, no había nada que hacer. Zhanjiang
llevaba mucho tiempo acumulando retraso. Desde 1898 hasta la Segunda Guerra Mundial, fue un territorio francés go-
bernado desde lejos y prácticamente dejado de lado. Todo
cuanto quedaba de aquella época era una gran iglesia y unos
pocos edificios franceses al borde de la ruina.[10]

A la mañana siguiente, bajé de mi habitación y salí a dar
una vuelta. Un tifón pasaba por el sur; el cielo estaba oscuro
y los vientos arrasaban la ciudad. Los árboles de las aceras
estaban doblados, las alarmas de los coches disparadas por
todas partes, la sirena de un barco resonaba desde la bahía.
Los camiones de la basura empujaban sus carritos y avanza-
ban a golpe de bocina.

Recorrí la calle principal, dejé atrás el McDonald's y el
Walmart y llegué al Hospital Afiliado a la Escuela Médica de
la provincia de Cantón. En el vestíbulo, una muchedumbre
aguardaba en fila para pedir hora. La mesa de información
estaba al fondo. Me acerqué y le tendí a la mujer el papel
donde llevaba *suo yang* escrito. Señaló hacia arriba y dibujó
un número tres en el papel. En el tercer piso, dominaba un
letrero que indicaba: CIRUGÍA RECONSTRUCTIVA, DOLO-
RES CRÓNICOS, VESTUARIO Y UROLOGÍA.

La planta estaba oscura y llena de pacientes que campaban
a sus anchas por las consultas de los médicos. Las puertas es-

taban abiertas. Cuando por fin llegué a la que decía UROLO-
GÍA asomé la cabeza y el médico se dio media vuelta. Busqué
en el bolsillo y saqué mi trozo de papel.

—¿Alguna vez ve esto? —pregunté en inglés.

Tomó el papel, lo leyó y negó despacio con la cabeza. Después levantó la vista hacia mí:

—No —articuló por fin.

Una vez fuera, el viento había arreciado. Las calles estaban
vacías. A pesar de la lluvia, me acerqué hasta el muelle dando un paseo. Después, regresé al hotel.

Aquella noche me despertaron unos alaridos de madrugada. Todavía llovía y las calles seguían desiertas, salvo por un
coche que estaba parado. Frente al vehículo, una persona
yacía tumbada en la carretera. El conductor daba pasos titu-
beantes, hacia delante y hacia atrás, agitando los brazos y
chillando.

Observé la escena durante un buen rato. Una hora después apareció una ambulancia y se llevó a todo el mundo. El
coche seguía en medio de la calzada, con las luces parpa-
deando. Cuando desperté a la mañana siguiente, no quedaba rastro del vehículo. Y pronto, a falta de encontrar los
vientos ancestrales que tanto anhelaba, también yo desaparecería de allí.

9

BUCLES EXTRAÑOS

A medida que viajaba hacia el sur, hacia Hainan, hacia las respuestas que buscaba, me invadió la sensación de estar moviéndome entre mundos hilvanados con hilos invisibles para mí. Cada vez que veía un templo o una iglesia, mi mente se trasladaba a otro momento en el que había experimentado algo similar poco tiempo después de volver de Italia.

Mi hermano pequeño había abandonado el aburrido metodismo de nuestra familia para abrazar una nueva fe, vibrante y carismática. Tenía visiones de Jesús, vivía dentro de Cristo, había vuelto a nacer. Creía en la Biblia a pies juntillas, de forma literal. Nosotros, sin embargo, habíamos sido educados en la idea de que se trataba de una metáfora con tintes históricos.

No podía evitar sentirme molesto por su conversión. Yo mismo atravesaba una auténtica crisis de fe y no estaba teniendo mucho éxito a la hora de aclarar mis ideas. Entretanto, mi hermano parecía genuinamente feliz: su vida empezaba a encajar. Lo que más me sacaba de quicio era su convicción de que aquella nueva fe podría sernos de ayuda a los demás. Así las cosas, un día me invitó a acompañarlo a su nueva iglesia. Como quería ser un buen hermano, y además me picaba la curiosidad, accedí a acompañarlo.

Las misas de la Living Light Church se celebraban en una antigua iglesia de estilo románico en la calle principal de Winona que llevaba casi un siglo en pie, antes de ser malvendida. En el interior, los indicios de la cristiandad tradicional se habían esfumado. Al fondo, una mujer cantaba y tocaba tres acordes en el teclado.

El pastor peroró sobre la omnipresencia de la mano de Dios, sobre su plan misterioso y el infierno, durante lo que a mí se me hizo una eternidad. A medida que avanzaba el sermón, su voz se cargaba de tensión, con un ímpetu que recordaba tanto a las antiguas concentraciones campestres cristianas como a los anuncios de teletienda de hoy en día.

Cuando el pastor mencionó el don de lenguas, yo ya sabía lo que iba a ocurrir. Se podía sentir. Los feligreses se levantaron y alzaron las palmas. Se estremecieron, mecidos al ritmo de un suave vaivén, hasta que el espíritu descendió. Entonces comenzaron a emitir un balbuceo extraño y rítmico. Miré hacia mi hermano, y él también me miró a mí. ¿Cómo era posible que estuviéramos tan cerca y habitáramos en mundos tan dispares?

Hasta aquel día, siempre había sospechado que el don de lenguas era una farsa, un teatrillo. Después de asistir a aquella celebración, supe que estaba equivocado. Lo que había presenciado era tan real como las piedras de la iglesia, y lo que saqué en claro de aquella experiencia fue la sensación de que la creencia era la fuerza más poderosa de cuantas rigen nuestras vidas, y que podía llegar a afectarnos a niveles casi incomprensibles. Para mi hermano, el don de lenguas era una prueba del poder de Dios. Para mí, era una señal de nuestro propio poder.

A lo largo de los años, cuando rememoraba aquel día, también reflexionaba sobre mis creencias. ¿Cuáles eran exactamente? ¿De dónde las había sacado? ¿Qué efectos producían en mí?

Había visto a mi hermano creer en algo con tanto ahínco que había hablado en idiomas desconocidos, un fenómeno también conocido con el nombre de «glosolalia».[1] Los neurocientíficos especializados en el tema han observado picos de actividad en algunas regiones cerebrales y descensos en otras. En este sentido, la creencia de mi hermano desencadenaba una reacción física, mientras que yo permanecía callado e inmutable por mi descreimiento.

Fue una de las primeras y más palmarias impresiones de cómo la mente ejerce su poder genuinamente crudo. Aquel día, mi escepticismo ante el modelo biomédico creció. Lo que había visto era real, no cabía duda. La mente, entonces, no podía ser un subproducto pasivo de la neurología, sino que, una vez que emergía del cerebro, esta se libraba a su propia realidad. Cada vez que recordaba a mi hermano en aquella iglesia, me convencía de que la conexión entre la mente y el cerebro (entre la mente y el cuerpo) era mucho más recurrente de lo que la mayoría suponíamos y de que nuestras creencias desempeñaban un papel crucial.

No hay duda de que esa es la razón por la que los síndromes ligados a la cultura me fascinaron tanto nada más tener noticia de ellos. Constituían uno de los ejemplos más claros de esta influencia: de cómo las creencias moldean los contornos que enmarcan nuestras mentes y provocan efectos tangibles y poderosos. Nuestras creencias, y estaba seguro de ello, determinan gran parte de nuestra existencia sin que alcancemos a entenderlo. En el caso de mi hermano, le salvaron la vida. Sin embargo, cuanto más leía sobre los síndromes, más constataba que, en circunstancias adversas, también podían acabar con ella.

Lo descubrí gracias a un artículo de Pow Meng Yap publicado en 1951 titulado: «Mental Diseases Peculiar to Certain Cultures». En él planteaba la problemática de la «muerte vudú», «muerte psicógena», o «tanatomanía», es decir, cuando la creencia de una persona en su muerte parece ser el motivo de la misma.[2] Yap no había sido el primero en abordar este tema. Uno de los primeros científicos en plantearse la cuestión en serio fue Walter Cannon, el médico pionero descubridor del «reflejo de huida». En el año 1942, Cannon escribió un artículo titulado «Voodoo Death» en el que enumeraba diversos ejemplos de gente que moría a causa de maldiciones en Níger, el Congo, Brasil y Nueva Zelanda y, de manera más notable, entre los aborígenes de Australia, donde existía abundante documentación de muertes causadas por el «hueso apuntador».[3]

Sin embargo, a diferencia de sus homólogos europeos, quienes consideraban tales muertes fruto del delirio de mentes primitivas, Cannon no las despachó como una superstición absurda. Intuía que el fenómeno era real y merecía profundizar en la investigación, y sugería que la propia creencia era la desencadenante de «una actividad persistente del sistema simpático-adrenal».[4]

Desde una perspectiva estrictamente biomédica, la muerte por vudú es imposible. ¿Cómo puede una convicción matar a una persona? ¿Cómo puede una maldición terminar con la vida de alguien? ¿Cómo puede una idea provocar síntomas físicos? Pero Cannon sabía que cuerpo y mente estaban interconectados, que formaban parte del mismo sistema, del mismo bucle, y que se afectaban mutuamente. Había más ejemplos de «muerte por vudú» diseminados por los anales de la medicina.[5] Uno de ellos se produjo en 1967, cuando una joven llegó al hospital de Baltimore refiriendo dificultades respiratorias, dolores en el pecho, náuseas y mareos. Estaba a dos semanas de cumplir veintitrés años y no había tenido problemas de salud hasta hacía un mes. Sufría una gran ansiedad, hiperventilaba, sudaba y estuvo al borde del desmayo. El médico que le pasó consulta anotó que estaba obesa y pensó que la paciente podría estar sufriendo una insuficiencia cardíaca derecha. Finalmente, al decimocuarto día de ingreso, la joven confesó su verdadero problema. Resultó que solo disponía de tres días para solucionarlo.

La chica había nacido un viernes 13 cerca de las marismas de Okefenokee, en Florida. La comadrona que asistió su parto y el de otras dos niñas, una hechicera *rootworker*, comunicó a los padres de las tres criaturas que estas estaban malditas. La primera había de morir antes de cumplir dieciséis años; la segunda, antes de los veintiuno, y la tercera, la joven en cuestión, moriría antes de su vigesimotercer cumpleaños.

Según parece, la primera chica falleció en un accidente de tráfico la víspera de su decimosexto cumpleaños. La segunda llegó a cumplir veintiún años. Creyendo que el maleficio se había roto, se animó a salir para celebrar su buena suerte. Aquella noche, estalló una pelea en el bar donde estaba, se disparó un revólver y una bala la mató. Esto dejó a la tercera mujer convencida sin el menor género de dudas de que moriría según lo previsto. Y el día antes de cumplir veintitrés años, así fue.[6]

No está del todo claro cómo ocurren estas cosas, aunque probablemente sea más complejo de lo que Cannon propuso en su día. Sin embargo, es posible atisbar algunas sombras dentro de nuestra propia cultura, sin necesidad de mirar en lugares tan remotos como las Okefenokee. En 1988, la revista *Advances in Biochemical Pharmacology* presentó el caso de un joven enfermo de sida cuya madre recibió al mismo tiempo la noticia de la enfermedad y de la homosexualidad de su hijo. La mujer, profundamente disgustada, montó guardia fuera de la habitación de su hijo, rezando para que muriera. Este podía oír las plegarias, y una hora después falleció, «para sorpresa de su médico, pues el paciente no parecía estar en fase terminal».[7]

En 1974, un joven de Tennessee en tratamiento de cáncer de esófago recibió la noticia de que su enfermedad era letal. Murió dos semanas después. Sin embargo, en la autopsia no hallaron huellas del cáncer en el esófago, tan solo algún nódulo que otro en el hígado y uno en el pulmón.[8] Nada tan grave como para haber sido la causa de su muerte.

Si bien esto es anecdótico, existen más estudios que apuntan hacia un papel similar de las creencias en nuestra defunción. En el Framingham Heart Study, un estudio multianual comenzado en 1945 y aún activo hoy, los investigadores hallaron que para las mujeres que creían tener cierto riesgo de padecer enfermedades del corazón, las probabilidades de morir de un infarto eran 3,6 veces mayores que para las mujeres con los mismos factores de riesgo pero que creían estar libres de ello.[9] Otro estudio mostró que la gente con una percepción negativa de la vejez moría una media de 7,5 años antes que aquellos para quienes la veían con buenos ojos.[10] Y en una encuesta realizada a 28.269 chinos estadounidenses,

David Phillips observó que entre las víctimas de cáncer linfático, los nacidos en «años tierra» (y que, de acuerdo con la medicina tradicional china, eran más propensos a sufrir «bultos, nódulos y tumores») morían casi cuatro años antes que los que habían nacido en otros años. Los pacientes nacidos en «años metal» que padecían enfermedades como enfisema, asma y bronquitis (los pulmones son un «órgano metal») morían cinco años antes que aquellos que sufrían cáncer de pulmón pero no eran de años metal. La magnitud del efecto dependía del «grado de compromiso con la cultura tradicional china».[11] Phillips halló, asimismo, que el cuarto día de cada mes se producía un pico de muertes por paro cardíaco entre la población china y japonesa. En esos países, el cuatro se considera un número de mala suerte.[12]

Para mí, todo aquello tenía sentido, pero ¿cómo funcionaba? Entonces ¿también la muerte, con su carácter inexorable, estaba ligada a la cultura? Eso me parecía vislumbrar en otro extraño episodio que tuvo lugar a principios de la década de 1980 entre un grupo de personas que morían misteriosamente durante el sueño.

Poco después de la guerra de Vietnam, en las ciudades donde se instaló la primera ola de inmigrantes hmong empezaron a circular noticias sobre jóvenes en buen estado de salud que fallecían durmiendo. Por lo general, tenían entre veinticinco y cuarenta y cuatro años y llevaban menos de dos en Estados Unidos. En algunos casos, un familiar se despertaba al oír jadeos o quejidos, y solo llegaba a tiempo de presenciar la muerte de la víctima, sin poder hacer nada; en otros, morían solos. En total, fueron ciento diecisiete las víctimas de lo que pasó a conocerse con el nombre de «síndrome de muerte súbita nocturna inesperada».[13]

Los médicos estadounidenses buscaron las causas por doquier —genes, corazón, metabolismo, salud mental—, pero no dieron con ningún mecanismo. Lo más cerca que llegaron fue la detección de una anomalía en el ritmo eléctrico del corazón que parecía guardar alguna relación con las muertes. Nadie era capaz de identificar la causa de la arritmia, ni de explicar por qué no había causado la muerte de otros que también la padecían. Finalmente, salió a la luz que varios de aquellos jóvenes habían sido atacados en sueños por un espíritu llamado *dab tsog* que aparece por las noches, se sienta encima de ti y te impide moverte.

Como Shelley Adler señala en *Sleep Paralysis: Night-mares, Nocebos, and the Mind-Body Connection*, un libro que escribió a este respecto, era uno de los síntomas clásicos de la pesadilla, un fenómeno común a lo largo de la historia. En las runas ancestrales aparecía *mara*, un duende que se sentaba sobre tu pecho. En Terranova, lo conocían como «la vieja hechicera»; en Italia, como el *incubo*, y en Alemania como el *Apldruck*, o «la presión del elfo». En China, era *bei gui chaak*, o «ser apretado por un fantasma». Hoy, la medicina occidental lo conoce como «parálisis del sueño» y se cree que es un estado en el que la mente está despierta pero el cuerpo no.[14]

Se llame como se llame, es realmente aterrador. Lo sé porque una vez me ocurrió. Estaba de acampada en el parque nacional de Badlands, en Dakota del Sur, cuando me desperté con la sensación de que dos hombres me sacaban a rastras de la tienda. No podía moverme. El viento azotaba la lona con fuerza. Vi los faros de un coche que trazaban una curva en el camping. Intenté gritar, pero no pude. Después, poco a poco, me percaté de que mis pies estaban en el lado opuesto a la puerta de la tienda; tenía que haber sido una especie de sueño. Mi corazón palpitaba con fuerza.

Para mí, ese incidente se quedó en un hecho aislado, no precipitó ninguna cadena de acontecimientos, ni ningún conjunto de significados. Pero en la cultura hmong existe la creencia de que tus ancestros te protegen de espíritus como el *dab tsog* siempre y cuando sus tumbas estén atendidas correctamente y se completen los rituales pertinentes. Sin embargo, para los refugiados en Estados Unidos esas tumbas quedaban muy lejos. Cerca de un tercio de la población hmong perdió la vida durante la guerra y otro tercio huyó para escapar del genocidio posterior.

No obstante, incluso después de un tiempo en Estados Unidos, aquella creencia permaneció intacta. El 97 por ciento de los inmigrantes hmong que entrevistó Adler conocían el *dab tsog* y el 58 por ciento habían sufrido al menos un ataque.[15] De hecho, cuando se corrió la voz de las muertes nocturnas, algunos hombres estaban tan asustados que programaban el despertador cada veinte o treinta minutos.[16] Según le dijeron a Adler, si el *dab tsog* te visitaba un par de veces y el chamán no conseguía ayudarte, cabía la posibilidad de que sufrieras un ataque tan severo que acabase contigo.[17]

Conocían el peligro, la causa y el desarrollo de los acontecimientos: en plena noche, tendidos boca arriba, solos y lejos de casa.

Habiendo crecido en una cultura mecanicista, me intrigaba el funcionamiento de aquella lógica. ¿Cómo puede la muerte emerger de la psique? ¿De qué manera puede matar la creencia? En su libro, Adler sugiere que el síndrome de la muerte súbita nocturna inesperada podría considerarse una versión del efecto nocebo, lo contrario al placebo. Si la traducción latina de placebo es «ayudará», la de nocebo es «dañará».

Ya desde hace años existe un cuerpo de investigación creciente que desafía la idea de que el cuerpo produce efectos reales y la mente no. El ejemplo más claro es la investigación sobre los efectos placebo y nocebo, una tarea iniciada en 1978 por tres científicos de la Universidad de California en San Francisco que publicaron un estudio pionero. Los sujetos eran pacientes que acababan de extraerse las muelas del juicio, a los que dividieron en dos grupos. Tras la operación, el primer grupo recibió un calmante placebo y después (sin que lo supieran), naloxona, un «antagonista opiáceo» que inactiva los receptores opioides del sistema. (La policía pulveriza esta sustancia sobre la nariz de personas con sobredosis y estas despiertan de inmediato.)

El segundo grupo recibió dos dosis de calmante placebo.

Todos sintieron una reducción del dolor. Pero en los sujetos del primer grupo, el dolor repuntó una vez pasado el efecto de la naloxona, a pesar de que ni siquiera fueran conscientes de que les había sido administrada. La naloxona redujo el efecto placebo, lo que demuestra que la imaginación no era lo único que influía. El hecho de creer que estaban aliviando su dolor hizo realmente que los cuerpos de los pacientes sintetizaran un calmante.[18]

El estudio revolucionó el panorama médico, pues demostraba que la respuesta al placebo era más que una mera percepción o sensación. Desde entonces, se han realizado un gran número de investigaciones que han confirmado y ampliado aquellos hallazgos. El neurocientífico Fabrizio Benedetti descubrió que los analgésicos administrados subrepticiamente son mucho menos efectivos que los que se consumen de manera consciente: es necesaria una dosis mucho mayor de un calmante administrado en secreto para obtener un alivio equivalente. En la misma línea, observó que el ansiolítico diazepam funcionaba mucho mejor con el conocimiento del paciente que en secreto (en cuyo caso no funcionaba en absoluto). Asimismo, demostró que los pacientes de párkinson necesitaban estímulos con el doble de voltaje cuando el tratamiento se hacía a escondidas para igualar los efectos de cuando sabían a qué atenerse.[19]

¿Y por qué? Benedetti y otros piensan que poseemos una especie de sistema de salud interno capaz de activarse tanto por el sanador como por el ritual de sanación,[20] y que gran parte de los medicamentos modernos funcionan porque recurren a caminos construidos previamente. Por eso, cuando un paciente con migraña toma un placebo con la etiqueta del fármaco Maxalt, siente menos dolor, pero cuando toma Maxalt etiquetado como tal, el efecto casi se duplica: el fármaco combinado con la fe en su eficacia funciona mejor que cualquiera de las partes por separado.[21]

La lectura me resultó apasionante. Me ofrecía más pruebas de que la mente interviene en los procesos biológicos, de que la biología y la mente no están tan separadas. Pese a que los parámetros de los efectos placebo y nocebo no estén del todo trazados, se ha demostrado que se activan en los sistemas inmunológico y circulatorio y en varias regiones cerebrales. En un estudio realizado con pacientes que necesitaban cirugía artroscópica en la rodilla, aquellos a quienes se les realizó una intervención placebo (unos pocos cortes para que pareciera una operación) mostraron el mismo grado de recuperación uno o dos años después que los que pasaron por una operación real.[22]

Se han llevado a cabo experimentos similares con personas operadas por anginas de pecho, marcapasos y, más recientemente, una intervención en la espalda llamada vertebroplastia, que lleva al quirófano a unas 750.000 personas al año en Estados Unidos y representa entre doce y dieciocho mil millones de dólares de gasto médico.[23] En un estudio, los grupos vertebroplastia y placebo presentaban niveles de dolor de 6,9 y 7,2 antes de la operación, y un mes después 3,9 y 4,6, respectivamente, una diferencia que no era «ni estadística, ni clínicamente significativa». Esto no quiere decir que la cirugía no ayude. Significa, no obstante, que la razón por la que ayuda no es la cirugía en sí.[24]

También funciona en sentido opuesto. La respuesta nocebo utiliza otros mecanismos, pero el efecto es el mismo. En un ensayo aleatorio realizado en doscientos setenta sujetos con dolor crónico en el brazo, los pacientes recibieron un comprimido placebo o una falsa sesión de acupuntura en la que la aguja no llegaba a penetrar la piel. Antes del estudio, se advirtió a los pacientes sobre los efectos secundarios. Un 31 por ciento del grupo del comprimido y un 25 del de la acupuntura experimentaron los efectos secundarios sobre los que les habían avisado.[25] Tres personas se retiraron del estudio porque la fatiga y la sequedad bucal que sufrían eran severas.[26]

Hay más estudios que han obtenido resultados similares. Cuando se informó a unos voluntarios de que la suave corriente eléctrica que pasaría por sus cabezas podría causar dolor de cabeza, dos tercios sufrieron cefaleas, aunque en realidad ninguna corriente atravesó sus cabezas.[27] En un estudio de intolerancia a la lactosa, se administró glucosa a los participantes diciendo que era lactosa. Después, el 44 por ciento de los intolerantes a la lactosa desarrollaron síntomas estomacales.[28] En un experimento realizado en la década de 1960, se alertó a los pacientes que habían ingerido agua con azúcar de que podían vomitar, y el 80 por ciento fue exactamente lo que hicieron.[29]

En otras palabras, como el antropólogo Daniel Moerman ha escrito en su libro *Meaning, Medicine and the «Placebo Effect»*: «La biología va más allá de la biología».[30] Moerman sostiene que el desencadenante de los efectos es el significado otorgado al tratamiento. Para Benedetti, en cambio, la clave está en las expectativas de la persona o en el condicionamiento derivado de tratamientos previos.[31]

Sin embargo, para mí, la palabra que engloba ambas interpretaciones es creencia: en la cirugía, en el cirujano, en la bioquímica, en el poder de un comprimido, en que una cosa sea la causa de algo, y en que determinado medicamento u operación produzca determinado efecto.[32]

Di con otro estudio citado por Moerman que mostraba, más claramente aún, cómo la creencia puede transmitirse de persona a persona, de médico a paciente, y de la mente del paciente a su propio cuerpo.

En un estudio doble ciego realizado en médicos y pacientes, había dos grupos de clínicos. Al primero se le informó de que sus pacientes recibirían naloxona (lo que aumentaría su dolor), una pastilla inerte (placebo) o fentanilo (un analgésico ochenta veces más potente que la morfina). Al segundo grupo de médicos les dijeron que por algún problema administrativo el fentanilo estaba bloqueado y que sus pacientes tomarían naloxona o placebo.

En el primer grupo (los pacientes que recibieron placebo de doctores que pensaban que les podrían estar dando fentanilo), el dolor se redujo dos puntos una hora después del tratamiento. En el segundo (los pacientes que tomaron placebo de doctores que no creían estar dando fentanilo), el dolor aumentó seis puntos. Los pacientes recibieron la misma sustancia y la misma información. Lo único que cambiaba era quién se la dio.[33]

En una determinada cultura somos capaces de creer cualquier tipo de cosa. Podemos creer en la magia, en Dios, en el karma o en la bioquímica, pero ignoramos los efectos que nuestras convicciones producen en nosotros o cómo interaccionan con nuestra biología.

En nuestra cultura, por ejemplo, siempre hemos considerado que el estrés es nocivo y que debemos evitarlo a toda costa. Sin embargo, en su libro *Estrés: el lado bueno*, Kelly McGonigal demuestra que, en realidad, el causante del mal no es otro que nuestra propia convicción. En un estudio realizado con veintiocho mil estadounidenses durante ocho años, los niveles altos de estrés incrementaban un 43 por ciento el riesgo de muerte, pero solo para quienes lo veían como perjudicial. Las personas afectadas de estrés que no creían en su carácter dañino fueron las más longevas de todos los grupos del estudio.[34] Por lo visto, la opinión sobre la naturaleza de una experiencia dada puede cambiar el modo como el cuerpo responda ante ella. Lo que McGonigal llama «actitud mental»[35] actúa como una suerte de portero de las reacciones fisiológicas ante nuestras acciones y experiencias.[36]

Nuestra mente cambia la respuesta de nuestro cuerpo.

La gente con una concepción negativa del estrés presenta la llamada «reacción de lucha o huida» que provoca la restricción del flujo sanguíneo, la aceleración del ritmo cardíaco y la activación de las funciones inflamatorias e inmunológicas, en previsión de un daño potencial. En cambio, aquellos que no creen en su carácter negativo desarrollan una «respuesta de desafío»: el flujo sanguíneo permanece estable, los vasos sanguíneos están relajados y el corazón late con más fuerza (no solo más rápido).[37] Asimismo, estas personas tienden a presentar niveles más altos de dehidroepiandrosterona (DHEA), una hormona del estrés asociada con un menor riesgo de depresión, ansiedad, enfermedades cardíacas y otras bondades que todos preferiríamos evitar.[38]

Para mí, el tema tenía tanto en común con los síndromes culturales, que pensaba que hasta nuestra respuesta al estrés cabía en esa categoría: un ciclo nocivo desencadenado parcialmente por nuestras creencias. No era cuestión de la superioridad de la mente sobre la materia, sino de su coexistencia, de la mente interpretando la materia para después alterarla. Si la mente (la persona que creemos ser) nace en el cerebro, entonces parece que hay una especie de retrobucle por el que esa misma mente vuelve hacia atrás para cambiar el cerebro del que emergió.

Así, a bote pronto, parece imposible, pero en realidad se ha demostrado muchas veces. Por ejemplo, la psicóloga social Amy Cuddy y sus colaboradores descubrieron que nuestra postura corporal puede cambiar nuestros niveles de testosterona.[39] Y el neurocientífico Richard Davidson y su equipo revelaron que la meditación puede alterar los genes que están activos o inactivos a un nivel que «podría tener un impacto considerable en procesos biológicos cruciales para la salud física».[40]

Entonces ¿de qué manera están interconectadas la salud mental y la física? He aquí un verdadero quebradero de cabeza para la medicina occidental. En general, el paradigma neurocientífico actual continúa dominado por el dogma biomédico. Pretendemos obtener explicaciones neurológicas para todo y consideramos a los neurocientíficos como una suerte de clero capaz de explicar quiénes somos y cómo estamos aquí. Es lo que se conoce como causalidad de abajo hacia arriba: la convicción en que todo puede explicarse desde un nivel bioquímico.

No obstante, resuenan unas pocas voces discordantes, como la del neurocientífico Michael Gazzaniga, quien sostiene que una «causalidad de arriba hacia abajo» es posible y que nuestro estado mental afecta a nuestro estado físico.[41] En otras palabras, la mente no se reduce al cerebro. Es más que la suma de sus partes —o, al menos, diferente— y puede cambiar (dentro de ciertos límites) el funcionamiento de dichas partes.

Eso era lo que había presenciado en la iglesia de mi hermano: la mente (y la creencia) había provocado cambios en el cerebro. Era lo mismo que vi más tarde en Nigeria: el miedo y la convicción creaban la sensación real de que el pene había desaparecido. Esa era, a todas luces, la pieza que faltaba en las misteriosas muertes de los hmong. Mientras los investigadores buscaban por todos lados una causa física, la clave estaba en la mente, en las creencias de las víctimas y en la interacción entre su mente y su cuerpo.

En su libro *Mad Travelers: Reflections on the Reality of Transient Mental Illnesses*, el filósofo Ian Hacking escribe sobre enfermedades que irrumpieron en momentos concretos y que después, misteriosamente, desaparecieron. La *fugue* es un ejemplo. A finales del siglo XIX, la *fugue* estaba a la última. Comenzó con un hombre llamado Albert Dadas que vi-

vía en Burdeos, Francia, y sentía una necesidad compulsiva
e irrefrenable de viajar. A los doce años, desapareció de su
casa de Burdeos. Un vecino le dijo al padre que lo había visto caminando hacia la costa. Finalmente, su hermano lo encontró en la ciudad de La Teste, sin tener la menor idea de
cómo había llegado allí. Los viajes disociados de Dadas lo llevaron cada vez más lejos. Estaba «atormentado por la necesidad de viajar» y así
llegó a Argel, Berlín, Budapest y Moscú, donde fue detenido
mientras contemplaba una estatua de Pedro el Grande, porque la policía lo tomó por un nihilista. En 1887 le diagnosticaron *fugue*.

«Los informes médicos de Albert desencadenaron una
pequeña epidemia de locos viajeros compulsivos cuyo epicentro fue Burdeos, pero que pronto se extendió a París, el
resto de Francia, Italia y, más adelante, Alemania y Rusia
—explica Hacking—. La fuga se convirtió en un trastorno
médico», con nombres como *Wandertrieb* en alemán, *auto-
matisme ambulatoire*, *determinismo ambulatorio* y *poriomanie*
en otros lugares.[42]

Y, no obstante, la *fugue* desapareció poco tiempo después.
Había pasado de parecer tan oficial, tan médico, tan biológico... a esfumarse. Según Hacking, la historia está repleta de
afecciones como esta, de rigor durante un tiempo, pero que
se desvanecen cuando la gente deja de creer en las ideas sub-
yacentes. Cita la histeria y el trastorno de personalidad múltiple como ejemplos de trastornos transitorios, donde algunas
convicciones (tanto a nivel social como individual) forman
parte de la causa. Otros trastornos potenciales son la fatiga
crónica, la anorexia, la bulimia y el trastorno explosivo inter-
mitente.

Independientemente de a qué le coloquemos dicha etiqueta, será inevitable la discusión sobre qué es biológico y qué psicológico, qué es real y qué no. «Las enfermedades mentales transitorias suscitan manidos debates en torno a si se trata de asuntos "reales" o de "construcciones sociales". Necesitamos reflexionar con herramientas más precisas que la realidad o la construcción social.»[43]

Hacking sugiere que tanto la *fugue* como otras afecciones florecen en un momento y lugar determinados porque existen las condiciones idóneas para ella, como también las condiciones ecológicas posibilitan la vida de ciertas especies (el kiwi, el perezoso gigante, la perca). Cuando dichas condiciones cambian, los animales se extinguen. A finales del siglo XIX se abrió un nicho en Europa que permitió que la *fugue* emergiera, pero después desapareció.[44] En un esfuerzo por resolver esta dicotomía, Hacking propone el término «biobucle» para describir el proceso por el cual nuestras ideas y nuestras creencias afectan a nuestra psicología y a su vez nuestra fisiología afecta a nuestra mente.[45]

Devon Hinton es psiquiatra cultural y estudia un síndrome llamado «ataques *khyâl*» entre pacientes camboyanos. Esto ocurre cuando el flujo del *khyâl* (algo parecido al viento) cambia de sentido dentro del cuerpo, provocando frío en las manos y la sensación de que los vasos sanguíneos del cuello van a explotar, lo que puede llegar a hacer que los pacientes se desvanezcan y sean incapaces de hablar o de moverse.

Hinton afirma que los ataques de *khyâl* están relacionados con la biología de la ansiedad y del pánico, pero que el «marco cultural» determina que sus síntomas sean radicalmente distintos de los que presentan quienes sufren ataques de pánico en nuestra cultura. Sus compañeros de investigación y él hablan de «bucle bioatencional»[46] cuando el miedo te empuja a buscar síntomas en tu cuerpo, los encuentras y te generan un aumento del miedo, y así sucesivamente, en un círculo vicioso.

«No cabe duda de que los marcos culturales son responsables, lo que no sabemos es en qué medida», me dijo Hinton.

El concepto de biobucle es la solución más elegante: la idea de una especie de círculo causal en el que los estados físico y mental están conectados, de tal manera que el uno puede alterar al otro. Un efecto bucle no implica que uno sea real y el otro no. No significa que la biología esté en un segundo plano y los medicamentos sean inútiles. Ni que los pensamientos sean mágicos, o podamos pensar cualquier cosa y hacer que suceda. Ni siquiera quiere decir que las cosas deban clasificarse en estas dos categorías. Al contrario, todas integran el mismo enrevesado organismo. Los síndromes culturales, de hecho, todos los síndromes, son el resultado de dichos bucles. Todos nosotros existimos en una maraña de creencias, expectativas y biología. Todos nosotros somos un bucle de lo más extraño.

Un día en Minneapolis conocí a una mujer hmong llamada Sandy'Ci Moua que había aparecido en un reportaje local sobre una nueva generación de chamanes hmong.[47] Moua nació en Minnesota, pero creció inmersa en la cultura y la lengua hmong. Cuando llegó a la universidad, comía de los platos de sus amigos, pues pensaba que todo el mundo compartía el plato, como se hacía en su casa. Hoy es una *performer* y trabaja además en Brooklyn Park como enlace comunitario.

Durante años, Moua atendió una iglesia cristiana, pero cada vez que asistía a un funeral hmong, veía espíritus y hablaba con ellos. Otras veces, veía muertos. En su familia existía un historial de enfermedades mentales, pero también una gran tradición chamánica, tanto en hombres como en mujeres. Así que se lanzó a recorrer esa senda, que hubo de abandonar por motivos complicados (entre otros, según sus propias palabras, el haberse percatado de que el chamanismo se basaba más en el miedo que en el amor). Cuando la conocí, se definía a sí misma como una «apátrida espiritualmente». Le dije que me interesaba saber si la gente seguía viendo al *dab tsog* por las noches.

—Todo el mundo ha oído historias. Quieren saber. «¿Qué pasa? ¿Qué haces cuando te ocurre?» A mí me pasó una vez. Tienes que tumbarte de costado rápidamente. Hay una página de Facebook de historias de fantasmas hmong. Hablan de ello constantemente.

—¿Y sigue matando a gente?

—No creo. Yo no he oído nada al respecto, aunque tampoco es que lo pregunte mucho.

Conversamos sobre un sinfín de temas. Sobre lo mucho que habían cambiado los hmong durante sus cuatro décadas en Estados Unidos, sobre cómo ella cambia de códigos en función de si se dirige a público joven o anciano de la comunidad hmong.

—El gran lujo de la tercera generación es que pueden ser ellos en todo momento. No tienen que preocuparse por quiénes son ni cómo visten. Tienen la capacidad de dar forma a su propia narrativa, sin la presión de tener que juzgar o calificar tal cosa de esto o lo otro. Cuando yo era pequeña, me llamaban tanto «blanquita» como «amarilla», ¡las dos a la vez! Eran dos insultos diametralmente opuestos. Pero ya no creo que se digan estas cosas.

Moua me confesó que le preocupa la muerte de la primera generación, porque se llevará muchas cosas consigo, como los rituales tradicionales de casamiento, con su lenguaje tan lírico y enrevesado.

—Intento convencerme de que no sirve de nada estresarme por ello. Surcaré la ola. Las culturas antiguas mueren y las nuevas emergen. Así es la vida. No puedo hacer nada. No depende de mí. Pero me gustaría que hubiera un libro que dijera: «En caso de duda, consulte la página cinco».

»Pero no hay ningún libro. No somos una cultura escrita. La aprendemos mediante historias. Simplemente la absorbemos. Sin embargo, no conocemos todas las palabras. No sabemos qué hacer. Y si no lo sabemos, no podemos estar ligados a ella.

Mi hermano y yo nunca hablamos sobre el don de lenguas. A pesar de lo mucho que me impactó aquel día en la iglesia, no llegué a convertirme y jamás volvimos a sacar el tema. Nos retiramos cada uno en nuestro mundo y viajamos en direcciones diferentes. Pero ahora, con los años, hemos alcanzado un punto donde nos encontramos más cómodos con las creencias del otro, muchas de las cuales se han atenuado con la edad.

Un día lo llamé para que me hablase sobre aquella época y, para mi sorpresa, lo hizo de buen grado. Recordaba bien la iglesia de la Living Light Church, así como varias experiencias de don de lenguas, algo muy potente para él, nacido en la tradición metodista, aburrida, gris, abstracta. En su nueva iglesia estaba Dios, tangible, vivo e innegablemente verdadero.

Sin embargo, con el paso del tiempo, asistió a otras iglesias con tradiciones y creencias diferentes y presenció diversas experiencias de don de lenguas. Algunas veces, parecía una especie de balbuceo; otras sonaban como idiomas reales. Conoció a cristianos que consideraban la glosolalia como algo propio del siglo I a. C. , y a otros para quienes era obra del demonio. Incluso conoció a gente que usaba esos poderes de manera inadecuada.

Hoy no pone en duda la realidad de la glosolalia ni el poder del don. «Es muy relajante —me respondió cuando le pregunté qué se sentía—. Es como alcanzar un estado mental donde recibes algo de otra persona y tú lo procesas. Es más o menos como yo lo siento. Y no puedo hacerlo si estoy en medio.»

Pero ahora su opinión es mucho más compleja que en aquellos tiempos. Ahora ve hasta qué punto la experiencia no solo depende de Dios, sino del nivel de madurez, de la experiencia vital y del grado de entendimiento de lo que se te concede. Puede que el don sea real, pero la persona desempeña un papel primordial al decidir cómo suena, qué significa y qué es.

Actualmente, ya no practica mucho el don de lenguas. Su familia y él van a una parroquia donde no forma parte del servicio, aunque algunos lo hagan en privado. Y, a grandes rasgos, ya no le concede tanta importancia como antes.

—Cuando era joven, para mí lo más importante era la verdad. Lo que no supe leer entonces fue que Jesús estaba lleno de verdad y de gracia. Porque, al fin y al cabo, él dijo: «Amarás a tu prójimo como a ti mismo», y no: «Te será concedido el don de lenguas».

Donde una vez vio que aquel don era la máxima aspiración, ahora lo interpreta más bien como una señal junto al camino que apunta hacia otro lugar. Lo que un día consideró el final de su historia resultó ser el principio.

10

LA COLA DEL DRAGÓN

Me había imaginado Haikou como una ciudad isleña con sus palmeras y sus habitantes tendidos bajo chozas de paja. Sin embargo, a medida que el ferry se acercaba, era evidente que nada más lejos de la realidad. Haikou, la capital de la isla de Hainan, se parecía más a Miami, con sus altísimos bloques en primera línea de playa hasta donde alcanzaba la vista.

Nos apeamos del barco en el puerto, en medio de una multitud de taxistas. Me monté en una mototaxi y le mostré al conductor un papel donde llevaba escrito: «Twinkle Star Youth Hostel». Arrancamos.

Nada más llegar, me registré en la recepción (un proceso que nos costó casi una hora, traductor de Google mediante), dejé el equipaje en mi habitación y volví a la planta baja, donde algunos miembros del personal del albergue y sus amigos jugaban a un juego de beber. Llevaban cartas pegadas a la frente. Me invitaron a unirme y accedí.

Resultó que ninguno de ellos era de Hainan. La isla transmitía la sensación de estar lejos de cualquier punto de China. En el pasado había sido famosa por las perlas, el jade, el opio y los piratas. También se la conocía con el nombre de «la cola del dragón» y durante cientos de años fue un lugar remoto e inimaginable para la mayoría de los chinos. La isla, más allá de la temida «puerta de los fantasmas», acogía a las figuras políticas indeseadas durante sus exilios. El paso del continente a Hainan «marcaba una suerte de muerte espiritual», en palabras del historiador Edward Schafer.[1] En el año 1094, el emperador desterró allí al poeta y político Su Dongpo, entre otras razones, a causa de estos versos:

La familia, cuando un niño nace,
espera que llegue a ser inteligente.
Yo mismo, habiendo penado
toda mi vida por la inteligencia,
tan solo espero que ese niño
resulte ser ignorante y estúpido.
Y así será feliz eternamente,
y llegará a ser ministro del gobierno.[2]

Hainan apenas se consideraba parte de China. Las carreteras no llegaron al interior hasta la década de 1950. A principios del siglo XX, el padre de la China moderna, Sun Yat-sen (cuya esposa era de familia hainanesa), intentó vender la isla por catorce millones de dólares.[3]

Hoy en día, a nadie se le pasaría por la cabeza. Hainan está en auge. El cielo sobre Haikou está tan cubierto de grúas que recuerda a Dubái en el año 2005. La gente de toda China se instala allí y desde hace tiempo se habla de construir un puente que comunique la isla con la China continental.

Después de un par de rondas del juego de beber, llamé a Marian Rosenberg, con quien había intercambiado algunos correos. Era tarde, pero aun así nos animamos a quedar para tomar una cerveza. Marian era de Baltimore. Era una mujer enérgica y desenvuelta, sin pelos en la lengua. Dirigía la agencia de traducción Haikou #1 Translation Agency, y los folletos de clubes de golf y demás negocios la mantenían bien ocupada. Le encantaba Hainan. Albergaba por ella sentimientos más cálidos que Su Dongpo, quien la describió con estas palabras:

El clima de Hainan es húmedo
y una atmósfera cenagosa
mana de la tierra pudriéndolo todo.
¿Cómo puede un ser humano aguantarlo tanto tiempo?[4]

Sin embargo, Marian lo aguantaba, quizá porque una vez al año hacía las maletas, preparaba su bicicleta y pedaleaba más de tres mil kilómetros por China para después regresar a aquella atmósfera cenagosa donde abundaban los rambutanes y otras frutas del Sudeste Asiático.

Le dije que quería ir a Lingao,[5] el punto de partida de la epidemia de *koro* de 1984. Según el mapa, no parecía una empresa complicada: el pueblo estaba a unos ochenta kilómetros de Haikou. Antes de llegar a la isla, me había figurado que sería cuestión de conseguir un trayecto en autobús y un traductor.

Pero el silencio de Marian me indicó que no sería tan fácil. Aunque Lingao estuviera a menos de una hora en coche de Haikou, era un mundo aparte.

Hainan no es como el resto de China. El idioma oficial es el mandarín y la lengua franca, el hainanés, pero en la isla conviven al menos otros diez idiomas, ininteligibles entre sí.[6] En otras palabras, cada ciudad tiene lengua, historia, tradiciones y cultura propias. Cuando los investigadores llegaron de Cantón para estudiar la epidemia de *suo yang*, para algunos isleños los cantoneses debieron de resultarles tan extranjeros como yo.

Marian intentaría conseguirme un traductor que dominase el lingao, el idioma local, de la familia de las lenguas tai.

Durante los días siguientes procuré entretenerme en Haikou. No fue tarea fácil, pues la ciudad no es en absoluto turística.[7] Los chinos acuden allí para hacer dinero o para escapar de la ruina del resto del país. No había mapas de la ciudad en inglés, ni carteles que fuese capaz de leer. Para guiarme, no me quedó más remedio que fijarme en los ángulos de las calles e intentar identificarlos en un mapa chino que me procuré en una tienda.

Por suerte, Marian me prestó su tarjeta del servicio de bicis de la ciudad, de modo que pude usar las bicicletas rojas, destartaladas y sin cambios que estaban candadas en varios puntos de la ciudad. Así fue como llegué al Museo de Hainan, un edificio amplio y austero con aspecto de templo, erigido en el lado opuesto de la ciudad.

El museo estaba repleto de dioramas, algunos de los cuales habían sido traducidos. Uno rezaba: «En la antigüedad, [Hainan] estaba considerada una isla salvaje, poblada de basura, miasmas y otras enfermedades subtropicales contagiosas». Las religiones de Hainan eran el budismo, el islamismo, el taoísmo, el cristianismo, las religiones primitivas y el culto a Matsu, «una diosa adorada por barqueros, marineros, pasajeros, mercaderes y pescadores».

Según otro panel, un general de la dinastía Han desembarcó allí con su ejército en el año 110 a. C. y «la cultura Han se enraizó en el corazón de la gente, y su carácter abierto, profundo, amable y virtuoso impregnó paulatinamente el de la cultura Hainan».

Sin embargo, otro de los paneles continuaba: «Más adelante, la población aborigen se resistió a los dictámenes del gobierno central y los dos condes [establecidos] fueron expulsados durante casi un siglo». Hacia el año 42 d. C., el gobierno central había «sofocado la rebelión».

Según los informes publicados por el Hospital del Cerebro de Cantón, la epidemia de *suo yang* empezó en Lingao en agosto de 1984, cuando una adivina «predijo que 1985 sería un mal año y que todo el mundo sufriría muchos desastres».[8] A raíz de la predicción, corrieron rumores sobre el espíritu de una zorra, en ocasiones disfrazada de anciana campesina errante, que recolectaba penes en unas cestas cubiertas que transportaba sobre los hombros con un yugo de carga.[9] Cuando dos jóvenes se le acercaron y le pidieron que destapase las cestas, murieron de miedo en el acto al ver el contenido.

El pánico al *koro* se extendía en un pueblo durante tres o cuatro días y no remitía hasta que la noticia de un nuevo caso en una aldea vecina llegaba a los habitantes, pues quería decir que el espíritu se había ido a otra parte. Los ataques fueron poco a poco recorriendo la isla. El fantasma atacaba de noche mientras los aldeanos dormían. Un aire fresco se colaba en la habitación y, de golpe, la víctima sentía que el pene se retraía hacia el interior. Entonces se lo agarraba y salía a pedir auxilio. Un administrativo de veintiocho años estaba en casa cuando:

Oyó el tañido de un gong y los espeluznantes ruidos de los atemorizados habitantes de un barrio aledaño. De golpe, le invadió la ansiedad y empezó a sentir que el pene se le estaba encogiendo. Presa del pánico, gritó pidiendo auxilio. Varios vecinos acudieron deprisa e intentaron socorrerlo, tirando con fuerza de su miembro hacia fuera y emitiendo fuertes sonidos para espantar al espíritu maligno que creían que le estaba afectando.[10]

Tanto vecinos como familiares participaban en aquellas operaciones de rescate. Apaleaban a las víctimas con sandalias o pantuflas y les apretujaban el dedo corazón de la mano izquierda para dejar al espíritu un hueco por donde salir.[11] La epidemia invadió la isla, con la excepción de las minorías li y mao, que parecían inmunes a tales miedos. Los investigadores estimaron que causó entre dos mil y cinco mil víctimas,[12] si bien señalaron que «nadie murió por la retracción genital».[13] Un bebé, no obstante, falleció mientras su madre intentaba darle zumo de pimiento, y también, durante un exorcismo de dos horas, una niña recibió una paliza mortal.

«Muchos hombres sufrieron heridas en el pene como resultado de las acciones de "rescate".»[14] En algunos casos hubo mujeres que se clavaron alfileres de hierro en los pezones para evitar la retracción, lo que también provocó infecciones.

Finalmente, los investigadores descubrieron que todas las víctimas conocían previamente el *suo yang* y que temían la muerte por retracción genital. Después de todo, no era la primera vez que sucedía en Hainan y la gente estaba al corriente de la historia. Los más ancianos «conservaban vivos recuerdos de las epidemias de 1948, 1955, 1966 y 1974», que afectaron a centenares de personas.[15] Al final, el equipo de investigación llegó a la conclusión de que el *koro* era un «trastorno psiquiátrico relacionado con la cultura», puesto que las creencias tradicionales lo hacían «posible», «familiar» y «real» para los habitantes de la isla.[16] Y precisamente es así como funcionan las historias: primero hacen algo posible, luego familiar y, después, real. La diferencia entre las víctimas y las no víctimas era que las primeras sabían exactamente qué esperar.

Una tarde fui a visitar el hospital universitario con una mujer llamada Sansa Wang que trabajaba como asistenta de Marian y hablaba inglés estupendamente. También era del norte, había llegado a Haikou para estudiar en la universidad y desde entonces nunca había querido dejar la ciudad. Subimos juntos en ascensor hasta la consulta de un tal doctor Wang (no tenía ninguna relación con Sansa). Practicaba medicina china en el hospital.

El doctor Wang parecía un hombre cansado de la vida, o quién sabe si de nosotros. Se inclinó hacia delante, con los codos apoyados sobre el escritorio y las palmas enfrentadas. Pero era un hombre educado y respondió a mi pregunta lo mejor que pudo. Sansa le explicó lo que yo había ido a buscar.

—He oído hablar del *suo yang* —dijo—, pero nunca he visto a ningún paciente.

—¿Hay gente que sigue teniendo miedo del *suo yang*?

—A la gente le da menos miedo ahora que hace unos años —contestó el doctor Wang.

—O sea, ¿que la creencia es menos fuerte?

—Sí.

—Pero ¿sigue ocurriendo?

—En la historia reciente ha habido dos períodos en los que esto sucedió a gran escala. Uno fue en la década de 1980. El otro fue en un pueblo, lo tuvieron unas diez o doce personas, les entró el pánico y acudieron al médico.

—Y este último, ¿cuándo fue?

—Hará unos tres años, en Sanya.

Le dimos las gracias y nos marchamos. Sanya era una ciudad situada en la punta meridional de la isla de Hainan. Tal vez el *koro* siguiera allí vivo.

Marian me sugirió charlar con su doctora, Cassie Zhou, formada en Oklahoma y férrea defensora de la medicina occidental. No temía a los vientos malos, ni creía en el calor o el frío. Hablaba de células, de circulación y de bioquímica. Me intrigaba sobremanera saber de qué modo el mundo donde había estudiado se fusionaba con aquel donde ejercía. ¿Cómo lograba integrarlos?

Quedamos en un restaurante por la zona del hospital. El sitio era ruidoso y estaba decorado en un tono rojo chillón. La doctora Cassie nunca había oído mencionar el *koro*, y ningún paciente había llegado a su consulta refiriendo ese problema.

—En China, la mayoría de los médicos se forman en medicina occidental. Incluso aquellos que practican la medicina tradicional china utilizan también la occidental. Así que muchas veces la práctica consiste en una combinación de ambas. El problema es que a veces no sabemos cuál de las dos está funcionando. Si la gente solo recurre a la medicina china y dice: «Oh, esto funciona», puede que en realidad sea efecto del placebo y no de la medicina china.

A continuación, pasó a hablar de la diferencia generacional:

—Cuando me dirijo a pacientes de más edad, tengo que explicar las cosas usando términos como fuego, yin y yang, y viento. En general, las generaciones jóvenes han recibido una educación mejor, de modo que se les puede presentar información más específica. Pero los mayores siempre me hacen consultas del tipo: «Tengo demasiado calor, tengo demasiado elemento fuego en el cuerpo y necesito que me des alguna medicina que apague el fuego», y resulta muy difícil salir con un: «Yo no creo en el fuego». Porque puede que tengan diabetes, estén mareados y sientan que su yin está demasiado bajo. Creo que al menos la mitad de mis pacientes piensan estas cosas. Es algo muy cultural.

A Zhou le costaba aceptar que, después de dar a luz, las mujeres se negasen a salir de casa durante un mes por miedo al viento.

—Para ellas, después de tener un hijo, el cuerpo entero está abierto, y el útero también. Entonces, si te expones al viento y este se te mete en el cuerpo, estarás enferma durante toda la vida. Existe esta cultura en China. Tienen que llevar varias capas de ropa y no se les permite lavarse el pelo ni los dientes.

—¿Eso sigue pasando?

—Sí, todavía. Incluso entre médicos. En toda China. Es muy duro. Yo les digo que di a luz dos veces, que no hice ninguna de esas cosas, y que tampoco creo que sean ciertas. Puede que algunas acepten un punto intermedio y te digan: «De acuerdo, me lavaré el pelo y los dientes, pero ni saldré de casa ni abriré las ventanas». Tienen miedo de que la maldición les persiga el resto de sus vidas. Hasta mi enfermera hablaba de esto constantemente cuando nació su hijo.

—¿Hay alguna diferencia entre los habitantes de Hainan y los chinos continentales?

—Lo población local, por ejemplo, cree que cuando se está enfermo no se puede comer huevos, pollo o pescado. Así que mis pacientes siempre me preguntan, cada vez que se encuentran mal: «¿Puedo comer esto o lo otro?». Y yo siempre les contesto lo mismo: «Come lo que te dé la gana».

Aquella tarde regresé al Twinkle Star y subí a sentarme a la azotea. Soplaba un viento fuerte y lloviznaba. Horas después, ya de noche, Marian me llamó para darme una buena noticia. Había encontrado una persona en Lingao que hablaba inglés y mandarín. Se llamaba Dennis.

11

LAS CADENAS QUE NOS UNEN

El sol se ponía en Hainan. Me senté a escribir, sin éxito, en mi diario, distraído constantemente por los perros que ladraban y correteaban por las obras del solar de enfrente. La lluvia había cesado, pero el viento del tifón seguía soplando a medida que se alejaba, tras haber destrozado a su paso cosechas y vidas por toda la isla.

Escribí un poco más y posé el bolígrafo sobre la mesa. Dejé que mis pensamientos viajasen a las preguntas que me habían traído hasta este remoto lugar, incluida la cuestión que llevaba años carcomiéndome por dentro: si tan poderosas eran nuestras creencias, si eran la piedra angular del biobucle, ¿de dónde salían? ¿De qué manera las obtenemos de la gente que nos rodea? ¿Cómo entran a formar parte de nosotros? ¿Y de qué modo las transmitimos?

El viento era una fuerza poderosa en el sur de China, casi sobrenatural, por lo que no era de extrañar que abundasen las historias sobre él, ni que se le atribuyeran poderes especiales.[1] Algunos textos ancestrales de la medicina china alertaban contra la «demencia por viento» y la «estupidez por viento».[2] Y según acababan de contarme, todavía hoy las madres le tienen verdadero pavor después de dar a luz.

Más al norte, en el pueblo de Fuhu, aquella anciana culpó del brote de 2004 a un «viento maligno». Todos los chicos afectados por el *suo yang* (salvo el primero) sufrieron los ataques después de escuchar la historia de boca del director. Todos confiaban en él y conocían al alumno, así que empezaron a sentir los efectos a medida que se abrían paso a través de sus cuerpos, a través de sus mentes, y que la historia empezó a adquirir una realidad propia. A mí, en cambio, me parecía que era otro viento el que estaba soplando.

Oír hablar de un síndrome cultural era uno de los principales factores de riesgo. En las epidemias de Hainan y Singapur podía reconocerse el mismo patrón. Primero, todas las víctimas se enteraban de que le había sucedido a otra persona. También coincidía con el esquema de la ciudad india de Bikaner, afectada por el síndrome de *gilhari* (lagarto). En Bikaner, 928 de las 1.000 personas entrevistadas habían oído hablar del síndrome, mientras que en las localidades cercanas de Jaipur y Nueva Delhi, donde el *gilhari* no existía, nadie había oído hablar de él. Una de dos: o el lagarto no paraba por esas ciudades, o eran las historias las que no habitaban allí.

Las historias son algo que siempre entendí, aunque no crecí precisamente en una familia de narradores. A mi padre le gusta contar lo que él considera historias, que en realidad no son sino cadenas secuenciales de acontecimientos factuales que guardan una vaga conexión entre sí. Mi madre escribe un diario de tres líneas donde enumera los hechos del día, lo que consituye más la materia prima a partir de la cual se elaboran las historias.

En la familia de Bridgit, en cambio, hay unos cuantos amantes de las anécdotas que cuentan historias vagamente basadas en hechos reales, pero que reposan, no obstante, sobre sentimientos profundos. A su padre, por ejemplo, le encanta alardear de que el primer coche de Bridgit fue un enorme Lincoln Continental, tan grande que a duras penas ella alcanzaba a ver por encima del salpicadero y él casi no la veía cuando estaba al volante. Le compró ese coche, asegura, porque quería que su hija estuviese rodeada por la mayor cantidad de acero posible. Pero la cosa no había sido exactamente así. El Lincoln era uno de los coches de la familia, y Bridgit lo conducía de vez en cuando. También había un Datsun diminuto, que de haber chocado con otro vehículo se habría abollado como una lata. En realidad, el primer coche de Bridgit fue un Ford Tempo oxidado.

Durante mucho tiempo, le di vueltas a aquella discrepancia y me llevó años entender que no era una historia sobre el primer coche de Bridgit, sino de lo mucho que su padre la quería y deseaba protegerla del mundo. Todo ese acero era su amor.

Entonces ¿qué hace que una historia sea una historia? Existen lugares comunes sobre los que todo el mundo parece estar de acuerdo: la narración de historias es una facultad humana universal,[3] hemos compartido historias desde que estamos sobre la faz de la Tierra, y un largo etcétera. Pero, concretamente, ¿dónde está el límite entre una historia y, pongamos, una cronología? ¿Qué la distingue de una recopilación de hechos?

Llevaba lustros buscando una respuesta a esta cuestión, cuando finalmente tropecé con ella en el ámbito más lejano al lingüístico que uno pudiera imaginar: la inteligencia artificial.

Resulta que los programas informáticos no pueden entender historias. He ahí uno de los retos principales a la hora de crear inteligencia. Las máquinas fallan en lo que se conoce como «razonamiento causal de sentido común», o, en otras palabras, la capacidad de entender instantáneamente que una cosa es causa de otra, algo que los humanos hacemos de manera natural, sin el menor esfuerzo.

Conversé con Andrew Gordon, un investigador del Instituto de Tecnología Creativa de la Universidad de Carolina del Sur que lleva años trabajando en el tema.

—Se trata de cosas muy simples. Por ejemplo, si le dices al ordenador que se te ha caído un huevo, esperas que él sepa que se ha roto, que no ha rebotado.[4]

Para intentar recrear esta capacidad, Gordon y sus compañeros de investigación recopilaron millones de historias de diferentes blogs para enseñar al ordenador cómo ver que A causaba B. Después de reunir las narraciones, diseñaron un test con peguntas del tipo: «El hombre pierde el equilibrio en la escalera. ¿Cuál es el resultado? 1) Se cae de la escalera. 2) Sube la escalera». O bien: «El hombre pierde la conciencia. ¿Cuál es la causa? 1) El agresor golpea al hombre en la cabeza. 2) El agresor roba la cartera del hombre».

Los ordenadores son pésimos realizando este test, mientras que los humanos dan la respuesta correcta el 99 por ciento de las veces, un resultado rayano en la perfección. Empleando millones de historias de la red, el mejor índice de acierto que Gordon y su equipo obtuvieron fue un 65 por ciento, es decir, solo un 15 por ciento mejor que una respuesta puramente al azar.[5] Para un ordenador, un Lincoln Continental es solo un coche. El acero solo es acero.

—No existe cultura que no narre historias —me explicó Gordon—. Llevamos la facultad de ser buenos narradores inscrita en los genes. Es una gran ventaja adaptativa, pues permite condensar información de varios individuos y compartirla con todo un grupo. Tenemos una razón de peso para ser buenos narradores.

Según el historiador Yuval Harari, entre hace setenta mil y treinta mil años, los humanos vivimos una «revolución cognitiva» que nos permitió adelantar (o vencer) a otras criaturas parecidas a nosotros. Si lo conseguimos fue gracias a la capacidad de imaginar historias sobre el mundo que nos rodea; de crear mitos, leyendas, dioses y religiones que nos ayudasen a trabajar juntos, en tanto que grupos, para alcanzar los objetivos soñados.[6]

Esta revolución marcó un gran paso adelante, pero las raíces de esta habilidad eran anteriores, más fundamentales aún. La utilidad de la narración radica en la transmisión de la causalidad. La caída causa que el huevo se rompa. El tambaleo causa que el hombre se caiga. Al contar una historia, intentamos dotar de lo que Gordon llama «coherencia causal» a acontecimientos separados por el tiempo.[7] En otras palabras, no se trata solo de que sucedan en orden, uno después de otro, sino de que estén conectados, de que uno es la causa de que otro suceda.

Aún no está claro si los ordenadores llegarán un día a entender el qué y el porqué de una historia (así como la razón de su importancia), pero Gordon piensa que se está acercando, que es cuestión de tiempo que las máquinas aprendan a montar cadenas causales deductivas e inductivas.[8]

Nosotros, en cambio, ya estamos ahí; de hecho, llevamos varias decenas de miles de años. Vemos la causalidad de manera constante, incesante, sin realizar el menor esfuerzo. La vemos al leer las noticias y al hablar de nuestros vecinos, al ver una película y al leer un libro. Siempre es la primera pregunta que brota de nuestra mente cuando presenciamos un accidente en la autopista, nos enteramos de un crimen atroz o de un amigo que ha acabado mal: ¿qué ha podido causar algo así?

Una de las primeras personas en fijarse en esto fue el científico belga Albert Michotte, un estudioso de la psicología de la percepción de principios del siglo XX. Michotte era doctor en filosofía y fisiología, y, del mismo modo que la biología descomponía el cuerpo humano en células y nervios, pretendía reducir el comportamiento humano a unidades más pequeñas. Para él, la percepción era la unidad más pequeña de todas.[9]

En su laboratorio, Michotte presentaba a los sujetos imágenes de un rectángulo que se desplazaba dentro de su campo de visión y de pronto se detenía junto a otro, que comenzaba a moverse a una velocidad inferior. Observó que, a determinadas velocidades, los sujetos siempre consideraban que el primer objeto causaba el movimiento del segundo. Este y otros experimentos le indujeron a pensar que la percepción de la causalidad era instintiva, automática, incluso sensorial, exactamente igual que el olfato, el oído o la vista. Constató que nuestra habilidad para detectar causalidad puede aparecer desde los cuatro años.[10] Pero hoy sabemos que hasta los bebés son capaces de hacerlo. No es una habilidad adquirida, sino que sabemos hacerlo casi desde el mismo día que nacemos.

Otra de las cosas que llamó la atención de Michotte fue el hecho de que los sujetos viesen que las formas se enfadaban, se perseguían o se asustaban, cuando, en realidad, no eran más que figuras que no estaban haciendo ninguna de esas cosas. La gente no podía evitar ver causalidad. Miraban formas y veían historias.[11]

En 1944, una pareja de investigadores, Fritz Heider y Marianne Simmel siguieron la pista de Michotte. Crearon una animación en la que un triángulo pequeño, uno grande y un círculo interactuaban en torno a un cuadrado.[12] Al contemplar las formas moverse, a la gente le resultaba imposible no imaginar una historia donde el triángulo grande abusaba del pequeño, el círculo y el triángulo pequeño se unían, u otras versiones donde las figuras tenían motivos para actuar. Los espectadores veían miedo, enfado y cooperación. Sin eso, no habría historia, no serían más que líneas en un papel.

Y como con las formas, ocurre con la vida. Miramos a nuestro alrededor y vemos relaciones causales, motivos y significados, no aleatoriedad, como Albert Camus escribió en su día.[13] Vemos historias, amor y odio, fortaleza y flaqueza, bondad y maldad: los motores que impulsan a las personas a hacer lo que hacen. Vemos la suerte y la magia, Dios y los fantasmas, el destino y la física como los factores que mueven las piezas de nuestro mundo. Toda historia contiene su propia respuesta a la pregunta «¿Por qué?», y transita por senderos que reconocemos, por caminos que conducen a la redención, a la condena, al heroísmo, a la tragedia o a la comedia, y que son tan antiguos como la propia humanidad.

Tras estudiar las diferencias entre los hemisferios cerebrales, el neurocientífico Michael Gazzaniga ha constatado que: «El hemisferio izquierdo despierta en el humano la tendencia a hallar un orden dentro del caos e intentar construir una historia con todas las piezas y dotarla de contexto».[14] Gazzaniga llama a este hemisferio el «intérprete»,[15] pero tal vez sería más adecuado llamarlo el «narrador», porque nos ayuda a ver todo lo que subyace bajo la superficie de nuestras historias, lo que permite que estas se sostengan: nuestras creencias.

Una de las razones de mis repetidos fracasos como escritor novel fue creer que las historias solo eran sucesos interesantes; pensaba que podía escribir sobre cosas entretenidas y que la gente lo leería. El problema era que ni sabía qué significaban, ni por qué eran importantes. No tenía la menor idea acerca de las relaciones causales, ni aplicadas a la propia narración, ni al mundo exterior.

Eso es lo que me digo a mí mismo cuando echo la vista atrás hacia mis fracasos, hacia cómo habría sido capaz de contarlo todo sobre Bruno Manser excepto lo que significó su vida (o, al menos, lo que significó para mí), si es que tuvo algún sentido, porque tal vez no lo tuviera. Pero ahora sí lo tiene, se ha convertido en parte de mi «historia vital», algo que todos poseemos.

Las historias son mucho más que nuestra manera de mantener unido el mundo: son nuestra manera de mantenernos unidos entre nosotros. Nuestra vida es, literalmente, la historia que nos contamos a nosotros mismos,[16] y la construcción de esa historia vital es un proceso que comienza a partir de los dos años de vida, cuando desarrollamos lo que el psicólogo Dan McAdams llama el «yo autobiográfico primitivo». A medida que avanzamos hacia la adolescencia, comenzamos a otorgar un énfasis diferente a aquellos recuerdos que consideramos importantes, los que nos enseñaron algo o nos cambiaron. Después, en la adolescencia media, empezamos a desarrollar una «fábula personal» algo más compleja, donde soñamos con la persona que nos gustaría llegar a ser, como, por ejemplo, astronautas o presidentes. McAdams lo llama un «primer borrador» de nuestra identidad. Escogemos episodios basados no solo en quién creemos ser, sino en quién anhelamos convertirnos.[17]

Más adelante, en los primeros años de la edad adulta (entre los diecisiete y los veinticinco), intentamos componer una «historia vital completa» que explique no solo cómo hemos llegado hasta el punto en el que nos hallamos, sino en qué creemos y en quién acabaremos convirtiéndonos.

A menos que escribamos nuestras memorias o hagamos terapia, es posible que jamás compartamos esta historia vital con nadie, pero no por ello es menos importante. McAdams y otros defienden que la habilidad de ver nuestra propia vida como una historia reposa en el corazón mismo de la identidad. Es más, nuestra capacidad para «narrar» los acontecimientos de nuestras vidas puede llegar a ser un indicador definitivo de la conciencia.

Para la mayoría de nosotros, nuestra historia vital nunca está zanjada y siempre está sujeta a revisión.[18] Con todo, determina en buena medida el transcurso de nuestra existencia. Es como un mapa de carreteras en medio de un caos de desvíos, con señales que apuntan hacia el éxito o el fracaso, hacia la vida o la muerte, el amor o la pérdida.

Durante los años que intenté, sin éxito, escribir sobre Tanzania, Tailandia o Borneo, la propia historia de mi vida estaba fragmentada, apenas hilvanada, no apta para el consumo público. Sin embargo, seguía siendo importante trabajar en ella, pensarla, editarla, revisarla y añadirle capítulos, porque el poder de la historia vital, incluso el poder de pensar en ella, tiene efectos detectables a lo largo de nuestra vida, incluso a nivel biológico.

A principios de la década de 1980, el psicólogo Jamie Pennebaker fue el primero en demostrarlo. Durante años se interesó por la relación entre lo mental y lo físico, por la interacción entre ambas partes y el modo como «los conflictos psicológicos están vinculados a cambios específicos en nuestro cuerpo»,[19] según explica en su libro *Opening Up*.

El interés de Pennebaker por estos temas estribaba en su propia experiencia. Al haber crecido en el polvoriento estado de Texas, de niño padecía ataques de asma cada invierno, pero cuando se marchó a estudiar fuera, estos episodios no volvieron a repetirse, salvo cuando regresaba a casa por Navidad. Un día de otoño, durante el último año de universidad, recibió una visita de sus padres y sufrió una crisis de asma, lo que dejaba intuir que tal vez el asma no era únicamente resultado de partículas en el aire, sino que había algo en su mente, algo relacionado con sus propios conflictos familiares.

Después de la universidad, Pennebaker se casó. Al cabo de pocos años, su matrimonio empezó a hundirse, arrastrándolo en una espiral depresiva. Comenzó a fumar y a beber más, perdió el apetito. Un mes después, se puso a escribir. Primero sobre su matrimonio y después sobre sus sentimientos, sus padres, su carrera, la muerte y un largo etcétera.

«Al final de la semana, empecé a notar que levantaba cabeza, que salía de la depresión. Por primera vez en muchos años —por primera vez en mi vida, tal vez—, tenía cierta impresión de significado y de dirección.»[20] Comprendió que necesitaba a su mujer y las cosas empezaron a mejorar.

Así que Pennebaker quiso explorar estas cuestiones en su investigación. Junto a un estudiante de máster, diseñó un experimento en el que los sujetos tenían que hablar sobre traumas personales con distintos enfoques. Un grupo abundaría en detalles; otro relataría los hechos traumáticos de manera objetiva, y el tercero ahondaría en sus emociones. Los participantes le dedicaron quince minutos diarios durante cuatro días. Escribieron sobre abusos sexuales por parte de la familia, sobre el sentimiento inculcado de culpa por el divorcio de los padres, sobre intentos de suicidio. Una chica contó que, de niña, su madre le había pedido recoger los juguetes porque venía su abuela de visita, no lo hizo, y la abuela se resbaló con uno de sus juegos, se rompió la cadera y murió una semana después.

Pasaron los cuatro días. Seis meses después, Pennebaker fue a buscar los historiales médicos de los estudiantes. Los resultados hablaban por sí solos: en los meses previos al estudio, los sujetos habían acudido al centro de salud con la misma frecuencia, pero durante los meses siguientes, los alumnos del tercer grupo, «que habían escrito sobre sus pensamientos y emociones más profundas», habían reducido un 50 por ciento las visitas al médico.[21]

Otro estudio posterior confirmó los resultados: los análisis de sangre de los participantes que habían escrito sobre «sus pensamientos y emociones más profundas en torno a experiencias traumáticas» veinte minutos diarios durante cuatro días mostraron una respuesta inmunológica más potente que se prolongó seis semanas. Aquellos que habían escrito sobre temas más superficiales, no.[22]

Por lo visto, remover las raíces de sus historias había desencadenado efectos profundos, biológicos y medibles en los estudiantes, lo que sugería que al detenernos a reflexionar sobre quiénes somos y sobre su significado, una fracción del biobucle se fortalece y alimenta con su fuerza a todo el conjunto.

La capacidad de ver nuestra propia historia vital es una herramienta muy poderosa,[23] si bien no siempre resulta fácil. En épocas de mi vida en las que he estado deprimido, tenía la sensación de no saber de qué historia formaba parte, de estar viviendo la historia equivocada, o de que, sencillamente, no tenía ningún interés. En cambio, durante las buenas rachas, me veía a mí mismo como el protagonista de una gran aventura y era consciente de lo afortunado que había sido. Podía ver los hilos, el significado y todos los elementos que yacían bajo la superficie.

Es probable que la idea de cambiar nuestra biología simplemente por escribir unas cuantas veces sobre nuestra vida extrañe a la mayoría, pero es precisamente lo que han demostrado las investigaciones de la «teoría de la afirmación», donde los sujetos tenían que escribir pequeñas redacciones sobre sus puntos fuertes (un acto de reafirmación del yo). Estos relatos de afirmación constituyen una ventana hacia la autorreflexión, «una especie de "tiempo muerto" psicológico: un momento para alejarse un paso y ganar perspectiva sobre lo que realmente importa». Y de algún modo, reporta unas mejoras para el en cuanto a persistencia, resiliencia y salud, que a veces pueden durar años.

En un experimento, los estudiantes tenían que escribir una redacción cada dos días durante las vacaciones de Navidad. Redactaron un total de diez textos, en los que los alumnos del primer grupo hablaron sobre sus virtudes; los del segundo, sobre «cosas buenas que les estaban sucediendo», y los del tercero, sobre otra persona. En el cuarto grupo no escribieron nada.

A la vuelta de las vacaciones, el primer grupo gozaba de mejor salud. Acudían menos al médico, presentaban menos síntomas de enfermedad y hábitos más saludables. Los investigadores descubrieron que los estudiantes que habían empleado más términos relacionados con la autorreflexión, la causalidad, el éxito y el esfuerzo (conceptos fundamentales en la narrativa) se recuperaban mejor de la enfermedad. La conclusión apuntaba a que aquellos que «intentaban comprender y encontrar significado de causalidad en su experiencia» adquirían más beneficios para su salud.[24]

Resulta que componer la propia historia, realizar pequeños ajustes y pensar en ella nos consolida. De la misma manera que buscamos cohesión causal en el mundo que nos rodea, lo hacemos en nuestra propia vida, y cuando la hallamos, aunque quizá el mero hecho de buscarla basta, repercute positivamente en nuestra biología. Cuando nuestro organismo ve un motivo para seguir adelante, activa algún mecanismo de supervivencia ancestral.

Por eso tanta gente escribe sus memorias y la psicoterapia es efectiva (de hecho, es la razón de que los cuatrocientos tipos de psicoterapia funcionen igual de bien).[25] De hecho, probablemente también explique el éxito de la Terapia de Exposición Narrativa (NET, por sus siglas en inglés), una nueva técnica que ha obtenido resultados sorprendentemente positivos con víctimas de estrés postraumático en lugares como las zonas de guerra del norte de Uganda.[26]

En esta terapia se pide a los pacientes (muchos de ellos con pasados muy violentos, como antiguos niños soldado) que cuenten la historia de sus vidas centrándose y reviviendo los acontecimientos buenos y malos. La idea de fondo es que los recuerdos emocionalmente «calientes» son demasiado dolorosos como para integrarlos en la narrativa, y como resultado, las historias estarán deslavazadas.

Durante la sesión, estiraron una cuerda en el suelo, sobre la que los sujetos debían colocar una flor por cada cosa buena que hubiera pasado en sus vidas, y una piedra por cada cosa mala. Al final, los recuerdos fragmentados del trauma se «transforman en una narrativa coherente».[27]

La historia de un niño somalí tratado en un campo de refugiados en Uganda ilustra muy bien el funcionamiento. Al principio, solo era capaz de evocar dos piedras y ninguna flor. Una piedra representaba el día en el que dispararon a sus padres ante sus ojos y él escapó por la puerta trasera, dejando atrás a su hermano y su hermana. La otra era el día que llegó a Nairobi para sobrevivir en la calle.

Al final logró sacar cantidad de flores, cuando jugaba al fútbol con su padre antes de que lo mataran, cuando se encontró a un grupo de somalíes en Kampala que lo acogieron y lo ayudaron. Después de cuatro sesiones, el síndrome de estrés postraumático que sufría había remitido y hablaba de ir a buscar a sus hermanos. Nueve meses después, estaba bien vestido y bien alimentado. Había crecido, ganado peso y estaba a punto de terminar la escuela primaria. Incluso jugaba en un equipo de fútbol. Antes de esta terapia, se negaba en redondo a socializar.[28]

Yo no he vivido una guerra, ni un genocidio, ni un desastre que requiera ese tipo de intervenciones. Con todo, sentía que desde que volví de Italia había estado haciendo algo parecido: intentar buscar la cuerda que recorría mi vida, ver cómo había llegado al presente y adónde me conduciría en el futuro. Durante años, seguí historias ajenas, tracé caminos

de otros, que me hicieron recorrer parte de la ruta que yo anhelaba seguir. Pero al final, quien tenía que dar el giro era yo,
para plantear mis propias preguntas y encontrar mi camino.
Por eso fui a Nigeria, por eso estaba en China: para llegar hasta el final de la historia que yo había empezado.

12

MAREAR LA LOMBRIZ

Quedé con Marian a primera hora de la mañana y fuimos en taxi hasta la otra punta de la ciudad, donde conseguimos un coche que nos llevaría a Lingao. Ya en el aparcamiento, sentía como si no estuviese en China. Los dos hombres con quienes nos disponíamos a compartir trayecto tenían la piel más oscura; recordaban más a la gente del sur de Tailandia o de Malasia que a los chinos continentales. Pasamos prados y palmerales, circulando por una autovía de construcción reciente, agradable y rápida. Una hora después, habíamos llegado a nuestro destino, una ciudad polvorienta de edificios bajos y humildes, otro mundo comparado con los estilosos rascacielos y el dinero fresco de Haikou.

Cuando nos adentrábamos en la ciudad, llamé a Dennis, nuestro guía e intérprete, y le pasé el teléfono móvil al conductor, quien cruzó unas palabras con Dennis en lingao. El coche se detuvo y nos bajamos. Lo reconocí a primera vista: un joven arreglado, con gafas, que lucía una sonrisa impaciente. Dennis había estudiado la carrera en otra región de la isla, pero había vuelto a Lingao para trabajar como profesor de inglés. Al mismo tiempo, intentaba aprender francés por su cuenta.

—Muy bien, ¿cuál es nuestro primer destino? ¿Quiere ir al hospital para preguntar sobre la enfermedad?

—Sí —asentí—, por supuesto.

El hospital siempre era la primera parada obligatoria. Al fin y al cabo, allí acababan los enfermos. Y, desde hacía mucho tiempo, el *koro*, mal que me pesara, estaba definido como una enfermedad. Por otro lado, tampoco me parecía acertado considerarlo un delirio. En mi opinión, era algo intermedio, un concepto que carecía de una palabra a su justa medida.

Tras cruzar el río Wenlan, el taxista nos dejó en el aparcamiento del hospital, un lugar decadente con azulejos desportillados y paredes sucias. Resultaba imposible establecer el menor parecido con los relucientes centros de Cantón, tanto de medicina tradicional como occidental.

La sala de espera estaba atestada de goteros enganchados a pacientes que permanecían atentos a nuestros asuntos. Dennis pidió algunas indicaciones y subimos las escaleras. En la sala había un médico sentado en su escritorio que ni se presentó ni se retiró la mascarilla para hablar con nosotros. Dennis le mostró uno de los estudios que llevaba conmigo sobre la epidemia de Lingao y le explicó lo que buscábamos. Oí pronunciar *suo yang*, aunque no estaba seguro de cómo era (si es que había) la traducción al lingao. El médico negó con la cabeza y dijo que jamás había oído mencionar el tema. Nos aconsejó visitar el psiquiátrico de Haikou, pues se trataba de un problema mental.

¿Nada más? ¿Era eso todo lo que podía encontrar en el epicentro de la epidemia de 1984? Cuando salimos del hospital, me volví hacia Dennis.

—¿Hay algún curandero tradicional con quien podamos hablar?

—¿Se refiere a medicina tradicional china?

—Sí, o cuando alguien tiene problemas con fantasmas y eso.

—Hay uno en mi pueblo. ¿Quiere que vayamos a hablar con él?

—Sí.

Fuera, bajo el brillante sol meridional, encontramos otro taxi que nos conduciría al pueblo de Dennis. En las afueras de la ciudad, pedí hacer una parada en alguno de los comercios que vendían hierbas medicinales tradicionales. El interior de la tienda estaba oscuro y el mostrador, cubierto de bolsas con plantas secas. El tendero era un hombre regordete de mediana edad. Contra la pared había una cajonera repleta de hierbas y demás productos medicinales.

Le pedí a Dennis que preguntase al hombre si había oído hablar del *suo yang*. Lo hizo y se volvió hacia mí.

—Dice que ese tipo de problemas psicológicos no son reales. Y otras personas me han dicho que nunca han visto esos fantasmas, ni esa enfermedad. No es más que un cuento.

—Y aquí en Lingao, ¿la gente cree más en la medicina tradicional china o en la occidental? —quise saber.

—Los más jóvenes creen que la medicina occidental es mejor que la china. Pero los viejos prefieren la tradicional.

—¿Alguna vez vienes a sitios como este?

—¿Yo?

—Sí.

—¿Para qué?

—Pues si tengo alguna enfermedad o me duele la cabeza, voy al hospital para las cosas urgentes. Pero en el día a día, me gusta tomar medicina china para tener mejor salud. La medicina china ayuda a la buena salud y a la vida diaria, pero no cura una enfermedad.

—¿Sabes qué problema tiene esa mujer? —pregunté, señalando con la cabeza a una mujer coja que aguardaba frente al mostrador.

—Le pasa algo en la pierna. Le duele mucho, pero no sabe qué es. Es terrible. Y el señor está preparando un remedio para curarlo. En Lingao, y en China, muchas personas locales usan estas cosas para protegerse. La medicina occidental puede hacer un poco de daño al cuerpo y la medicina china parece que algo menos. Pero la medicina china tarda mucho en curar.

De nuevo en el coche, le pedí a Dennis que preguntara al conductor si había oído mencionar el *suo yang*. El hombre negó y se sumió en el silencio.

Salimos de la ciudad y cruzamos arrozales, plantaciones de caña de azúcar y vergeles. El pueblo de Dennis era una pequeña aldea rodeada de cultivos. El aire era puro y las casas, de piedra.

Subimos por la calle principal hasta llegar a unos barracones. Dennis pasó y vimos a un hombre sentado junto a la fachada, con dos cubos de plástico frente a él. Parecía el hogar de un campesino, salvo por la reluciente puerta de cromo de la casa de hormigón prefabricado. El hombre no alzó la vista mientras Dennis le hablaba. Después se incorporó muy despacio y con un gesto nos indicó que lo siguiéramos al interior. Una vez dentro, tomamos asiento.

—¿Qué quiere saber de la medicina tradicional china? —me preguntó Dennis.

—Si sabe algo del *suo yang* y de la mujer zorra. —Así había llamado Dennis al espíritu de la zorra que supuestamente vagaba por la isla.

—¿Y qué más?

—Si se acuerda de 1984, cuando la gente tuvo *suo yang*.

—¿Y qué más?

—Si la gente sigue teniendo problemas con fantasmas.

El anciano y Dennis conversaron durante un buen rato. Cuando acabaron, Dennis se volvió hacia mí:

—Lo siento, nunca lo ha visto —musitó—. Quizá ha pasado demasiado tiempo. Cuando ocurrió, él era un niño, así que no sabía nada de eso. Y esas cosas no han vuelto a ocurrir.

—¿No sabe nada de la mujer zorra?

—No, no sabe nada de ella.

—¿Y nunca ha tratado a nadie con *suo yang*?

—En Hainan, o en Lingao, esas cosas fueron meras curiosidades. Algunos han oído hablar de ello, pero otros no saben nada. Incluso algunos doctores como él no lo han visto nunca.

—Y, entonces, ¿qué hace él?

—Puede alinear la fuerza del Qi. Si alguien tiene una herida en la pierna, puede curarla. Si te caes y te duele la pierna, puede encontrar algún remedio para curarte. Las heridas internas también.

—¿Utiliza plantas locales?

—Utiliza plantas. La raíz. O flores para sanar, para curar.

—¿Y va a recogerlas él mismo?

—Sí. Sale a buscarlas en la tierra, en el suelo.

Aquello no solo era frustrante, sino que, además, intuía que era mentira. En algún momento, aquel anciano tenía que haber oído algo sobre el *suo yang*.

Hay veces que, sencillamente, los extranjeros tienen cerrada la puerta a determinada cultura, o que no hay puerta, o ni siquiera ventana. Otras, el único modo de entrar es a través de un idioma que tardas años en aprender y otros tantos en llegar a comprender. Opté por tomar un camino diferente.

—Entonces ¿no puede ayudar a la gente que tiene problemas de fantasmas y cosas por el estilo?

El rostro de Dennis se iluminó.

—En este pueblo hay gente que hace cosas para asustar a los fantasmas. Algunos hacen eso como oficio.

—¿Quién?

—¿En este pueblo?

—Sí. ¿Podemos hablar con él?

—¿Quiere hablar con él?

—Sí.

—Está bien.

Volvimos a la calle, esta vez con un par de amigos de Dennis pisándonos los talones. Salvo por el viento que arrullaba los árboles, la aldea estaba sumida en un silencio inquietante. Pasamos junto a un grupo de ancianos que conversaban en lingao, sentados bajo el sol del mediodía. Muy pocos sabían una palabra de mandarín.

Seguimos a nuestro guía hasta el final del pueblo, donde vivía el cazador de fantasmas en una casa de tamaño considerable cerca de un nuevo templo en construcción. Nos recibió su esposa, una mujer menuda y sonriente que conversó unos minutos con Dennis.

—El hombre no puede venir aquí ahora mismo —nos informó Dennis—. Tiene algo que hacer. Está muy lejos. No podemos ir allí.

—¿Y su mujer nos puede explicar lo que hace?

Dennis guardó silencio, dubitativo.

—Bueno, en realidad nadie de aquí lo sabe. Es un misterio.

—Pero tal vez sepa decirme a cuánta gente ayuda en un mes.

—¡A mucha! —exclamó Dennis sin transmitirle mi pregunta—. A veces, hay muchas personas que necesitan que él haga estas cosas. A veces puede que nadie.

Intuía que, bajo la superficie, sucedía más de lo que alcanzaba a ver. Marian también. Incluso a ella, una traductora profesional que llevaba años viviendo en China, las cosas se le antojaban extrañamente opacas. Habíamos realizado un trayecto de una hora, pero estábamos infinitamente lejos.

—A ver, solo para que lo entienda —insistí—, si alguien tiene un fantasma en casa...

—Sí —intervino Dennis—, pues este hombre tiene que ir a las casas de la gente, y, puede que pre... Espere, que busco la palabra. —Abrió su diccionario y recorrió las páginas—. A veces, la gente... —Dejó la frase en el aire.

—¿Y dónde podemos encontrar a alguien a quien preguntarle sobre estas cosas? —volví a la carga.

Me embargaba el mismo presentimiento que en Alagbado, en Nigeria. Intuía que me estaba acercando a ese otro lugar y no podía rendirme. Aquí no había ni Area Boys, ni amenazas, tan solo la mujer zorra deambulando por el campo con su cesta llena de miembros.

—Puede que el hombre vuelva dentro de una hora... O mañana —respondió Dennis.

—¿Qué pasa mañana?

—Si alguien muere, después de uno o dos años hacen una ceremonia para mover el alma de esa persona. Porque la cultura china cree que, si mueres, tu alma se queda viajando libre.

Una pequeña multitud se había formado a nuestro alrededor, intrigada por la presencia de dos extranjeros en un lugar tan remoto.

Me volví hacia Dennis:

—¿Alguna de estas personas sabe algo de la mujer zorra?

—Espere que les pregunto.

Se dio la vuelta e interrogó a alguno de los miembros del corrillo. Una anciana soltó una carcajada. Dennis volvió a dirigirse a mí:

—Nunca han oído hablar de ella.

—Bueno, esperemos al hombre —zanjé.

—No sé cuándo vuelve. Si encuentro eso del fantasma se lo puedo enviar por correo electrónico.

Resoplé por toda respuesta y me alejé. Dennis se marchó. Yo caminaba en círculos, a la espera. No podía irme de allí sin hablar con el cazador de fantasmas. Marian se tumbó en una plataforma de hormigón y se quedó dormida. La tarde parecía transcurrir a cámara lenta. El grupo de ancianos perdió el interés por nosotros y regresó a sus chismorreos. Y entonces, al cabo de un rato, apareció el cazador de fantasmas.

Era un hombre delgado de pelo muy corto y puntas canas, con unas marcadas patas de gallo. Su voz era suave pero firme y de tanto en cuando daba caladas a su cigarrillo.

Dennis se acercó y nos presentó. Tras los apretones de manos de rigor, el hombre nos invitó a pasar. La estancia principal era oscura; una mesa de café ocupaba el centro y una foto de Mao Zedong colgaba en lo alto de una pared. En algunas aldeas rurales se le equipara con el dios curandero *Zhong Kui*: Mao el sanador.[1]

Tomamos asiento en torno a la mesita. El anciano sonrió. Me daba la sensación de que a menudo se sentaba allí mismo, frente a quienes necesitaban algo de él. Parecía acostumbrado a escuchar.

—Dígame sus preguntas —comenzó Dennis, preparado para traducir mis interrogantes y las respuestas del anciano.

—Me gustaría saber con cuánta frecuencia o cuánta gente viene a pedirle ayuda para estos problemas de fantasmas.

—En diez días o medio mes, unas tres personas o más. Algunas veces, mucha mucha gente viene a verlo.

—¿Y qué hace cuando la gente tiene un problema de este tipo?

—Va a sus casas y celebra un ritual. A veces va al campo, al aire libre. Ayer fue a preparar una gran ceremonia. Y mañana la harán.

—¿Qué tipo de cosas hacen? ¿Lanzan fuegos artificiales? ¿Rezan?

—Los fuegos artificiales son al final. El hombre tiene tres inciensos y los enciende. Cada persona utiliza también tres inciensos. Y puedes ponerte a su lado y pedir un deseo o algo así. En cada ritual matamos un pollo o un cerdo, y cuando terminamos, el dueño de la casa le da algo de dinero al anciano.

—¿Por qué hay que matar un pollo?

—En nuestra mentalidad, creemos que la gente que muere no tiene para comer. Así que se ofrece un pollo o un cerdo para que coman los muertos. Después vienen los fuegos artificiales y terminamos.

—¿Y el fantasma se ha ido de la casa?

—Sí.

—¿Ha oído hablar del fantasma de la mujer zorra?

—Dice que la mujer zorra solo es un cuento. Ha oído hablar, pero jamás la ha visto.

—¿Alguna vez ha acudido alguien que quisiera preguntarle sobre el fantasma de la mujer zorra? Gente que tenga miedo de ella.

—No, nunca. La historia de la mujer zorra ocurrió entre los

años cincuenta y setenta, y en esa época él era joven y no se enteró de nada.

—Entonces ¿tampoco ha oído hablar del *suo yang*?

—Tampoco.

—¿Es posible que un fantasma ataque a una persona? —cambié de tercio.

—En nuestra tradición, si alguien tiene una enfermedad, puede ser que un fantasma lo haya tocado, y a lo mejor el enfermo decide hacer un ritual para dejar que el fantasma salga de su cuerpo. Pero no saben si los fantasmas son reales. Los fantasmas nunca han hablado con la gente y entonces nadie sabe si son algo real o no.

—¿Ha dicho que no sabe si son reales?

—Sí, pero, en el corazón, las personas tienen la creencia de que sí. Es así. En esta época, la gente cree en el taoísmo. Y los fantasmas son fantasmas taoístas. Así que si la gente cree que hay un fantasma que molesta, busca espantarlo. Solo es una creencia, pero el fantasma no es real. Es como Dios en Estados Unidos. Yo no sé si existe de verdad, pero la gente, en sus corazones, ¿reza así? —Juntó las palmas de las manos y cerró los ojos. Y añadió—: ¿Quiere saber algo más?

—No, ya está todo.

—¿Y está contento con esta entrevista?

—Sí, mucho. Gracias.

De vuelta a la ciudad, le pedí a Dennis que parásemos en una farmacia. Accedió, nos bajamos del coche y entramos en un pequeño comercio. Los anaqueles estaban repletos de medicamentos, tanto occidentales como chinos. El hombre tras el mostrador tenía el cabello gris, aunque no era viejo. Dennis y él charlaron unos minutos. Cuando acabaron, Dennis se volvió hacia mí:

—Dice que ha oído hablar del *suo yang*, pero que nunca lo ha visto. Hay un lugar donde ocurrió, y un hombre murió, cerca de la costa. Ocurrió hace pocos años.

Una vez fuera, nos despedimos de Dennis y Lingao. A medida que el coche se alejaba, el joven nos decía adiós con la mano, sin borrar la sonrisa de su cara. Unos minutos después, el conductor se volvió hacia Marian y dijo algo en mandarín sobre el *suo yang*. Le contó que su hermano mayor lo había tenido y que no era como nos pensábamos. Marian me lo tradujo.

—Ha dicho que, según algunos ancianos que no creen en las supersticiones, la culpa fue de una lombriz.

—¿Una lombriz? —pregunté.

Retomaron la conversación.

—Mientras duermes —explicó Marian—, la lombriz se desliza por tu boca o tu nariz cuando estás respirando.

—¿Él cree en la lombriz?

—No puede hablar de «creer» o «no creer». Es real.

—¿Y tiene miedo de la lombriz?

—Ya nadie tiene ese miedo. Se ha esfumado. Pero en el pasado, a la gente le daba auténtico pavor.

—¿Y su hermano la tuvo?

—Sí.

—¿Y se recuperó?

—Sí, se puso mejor.

—¿Y qué hizo para estar mejor?

—Era pequeño. Dice que no sabe, que no se lo preguntó. Pero puede llamarlo y hacerlo ahora.

El taxista marcó un número de teléfono y charló un rato. Cuando colgó, se dirigió a Marian:

—Dice que tuvo que hacer algo, no he entendido la palabra, pero que al final algo salió. Una cosa.

—¿La lombriz?

—Tampoco está seguro. Pero cuando se despertó, ya no tenía nada.

—¿Fue en Lingao?

—Sí, en 1985 o 1987. Dice que recuerda cuando todo el mundo hablaba de ello. En cuestión de cinco días, le pasó a otra persona. Y cuando le ocurría a alguien, mucha gente lo tenía. Y hacían no sé qué con pimienta picante.

El coche avanzaba. Contemplaba los palmerales por la ventanilla. En toda la literatura que había leído, la lombriz no aparecía por ninguna parte. Algo había cambiado. O un fantasma se había convertido en gusano, o había más historias de las que pensábamos. Una lombriz era una causa física, nada que ver con un fantasma. Pero los fantasmas seguían existiendo. ¿Estarían perdiendo poder? ¿O acaso la historia estaba cambiando para adaptarse a su tiempo?

Como siempre, cuando creía saber hacia dónde fluía la corriente, me encontraba inmerso en aguas mucho más profundas.

13

MÁS ALLÁ DE LAS CREENCIAS

Durante el trayecto de vuelta a Haikou, no dejé de pensar en lombrices y en fantasmas. ¿Qué era lo que realmente contaban las historias sobre este paisaje, o sobre el mundo? Me hacían pensar que todos nadamos en un océano de historias, de corrientes, algunas visibles y otras ocultas, que suben y bajan como las mareas, que unas veces nos engullen, y otras, nos arrastran hasta la orilla. Normalmente, navegamos tranquilamente entre ellas, pero nunca dejamos de sentir su fuerza.

Eso era lo que había sentido en Italia, en Nigeria, en la iglesia de mi hermano y en tantos otros lugares: la fuerza de las historias que me rodeaban, su carácter tan poderoso como contagioso, y su modo de fluir entre todos nosotros. Así fue como el *koro* se había propagado por Hainan hacía tantos años: la gente oyó historias acerca de él, se las creyó, las temió y las sintió.

Cuanto más me acercaba a estas epidemias, más evidentes se me antojaban sus parecidos con otras enfermedades que había descubierto durante mi investigación. Se habla de «enfermedad psicogénica masiva» cuando una enfermedad misteriosa afecta repentinamente a un grupo de personas que ha visto u oído hablar de ella.

Las enfermedades psicogénicas masivas son muy conocidas en la literatura científica. Se transmiten entre grupos sociales reducidos, afectan sobre todo a las mujeres y son comunes en Asia y en África. En el año 2008, en una fábrica textil a las afueras de Jakarta, en Indonesia, cerca de cincuenta trabajadoras entraron en un trance colectivo en el que todas lloraban y sacudían sus cuerpos. En 2006, treinta mujeres experimentaron una epidemia similar en una tabacalera de Java. De nuevo, en 2008, en Kalimantan, en la parte indonesa de la isla de Borneo, treinta y ocho estudiantes cayeron en un trance colectivo.[1]

Esto también ocurre en nuestra cultura; de hecho, puede incluso que se trate de una tendencia en auge. En 2014, treinta estudiantes de un instituto de Minnesota cayeron enfermos y fueron ingresados, según ellos, por una intoxicación por monóxido de carbono. No obstante, dieron negativo en todos los análisis de esta sustancia.[2] La causa fue psicógena. En 2013, en un instituto agrícola de Danvers, Massachusetts, una veintena de adolescentes empezaron a desarrollar extraños ataques de hipo y tics vocales que terminaron por desencadenar una enfermedad psicógenica masiva.[3] En 2011, dieciocho alumnas de un instituto en Le-Roy, Nueva York, desarrollaron tics faciales, temblores musculares y una verborrea incomprensible e incontrolable.[4] Se descartaron todas las causas físicas y se declaró que la epidemia había sido un «trastorno psicógenico del movimiento» o «parkinsonismo psicógenico».

Por lo general, estos trastornos no se consideran síndromes culturales, a pesar de que comparten características fundamentales: sus síntomas son reales, son contagiosos y parten de una causa percibida, que en Occidente suele ser la intoxicación o la contaminación, y en Asia y África, los espíritus o los conjuros. En ambos casos el proceso es el mismo: la historia llega a oídos de las víctimas, estas infieren la causa y se activa el bucle. La mente comienza a producir efectos tangibles en el cuerpo. Es como una versión reducida de la narración: acontecimientos observados, causas percibidas, efecto interiorizado.

Pero los tics y las náuseas no son los únicos problemas que pueden salpicarnos. Por ejemplo, poco después de la reunificación de Alemania en 1990, una encuesta nacional de salud puso de manifiesto que las dos regiones presentaban diferencias significativas en el índice de lumbalgia, con una disparidad de 16 por ciento.

La lumbalgia es una afección particularmente compleja, pues nadie conoce su causa exacta. Los factores de riesgo incluyen la depresión, la adicción a la nicotina, la obesidad, el abuso del alcohol y un bajo estrato social. A pesar de los cuarenta y cinco años de división, la Alemania del Este y del Oeste no eran tan diferentes, y sin embargo, algo provocaba que los alemanes occidentales sufrieran más lumbalgia que sus vecinos.

Diez años después, esa disparidad había desaparecido. Los índices del oeste y del este convergían. Tras la unificación, los habitantes del antiguo país comunista mantuvieron el ritmo hasta 1996, cuando empezaron a igualar los niveles de la Alemania occidental. A partir de entonces, avanzaron al unísono.

Los investigadores estaban perplejos, especialmente porque: «Entre 1991 y 2003, los datos muestran un incremento paulatino en la satisfacción general con respecto a la vida personal y laboral en el este, frente a una reducción en el oeste».[5] De modo que el efecto en la zona lumbar de sus habitantes debería haber sido el contrario. Como factores potenciales que explicasen esta diferencia se barajaban la migración selectiva y el aumento del desempleo en el este. No obstante, en última instancia, los autores del artículo (titulado «Back Pain: A Communicable Disease?») sugirieron otra hipótesis: «Tras la reunificación, todas las "leyendas negras" y falsas creencias sobre la lumbalgia que circulaban por la Alemania occidental se diseminaron rápidamente por la Alemania del Este».[6]

La idea de la lumbalgia propagándose a través de la cultura, pasando de la Alemania del Oeste a la del Este, viajando de mente en mente es dura de asimilar en las culturas biomédicas. No obstante, se trata del mismo flujo observado en otras afecciones, en particular el del estudio cardíaco de Framingham. Lo más interesante de este fenómeno son los senderos que toman.

En 2007, los investigadores Nicholas Christakis y James Fowler examinaron los historiales médicos de 12.067 sujetos y observaron algo curioso: la obesidad no se propagaba geográficamente, como esperaban, sino socialmente. Si tenías un amigo obeso, tus probabilidades de seguir su ejemplo aumentaban un 57 por ciento. Una posibilidad mayor que en caso de hermanos (40 por ciento) o de parejas (37 por ciento). El peso de un vecino no parecía tener efectos. Asimismo, constataron que el flujo era «direccional», de las personas consideradas amigas hacia aquellas que los habían calificado de tales, pero no al contrario.[7] De modo que la cosa no iba simplemente de gente conocida que cambiaba su dieta y se hacía obesa al mismo tiempo. Una persona estaba causando que la otra cambiase. Una persona aprendía de otra. La obesidad, como el *koro*, como el parkinsonismo psicogénico o como la lumbalgia podía ser contagiosa.

Christakis y Fowler pasaron a examinar un efecto similar entre los fumadores: si una persona deja de fumar, su pareja tiene una probabilidad del 67 por ciento de dejar el tabaco. Si se trata de un amigo, la probabilidad desciende a un 36 por ciento y en caso de hermanos, a un 34 por ciento.[8] Otro estudio similar observó que el divorcio también transitaba a través del tejido social: cuando se divorciaba un amigo o un pariente, tus probabilidades de hacer lo mismo pasaban del 9 al 16 por ciento. Si era un amigo de un amigo, al 12 por ciento.[9] A partir del tercer grado de separación (como en el caso de la obesidad y del tabaco), el efecto era nulo. Existen investigaciones que han demostrado que la felicidad,[10] el sentimiento de soledad[11] y la depresión[12] funcionan siguiendo el mismo patrón. Christakis y Fowler lo llaman el «efecto par», mientras que otros prefieren el término «efecto de salud interpersonal». El teórico francés Gustave LeBon lo habría calificado sencillamente de «contagio social», y en otras disciplinas hay quien lo ha descrito como «aprendizaje observacional» o «aprendizaje social».[13]

Fabrizio Benedetti, el experto del placebo, ha demostrado que cuando vemos a alguien experimentar dolor (o alivio del mismo), el efecto placebo/nocebo es mucho mayor que cuando nos lo cuentan. Ver sufrir a alguien provoca un «contagio emocional negativo», escribe, que desencadena mecanismos que a su vez causan dolor al observador.[14] Las historias que oímos nunca son tan poderosas como las que vemos.[15] Ahí radica el secreto del efecto par, del contagio social y de las enfermedades psicogénicas masivas. Es la razón por la que resulta tan difícil resistirse a la fuerza, a la atracción de las culturas en las que estamos inmersos.

A lo largo de nuestra vida, observamos a mucha gente. Aprendemos cómo funcionan las cosas, los esquemas, los patrones. Aprendemos a comprar en una tienda, a hablar con la persona que nos gusta, a desenvolvernos en nuestro día a día, en nuestra vida. En palabras de Dan McAdams: «La gente picotea, escoge y plagia selectivamente entre todas las historias e imágenes que encuentra en la cultura para formular una identidad narrativa». Salvo que las historias no están en la cultura, son la cultura.[16]

Al llegar a Italia fui consciente de todo el abanico de maneras de ser, de comportarse, de pensar, de hablar y de vivir en este mundo. De vuelta a casa, me vi inmerso en la arbitraria tarea de escoger qué guiones merecía la pena conservar y cuáles descartar. ¿Cómo se supone que un chico de diecinueve años puede decidir algo así? ¿De qué forma puedes saber cuál es la mejor forma de vivir, qué camino seguir? En aquel momento sentía que los viejos caminos estaban bloqueados, mientras que los nuevos eran infinitos. Y esa infinidad resultaba aterradora.

La única vía que veía clara era convertirme en escritor. No sabía por qué, pero intuía que aquella sería la vida que me permitiría despejar todas estas dudas, explorar el mundo, comprender, hallar un sentido. Así que cuando Paul Gruchow apareció en nuestra clase, yo vi lo que necesitaba ver: la prueba viviente (pese a sus advertencias) de que esa existencia era posible, de que esa historia podía escribirse.

Durante años fue desgarrador, descorazonador, tal y como Gruchow me había avisado. Las cosas nunca salían como yo quería. Con el tiempo, no obstante, empecé a conocer a otros escritores y comprendí que no había secretos, ni plantillas, ni planes maestros, ni garantías. Todo aquel que empezaba partía de cero. No existían más reglas que trabajar duro y creer en uno mismo, todas ellas consignas que cumplí. Toda historia de un escritor era una especie de pastiche, de híbrido; se trataba de coger algo viejo y hacerlo nuevo. Tampoco es que hiciera la tarea más fácil precisamente, pero para cuando me di cuenta, ya había recorrido un buen trecho de mi propio camino.

Con todo, el hecho de haber tomado conciencia de esto no evitó mi asombro al leer el titular: EL ESCRITOR PAUL GRUCHOW, CRONISTA DE LAS PRADERAS, MUERE A LOS CINCUENTA Y SEIS AÑOS.[17] El artículo proporcionaba algunos detalles. El escritor se hallaba sumido en una profunda depresión y se había quitado la vida con una sobredosis de medicamentos. Poco antes de su muerte, un viejo amigo se había puesto en contacto con él para preguntarle si podía escribir una historia sobre él. Gruchow respondió: «El año pasado cobré 62,85 dólares en derechos de autor y pronuncié una conferencia en Duluth que atrajo a una decena de asistentes... Suena el teléfono un par de veces. Normalmente, no descuelgo. Aquí no hay ninguna historia».[18]

Sí que había una historia, solo que tal vez no era la que él deseaba contar. Probablemente, tampoco era la que imaginó cuando por primera vez soñó con convertirse en escritor. Todavía ahora sigo preguntándome si esa era la historia que había intentado contarme años atrás, cuando me senté frente a él en su casa, rebosante de esperanza.

Las historias que creemos, los guiones que seguimos y los síndromes que padecemos se construyen a partir de las piezas que flotan a nuestro alrededor. Las enlazamos para que nos ayuden a surcar el río de las historias, aunque nunca sepamos a ciencia cierta si llegaremos muy lejos, si nuestros enlaces resistirán, ni en qué orilla recalaremos.

14

• HASTA EL MAR

El autobús arrancó de Haikou hacia el sur rumbo a Sanya, la ciudad donde circulaban rumores de epidemias recientes de *koro*. Por la ventanilla contemplaba el devastador efecto del huracán de la semana anterior en el campo. El autobús se acercaba a las estribaciones de la cordillera, y entretanto, el televisor instalado en la parte delantera emitía unos vídeos de mandopop, seguidos de *Avatar* doblada en chino, para la cual el lenguaje resultaba superfluo.

El autobús emprendió el ascenso. Bajo el cielo nublado, las montañas se alzaban imponentes, recortadas y verdes. Serpenteamos una angosta carretera durante casi cinco horas hasta llegar a Wuzhishan, donde me esperaba Frank Ji, un amigo de Marian que llevaba una empresa de rutas en bicicleta.

Frank se presentó en moto y me llevó a un par de hoteles, donde no me permitieron registrarme alegando unas caducas restricciones para visitantes extranjeros de tiempos de la Guerra Fría. En vista del panorama, me ofreció el sofá del amplio y tenebroso almacén en el que guardaba las bicis de último modelo que alquilaba a los turistas chinos que acudían en tropel a la isla durante los meses de invierno. En otros tiempos había sido el museo cultural de Wuzhishan, y en un rincón del fondo aún podían verse restos de la reproducción del pueblo nativo original.

A la mañana siguiente, Frank y yo fuimos de excursión en bicicleta a la Montaña de los Cinco Dedos, un monte verde, exuberante y tranquilo donde apenas nos cruzamos con coches. A medida que ascendíamos, el bosque se tornaba más frondoso a nuestro alrededor. Nos detuvimos en una aldea aborigen llamada Shuiman.[1] Las fachadas de los edificios estaban decoradas con pictogramas angulares que recordaban a Indonesia. Según Edward Schafer en *Shore of Pearls*, los aledaños de Shuiman fueron una vez «el último e inaccesible bastión de los pueblos nativos» cuando se rebelaron contra los chinos.[2]

Frank era oriundo de Handan, una ciudad del norte cercana a Beijing, ubicada en el corazón de una zona de acerías. Creció respirando aire pesado y contaminado y contemplando cómo la industria teñía los ríos de negro. Cuando le dieron la oportunidad de ir a estudiar a la Universidad de Wuzhishan, no cabía en sí de gozo.

—Cuando vi todo este verde —me dijo—, supe que jamás querría marcharme.

Pero pocos meses después de su llegada, tuvo claro que no iba a aprender mucho inglés en las aulas, así que abandonó los estudios y pasó unos años viendo películas estadounidenses en vídeo. Aprendió tantísimo y habla tan bien, que hoy es uno de los intérpretes más cotizados de la provincia.

Cuando volvimos a su casa, le hablé del *suo yang*. Era la primera vez que oía hablar de él y, acto seguido, entró en internet y comenzó a investigar.

—Ocurrió en un pueblo tras otro durante un año. —Leía un informe en chino sobre la epidemia de 1984-1985—. En total, afectó a dieciséis condados y a más de tres mil personas. Los primeros datos registrados son de 1861. También en 1908 hay constancia en Taiwán. Dice que este tipo de enfermedad puede atacar a un grupo de personas al mismo tiempo, o a algunos individuos aislados. Y también que no solo se da en China, sino en Tailandia, Singapur, Malasia, Indonesia y la India, y que hubo casos en Rusia en 1885 y 1886. —Siguió leyendo—: Puede que el paciente sufra un delirio, vea cosas raras u oiga sonidos extraños. Y entonces ve algún espíritu, o lo huele. Todos los pacientes piensan que lo que ocurre es real y que están a punto de morir. Y entonces, en esa situación, pierden la cabeza. Y les da igual la gente de alrededor. Se desnudan y se agarran el pene. Así que es principalmente una enfermedad mental, aunque les provoca temblores y sudores y hace que se les nuble la vista, y también que les duela la cabeza. Pero la única razón física es que se agarran el pene tan fuerte que se hacen daño. Y es sobre todo por la cultura, el contexto cultural. Porque los chinos de la cultura antigua creían que el semen venía de la sangre. Una gota de semen equivale a diez gotas de sangre. Entonces pensaban que, si te masturbas, te cuesta mucha energía y mucha sangre. Y el riñón te funcionará peor. Esto es muy común en la gente de la calle, hay mucha medicina que intenta ayudar a la gente a calentar su riñón. —Hizo una pausa y me miró—. Creo que hicieron demasiados trabajos manuales... —Se rio de su propia ocurrencia y continuó leyendo—: También la gente de China piensa que el pene de animal ayudará a la recuperación. Así que comen pene de animal y beben vino de pene de animal. Meten el pene en el vino y se lo beben.

—En Singapur, me hablaron del pene de tigre —interrumpí.

—Sí, funciona mejor.

—¿También se dice por aquí? ¿O simplemente ya lo sabías?

—No, lo sabía. Es algo cultural. También dicen que en Indonesia y en Malasia la gente cree que, si una mujer muere durante el parto, su espíritu se convierte en un fantasma maligno. Y que hace daño a la gente, especialmente a los hombres.

—Sí, sí, y que regresan como vampiresas.

—Y esas vampiresas aparecen y pueden robar el pene y las pelotas. Cortan el miembro. Y casi todas esas cosas las causaron los rumores. Porque primero empieza el rumor, como en el *koro*, y la gente se lo cree, y a lo mejor por sobrepasarse con los trabajos manuales se preocupan.

Frank leyó algunas estadísticas sobre la epidemia de Hainan, incluido un desglose detallado pueblo por pueblo. Pero al cabo de un rato se aburrió y dio con un artículo acerca de otra ciudad de la isla llamada Ledong donde se estaba juzgando un extraño crimen: los tres hijos de una mujer estaban en la cárcel después de que su madre hubiera sido quemada viva. Creían que estaba poseída y que traería la ruina a la familia, así que un «hechicero» local intentó purgarla con alcohol. La mujer recibió «golpes en la cabeza, cara, abdomen, etcétera, propinados con palmas, puños y estacas» y, finalmente, le prendieron fuego hasta matarla. El artículo mencionaba que «la hija de la fallecida, tres nietos y una decena de parientes presenciaron la escena sin frenar la agresión». Algunos de ellos incluso «ovacionaron y aplaudieron».

El artículo comentaba: «La superstición y la ignorancia de esa gente es espantosa. ¿Cómo fortalecer el conocimiento científico de las zonas rurales y la defensa legal?».[3]

Frank no daba crédito. No podía creer que algo así hubiera ocurrido recientemente en Hainan, ante los ojos de tanta gente. Para mí, en cambio, no encerraba tanto misterio. La influencia de los demás —el poder de sus palabras, la propagación de sus historias, el contagio de sus creencias— había empezado a emerger como una verdadera fuerza de la naturaleza.

—La mayoría de la gente de Hainan —le expliqué— creía que el *suo yang* estaba causado por el espíritu de la zorra.

Frank asintió y dijo:

—Es una historia muy famosa en China: la zorra cumple mil años y se convierte en una mujer hermosa a la que ningún hombre puede resistirse. Pero todo el mundo sabe que es una historia, ¿no?

—No todo el mundo —respondí.

A la mañana siguiente, Frank tenía que ocuparse de su negocio, así que realizó algunas llamadas y localizó a una chica que había estudiado inglés en la universidad y podría echarme una mano en la traducción. Su nombre inglés era Lacey. Parecía muy entusiasta y se mostraba muy interesada por el *suo yang*, un concepto completamente nuevo para ella, que también venía del norte.

Quedamos en la calle principal, no muy lejos de las escaleras que subían a la universidad. Nos montamos en un minibús que nos sacó de Wuzhishan y descendimos en la acera opuesta al psiquiátrico. Entramos en el vestíbulo vacío y oímos pisadas. Un doctor pasaba por el fondo de la sala.

Lacey lo interceptó y le hizo una breve síntesis de lo que estábamos buscando. Después se dirigió a mí:

211

—Me ha dicho que aquí no hay pacientes que tengan *suo yang*. Pero hubo casos hace dos o tres años.

—¿Dónde?

—Ledong.

—¿Está lejos de aquí?

—A una hora en coche aproximadamente. Pero ha dicho que puede hablar con alguien que sí sabe. ¡Lo ha oído del director del psiquiátrico! —Su voz vibraba de entusiasmo—. Dice que él sabe de estas cosas. Es increíble. ¡Es la primera vez que oigo hablar de esto!

El hombre nos indicó con un gesto que lo siguiéramos y salimos del edificio, donde el director conversaba a la entrada del hospital. Se llamaba doctor Yang y llevaba una cazadora negra de cuero y el pelo engominado y repeinado hacia atrás. Una vez más, Lacey dio el primer paso, habló con el director y se volvió hacia mí.

—Dice que en cinco años no han tenido pacientes de esos. Pero que el año pasado, en Sanya, en un hospital como este, sí que tuvieron. Dice que aquí hay muy poca gente que sepa de esto. Que, a lo mejor, si vamos a Sanya, podemos descubrir algo. Cree que hubo unos cinco o seis pacientes que tuvieron esto de *suo yang*.

El doctor Yang nos facilitó algunas direcciones y un nombre, y rápidamente organizamos un viaje a Sanya. Había un autobús que salía una hora después. Lacey regresó a toda prisa a su residencia para coger algunas cosas y se reunió conmigo en la parada del bus.

La carretera era abrupta, pues bajaba de las montañas hasta el mar. Desde la parte delantera del autobús, la televisión emitía los mismos vídeos de mandopop que ya me había tragado antes. Para cuando llegamos a Sanya, ya estaba listo para no volverlos a ver en mi vida. El autobús nos dejó en el centro de la ciudad, Lacey fue a preguntar y emprendimos camino en dirección al psiquiátrico. Las aceras estaban colapsadas por enormes turistas rusos llegados a la isla en busca de sol y playas, que no tenían nada que envidiar a cualquiera de sus vecinas tailandesas. Se veían obras empezadas por todos lados. Sanya también estaba floreciendo.

Muy pronto llegamos ante un cartel que decía HOSPITAL DE SAN YA DE PREVENCIÓN Y CURA DE ENFERMEDADES CRÓNICAS. Tenía mis reservas sobre si estábamos en el lugar adecuado, pero entramos y en el vestíbulo principal encontramos la «Clínica de rehabilitación psiquiátrica» (que hacía las veces de «Sala para lesiones en la piel por enfermedades sexuales»).

La habitación tenía un escritorio y no había ordenadores. Tras la mesa, un hombre estaba reclinado en su sillón. Se llamaba doctor Zhen y nos invitó a pasar. Lacey le explicó nuestra misión y el hombre escuchó con mucha atención, asintiendo. Nos contó que no había tratado personalmente a los pacientes de los que el doctor Yap nos había hablado, pero que sabía que había sucedido hacía dos años.

—¿Acudieron a este hospital? —pregunté, y Lacey tradujo.

—Nunca vendrían aquí —replicó—, nunca van al médico. Solo usan jengibre o cayena molida. O tiran fuegos artificiales toda la noche para mantener alejados a los espíritus. Allí es donde el gobierno envió a los médicos.

—¿Y ocurre en otras partes de Hainan?

—Hay muchos sitios de Hainan que lo tienen, como Ledong y Sanya.

—¿Hoy o antiguamente?

—Desde 1985, tenemos pacientes de *suo yang* cada año. Pero este año no tantos.

—¿Sigue siendo algo que se propaga entre la gente?

—Sobre todo afecta a la gente joven.

—¿Y piensan que es el fantasma de la zorra? ¿O cuál creen que es la causa?

—Sí, o algo parecido.

—Entonces ¿sigue presente en los pueblos pequeños?

—Sí.

—Pero hay quien dice que el *suo yang* está desapareciendo.

—¡Me temo que no! Ocurre con mucha frecuencia en algunos sitios, como en Ledong, Sanya o Danzhou. En otros no tanto.

—¿Recuerda la epidemia de 1985? —inquirí.

—¡Ya lo creo! —exclamó—. Fue cuando llegué a Sanya en 1985. El pueblo entero estaba aterrado. Pasaban la noche en vela, lanzando fuegos artificiales.

—¿Y qué sabe acerca de la última epidemia?

—Si desea información más detallada puede volver mañana. O vaya al Hospital Provincial de Haikou. Allí tienen mucha información, son los que vinieron para el estudio.

Continuamos hablando un rato más, pero tenía la impresión de haber agotado su conocimiento de los acontecimientos más recientes, así que le dimos las gracias y nos marchamos. Debía volver a Haikou. En la calle, Lacey me dejó en una moto que me llevaría al tren de alta velocidad.

—Muchísimas gracias —dijo antes de que nos separáramos—. ¡Ha sido muy interesante! ¡Hoy he aprendido tanto sobre mi país!

Un año después volví a saber de ella. Se puso en contacto conmigo por correo electrónico cuando una amiga de Ledong le habló de una nueva epidemia: una mujer que jugaba a las cartas sintió que sus senos estaban desapareciendo, y el pánico, una vez más, cundió en la ciudad. No tenía claro si el *suo yang* estaba realmente en declive, o si simplemente había desaparecido de los hospitales. Sea como fuere, parecía que las viejas historias seguían vivas. Quizá todavía quedaban fantasmas. Quizá los genitales seguían en peligro. Quizá el mundo no era, ni sería jamás, tan plano como deseábamos creer.

El tren avanzaba en la noche. Era rápido, estaba limpio y me sentí arrancado de golpe de los pueblos pesqueros y sin asfaltar del pasado de Hainan. No obstante, sospechaba que la distancia no era tan grande como podía parecer. Algunas de aquellas corrientes ancestrales seguían manando de las montañas para ir a dar al mar.

Al día siguiente por la mañana visité el hospital provincial psiquiátrico con Sansa, la ayudante de Marian. Era un edificio inmenso en las afueras de la ciudad. Sansa preguntó en recepción dónde podríamos obtener información sobre el *suo yang*, y nos enviaron al departamento de psiquiatría, en la primera planta. Una vez allí, Sansa explicó lo que buscábamos y nos remitieron al «Departamento de medicina psicosomática», que, según vi, constaba de una única consulta.

Una vez allí, aguardamos unos minutos a que el médico (y jefe de departamento) llegara. El doctor Wu Chuandong llevaba el pelo alborotado y vestía bata blanca. Se entusiasmó al oír sobre mi viaje, ya que él mismo llevaba años indagando acerca del *suo yang* y había sido el investigador principal de la última epidemia.

Los primeros pacientes de *koro*, me explicó, fueron los malasios, quienes lo trajeron a Hainan. Durante el último siglo se había producido una epidemia cada diez años, después de algún acontecimiento serio, como una guerra. La gente temía por su seguridad, y el cuerpo respondía fisiológicamente.

—¿Recuerda el pánico de 1984 y 1985? —pregunté. Sansa tradujo.

—Sí, me fui allí para investigar, para entrevistar a la gente, durante dos años, hasta 1987.

—¿Y cuál creían que era la causa? ¿Pensaban que eran fantasmas, o el problema del yang?

—Estaba la historia del zorro fantasma. Quiere conseguir más yang y más calor de vírgenes, hombres y mujeres. Cuando ya tiene cierta cantidad de yang, puede convertirse en espíritu y realizar su viaje al oeste, como un ángel en el paraíso. Y después puede convertirse en Dios y hacer todo lo que quiera. Puede cumplir todos sus objetivos.

—Y en los pueblos, ¿la gente creía que eso era cierto?

—Sí. Eso creían. Y cuando vienen de ese contexto cultural, tienen más riesgo de contraer *koro*.

—¿Recuerda algo de la gente que entrevistó? ¿Alguna de las historias que le contaron?

—La gente no se lo imaginaba hasta que le tocaba. Era impredecible. Ocurría de pronto. A algunos les sobrevino cuando estaban bañándose en el mar, o en la ducha, o cuando tenían ganas de hacer pis. Solo sabían que se les encogía, y entonces se dejaban embaucar por esta historia. Y les entraba el pánico y se ponían aún más nerviosos. Y después, el pueblo entero entraba en pánico y hacía cosas para evitar al fantasma, como colgar una linterna roja de las puertas. También, alguna vez, la gente más furiosa, más enfadada, decía que los chicos y las chicas vírgenes no podían salir juntos.

—Y, a día de hoy, ¿siguen creyendo que eso pasó? ¿Que el espíritu del zorro era real?

—La gente de las zonas rurales, de los pueblos donde ocurrió, prefiere creer en esa leyenda, en esa superstición.

—¿Cómo ha cambiado la situación desde 1985?

—No volvimos a tener noticia de ningún caso hasta 2011, cuando unas ocho o diez personas de Sanya sufrieron este problema. Fuimos a entrevistarlos.

—¿Y qué creían ellos?

—También era una especie de rumor, como lo del zorro. El mismo estilo, pero una historia diferente. La gente decía que un espíritu del mar había ido en barca hasta la bahía de Sanya y rondaba por ahí, y que quería ser joven y hermoso. Pues resulta que un chico salió a jugar. A la mañana siguiente se despertó y al ir a orinar vio que su pene estaba más pequeño y, además, se encontraba mal. Sus padres intentaron sacarlo fuera y tocaron un tambor y unos platillos, e hicieron ruidos para expulsar al espíritu. También pusieron pimienta en el pene para expulsar al fantasma.

—Ah...

—Y en el caso de Sanya, eran de Danzhou. La gente a quien le suele ocurrir esto suele hablar el dialecto de Danzhou. Será algo relacionado con la cultura de allí.

—¿Se le ocurre alguna idea de qué ha cambiado? ¿Por qué ya no se producen tantos casos como antes?

—Ya no se habla del zorro fantasma ni de cosas por el estilo. No hay fuentes de rumores, ni ambiente propicio para que se propaguen, así que tampoco hay casos.

—Pero entonces, si volviese a circular el rumor, ¿ocurrirían de nuevo? ¿O cree que la cultura ha cambiado y la gente ya no cree en este tipo de cosas?

—La cultura sigue siendo la misma. La gente sigue teniendo la posibilidad de creer en estos rumores. No sé si la mente de las personas puede cambiar. Un cambio de cultura y de mentalidad llevaría mucho tiempo, así que prohíben a la gente difundir esas historias.

—Pero ¿la creencia en Danzhou sigue siendo fuerte?

—Es cultural y la gente de Danzhou piensa que algunos seres malos irán a un pueblo para llevarse a los jóvenes vírgenes, para poder ser muchos más espíritus. La mayoría de la gente de la epidemia de 1984 y 1985 era de Danzhou.

—¿Y cree que el declive no se debe a un cambio cultural, sino a la falta de rumores?

—La cultura cambia cuando las personas cambian de mentalidad, pero eso es muy difícil. El gobierno y los médicos van a las zonas rurales y educan a la gente, les explican la teoría médica según la cual tu pene no puede encoger y desaparecer dentro de tu cuerpo, pero ellos siguen creyendo. Hace falta más investigación sobre la gente que contrae *koro*, sobre el tipo de personas que lo contraen. Me intriga mucho cómo, en tiempos modernos, sigue habiendo gente que cree en esas historias.

Dimos las gracias al doctor Wu y nos marchamos. Durante el camino de vuelta, mientras atravesábamos la ciudad, el viento soplaba a nuestro alrededor. Mientras le daba vueltas a la última pregunta del doctor, que en otro tiempo había sido la mía, me di cuenta de que había dejado de planteármela, porque sabía que la gente creía en esas historias en estos tiempos modernos por la misma razón que siempre habíamos creído en cualquier tipo de historia. Porque mantienen unidos nuestros mundos y a nosotros mismos. Porque son la balsa sobre la que nuestras vidas navegan río abajo. Y si se rompe en pedazos, o la abandonamos, o encalla en las rocas, lo único que podemos hacer es nadar.

AGRADECIMIENTOS

¿Cómo se puede dar las gracias a todas aquellas personas que te han ayudado alguna vez en tu vida, desde tus dieciocho hasta tus cuarenta y cuatro años? Así es como me siento, pues he escrito este libro, breve como es, durante un período muy largo con la ayuda de mucha gente. Me da pavor olvidarme de alguien, y si lo hago, espero me perdonéis. Allá vamos:

En Bolonia, Filippo Nonni y mis compañeros de clase de San Luigi me dieron fuerza durante un año difícil y se aseguraron de que no faltaran las palabrotas en mi italiano. Los Westricks, cuya generosidad cambió mi vida, serán siempre mi familia. Una vez más, perdón por el perro que llevé a casa. (Y por el pasaporte.)

En la universidad, antes de empezar a escribir, recibí el apoyo de los profesores Jim Heynen, Eric Nelson y otros. En Tanzania, no habría sobrevivido sin Shoonie Hartwig, Dora Kripapuri, Royce y Sandy Truex, Dee y Pete Cresswell, Elisa Meier, Pam Boyd, Juliette Lyimo, mis alumnos y mis vecinos.

En Portland, estoy profundamente agradecido a mis compañeros de Powell's City of Books (incluyendo a los antiguos alumnos del «Team Fun»), así como a Bill Donahue, el primero en enseñarme en qué consistía ser escritor (y amigo), y a Dave Dranchak, por las discusiones de madrugada sobre vida extraterrestre. En Madison, Jason Daley y Mukoma wa Ngugi me ayudaron a mantener la cordura, igual que Rae Meadows, Alex Darrow, Stephanie Fiorelli y Adam Koehler (además de invitarme a Nueva York). También en Wisconsin, Michael Perry no solo me mostró lo que era ser un gran escritor, sino también una gran persona.

En Nigeria, nada de esto habría sido posible sin el omnipresente Toni Can, la adorable Wendy Onwordi y el imperturbable Akeem. Gracias a Helon Habila, por haberme enviado en la dirección correcta, así como a Jossy Idam, Starrys Obazi, Mike Jimoh y Wasiu Karimu, esté donde esté... espero que sano y salvo.

En Minneapolis, Jason Albert, Doug Mack, Maggie Ryan Sandford, Dennis Cass, Lars Ostrom, Sara Aase, Ashley Shelby y Jason Good por ofrecerme su inestimable opinión. Michael Fuerstein fue mi tutor filosófico y Daniel Slager y Kelly Barnhill me dieron sabios consejos editoriales. Por supuesto, gracias al Minnesota State Arts Board, quienes quieren que diga: «Frank Bures ha recibido en el año fiscal 2014 una beca del Minnesota State Arts Board para la Iniciativa Artística. Esta actividad es posible gracias a los votantes de Minnesota mediante una beca del Minnesota State Arts Board, gracias a una asignación legislativa de la Legislatura del Estado de Minnesota; y gracias a la contribución del Fondo Nacional de las Artes». Además, algunas partes fundamentales de este libro fueron escritas en el Anderson Center en Red Wing, Minnesota.

En el camino: en Singapur, gracias a Dean Visser y Jacques van Wersch por la ayuda logística y lingüística. En China, gracias a Arthur Kleinman y Pete Hessler por ayudarme con sus contactos, y a Marian Rosenberg; sin ella, recorrer Hainan habría sido una pesadilla kafkiana. Mil gracias a la intrépida Sansa Wang en Haikou, a Frank Ji en Wuzhishan, a mis intérpretes Lacey, Dennis y Shirley, así como al encantador equipo del Lazy Gaga de Cantón.

En general, gracias a Bill Wasik por haber visto potencial en una historia cuando nadie más lo hacía, y a Tom Bissell por abrir esa puerta. Gracias a Eileen Cope por acompañar este proyecto de principio a fin; a David Farley por la hospitalidad y la camaradería, y a Umberto Squarcia y Lissette Merlano, por dejarme pernoctar en vuestro hogar cada vez más numeroso. Gracias a Teju Cole por mantener viva esta historia y a Ellie Robis por haber visto cosas grandes en ella. Por supuesto, gracias a los compañeros viajeros Jim Benning, Mike Yessis, Rolf Potts, Eva Holland, Chris Vourlias y toda la tropa de World Hum. Y también, gracias a los científicos que han aportado su tiempo y sus ideas a este proyecto: Arthur Kleinman, Daniel Moerman, Ted Kaptchuk, Peter Guarnaccia, Roberto Lewis-Fernandez, Devon Hinton, Heiner Raspe, Jamie Pennebajer, Peter Logan, Andrew Gordan, Dan McAdams, Chris Dowrick, Jan Brunvand, Shelley Adler, Julian Leff, Graham Thurgood y Wolfgang Jilek. Vosotros hacéis el trabajo real del que los demás nos aprovechamos. Espero haber hecho justicia a vuestras obras y vuestras ideas.

Asimismo, muchas gracias a Mark Krotov por su corrección, tan exquisita como iluminadora, y al encantador equipo de Melville House, quienes también han contribuido a traer al mundo a este libro. Gracias a Marian Rosenberg, Ted Barnhill y a mi madre por sus implacables revisiones y por haberme librado de (casi todas, espero) las erratas. Y gracias a Shiva Naipaul por demostrar lo que es posible.

Por supuesto, gracias a mis padres, Frank y Ruth Bures, por haberme enviado del otro lado del charco a un país donde tenía edad legal para beber, por su apoyo incondicional en múltiples formas y por estar ahí incluso cuando no me lo merecía, que fue la mayor parte del tiempo. Gracias a mis hermanos, Bob y Joe, por aguantar todos mis rollos, y a sus esposas, Anna y Karen, por aguantarlos a ellos. Gracias a mi suegra, Judy Flaten, por cubrirme cuando no estaba. Gracias a mis cuñados, John Jordan y Marianne Zerbe, por permitirme abusar de su generosidad y creer en esta historia desde el principio, pese a todas las evidencias que apuntaban a lo contrario.

A mis dos hijas, que lo iluminan todo con su humor y su entusiasmo, por soportar mis ausencias, por no hablar de las charlas sobre los robos de penes y llevar lo de la vergüenza de padre a otro nivel.

Pero, sobre todo, gracias a mi fantástica y preciosa esposa, Bridgit, quien ha aguantado años de divagaciones con dudosa coherencia sobre genitales desaparecidos, oscuras nimiedades médicas, pseudoteorías sin corroborar, y se las ingenia para fingir que sigue interesada después de todos estos años. Siempre ha sido, y será, el centro de mi mundo. Sin ella no habría podido hacer nada de esto.

NOTAS

1. EL CASO DE LA VIRILIDAD PERDIDA

1. Kunle Adeyemi, «Court Remands Man Over False Alarm On Genital Organ Disappearance», *The Punch* (21 de octubre de 2005), p. 5.

2. Mannir Dan-Ali, «Missing penis sparks mob lynching», *BBC News* (12 de abril de 2001).

3. «Benin alert over "penis theft" panic», *BBC News* (27 de noviembre de 2001).

4. El amigo del amigo era Helon Habila, a quien entrevisté para *Poets & Writers Magazine*. Era una de las primeras personas a las que recuerdo hablar de contemplar su vida como una historia. Como él mismo me dijo: «Mira, la literatura sigue un orden. Tienes un principio, una mitad y un final. Tienes tu historia, tu argumento. Todo sigue, todo encaja... Y así vivimos una vida feliz. Y al final, nos lo pasamos bien» (Frank Bures, «Everything Follows: An Interview with Helon Habila», *Poets & Writers Magazine*, enero-febrero de 2003).

5. T. A. Basher, «The Influence of Culture on Psychiatric Manifestations», *Transcultural Psychiatry*, 15 (1963), p. 51. Citado en Pow Meng Yap, «Koro—A Culture-bound Depersonalization Syndrome», *British Journal of Psychiatry*, 111 (1965), p. 48.

6. Sunday Ilechukwu, «*Koro*-like Syndromes in Nigeria», *Transcultural Psychiatric Research Review*, 25 (1988), pp.310-314. Ilechukwu terminó instalándose en Michigan, donde los penes no corren ningún peligro mágico.

7. Sunday Ilechukwu, «Magical Penis Loss in Nigeria: Report of a Recent Epidemic of a *Koro*-like Syndrome», *Transcultural Psychiatric Research Review*, 29 (1992), pp. 91-108. Véase Ifabumuyi OI, Rwegellera GGC, «*Koro* in a Nigerian male patient», *African Journal of Psychiatry*, 5 (1979), pp. 103-105.

8. Vivian Afi Dzokoto y Glenn Adams, «Understanding Genital Shrinking Epidemics in West Africa: *Koro*, Juju, or Mass Psychogenic Illness?», *Culture, Medicine and Psychiatry*, 29 (2005), pp. 53-78.

2. SIGUIENDO LOS HILOS

1. En 1989, Winona era aún una vieja ciudad obrera a la orilla del río que no había perdido del todo su lado salvaje. El barrio rojo había permanecido activo hasta 1942, cuando la Oficina Estatal de Detención Criminal ordenó su desmantelamiento. Sin embargo, esto no logró apagar la cultura festiva de la ciudad, lo que la hacía muy diferente de Italia (Frank Bures, «Brothels Once Thrived in Winona», *Winona Daily News*, Heritage Edition, 21 de septiembre de 1997).

2. Véase Paul Gruchow, *Necessity of Empty Places*, y *Journal of a Prairie Year*, Minneapolis, Milkweek Editions, 1999 y 2009.

3. Para cavilaciones de este tipo, véanse «Test Day: Frank Bures administers an English exam to his students in Tanzania, where life is hard and giving up isn't an option», *Word Hum*, 2003; «On Tanzanian Time: In a land where they have a name for people who are always in a hurry—Mzungu!—Frank Bures meditates on the art of slowing down, *World Hum*, 2003, y «One Tough Bastard at the Metropole», *Brevity*, n.º 9.

4. Cuando nos marchamos, rescaté el tema en el artículo «Muslim Unrest Flares in Thailand: Two Policemen Were Killed Monday After Bangkok Declared Martial Law in the South, the Scene of Re-

newed Separatist Violence» para la revista *Christian Science Monitor* (7 de enero de 2004), en csmonitor.com, <http://www.csmonitor.com/2004/0107/p06s01-wosc.html>.

5. La escuela nos ofrecía una habitación, forrada de fotos del fundador del centro junto a su madre. Disponíamos de una pequeña cocina. El fregadero desaguaba en el plato de ducha, de modo que teníamos que despegarnos los granos de arroz de los pies. Había veces que volvíamos a casa y nos encontrábamos a todo el personal fisgando en nuestra habitación. Pero lo peor de todo era el tabique endeble que separaba nuestra cama del escritorio del director. Cuando se quedaba trabajando hasta tarde era incómodo.

6. Años después, en el vigesimoquinto aniversario de *Granta* en 2007, este mismo editor declaró a *The Guardian*: «Lo peor es cuando encargas un artículo... y te llega después de que el escritor se haya pasado meses trabajando en él, pero deja mucho que desear, así que se lo devuelves, y te lo envía de nuevo, y sigue sin estar bien, así que hay que invertir aún más trabajo en él y al final acabas diciéndole: "Lo siento mucho, pero esto no funciona". Está totalmente justificado, pero es un golpe muy duro para la autoestima del escritor». Sabía a quién se refería.

7. Los temas incluían un homosexual que acosaba a los tenderos locales, una entrevista con Tom Wopat (que había estudiado en la universidad de la ciudad antes de protagonizar la serie *Los Dukes de Hazzard*) y una reseña biográfica de la célebre atleta local Suzy Favor Hamilton, antes de que tuviera morbo.

3. LIGADOS A LA CULTURA

1. Véase S. Mohammed Hatta, «A Malay Cross Cultural Worldview and Forensic Review of Amok», *Australian and New Zealand*

Journal of Psychiatry, 30 (1996), pp. 505-510; véase también Ronald C. Simons y Charles C. Hughes, *The Culture-Bound Syndromes: Folk Illnesses of Psychiatric and Anthropological Interest*, Dordrecht, D. Reidel Publishing Company, 1985, pp. 197-269.

2. Lawrence Osborne, «Regional Disturbances», *New York Times Magazine* (6 de mayo de 2001), p. 98. Véase también Robert Winzeler, *Latah in Southeast Asia: The History and Ethnography of a Culture-Bound Syndrome*, Cambridge, Cambridge University Press, 1995.

3. Stefan G. Hofmann y Devon E. Hinton, «Cross-Cultural Aspects of Anxiety Disorders», *Current Psychiatry Reports*, 16 (2014), p. 450.

4. Noriyuki Nakamoto *et al.*, «Hikikomori: Is It a Culture-reactive or Culture-bound Syndrome? Nidotherapy and a Clinical Vignette from Oman», *International Journal of Psychiatry in Medicine*, vol. 35, n.º 2 (2005), pp. 191-198; también en Maggie Jones, «Shutting Themselves In», *New York Magazine* (15 de enero de 2006), pp. 46-51.

5. Takahiro Takino, «Masked Social Withdrawal Liked to Japanese Culture», City News Department, *Mainichi Shimbun* (12 de mayo de 2010).

6. Devon E. Hinton, Vuth Pich, Luana Marques *et al.*, «Khyâl Attacks: A Key Idiom of Distress Among Traumatized Cambodia Refugees», *Culture, Medicine and Psychiatry*, 34 (2010), pp. 244-278.

7. A. Sumathipala, S. H. Siribaddana y Dinesh Bhugra, «Culture-bound Syndromes: The Story of Dhat Syndrome», *British Journal of Psychiatry*, 184 (2004), pp. 200-209. Véase también *Diagnostic and Statistical Manual of Mental Disorders*, 5th Edition, Washington, D. C., American Pyschological Association, 2013, p. 833. [Hay trad. cast.: *DSM-5: Manual diagnóstico y estadístico de los trastornos mentales*, Madrid, Médica Panamericana, 2014.]

8. D. Dutta, H. R. Phookan y P. D. Das, «The *Koro* Epidemic in

Lower Assam», *Indian Journal of Psychiatry*, vol. 24, n.° 4 (1982), pp. 370-374.

9. A. N. Chowdhury, P. Pal, A. Chatterjee, M. Roy y B. B. Das Chowdhury, «Analysis of North Bengal Koro Epidemic with Three Years Follow Up», *Indian Journal of Psychiatry*, vol. 30, n.° 1 (1988), pp. 69-72.

10. Akhilesh Jain, Kamal Kumar Verma *et al.*, «Gilhari (Lizard) Syndrome': A New Culture Bound Syndrome», *Psychiatry: Open Access*, 17 (2014), p. 117. (Previamente publicado como K. K. Verma, M. M Bhojak y A. K. Singhal, «Gilhari (Lizard) Syndrome—is it a new culture bound syndrome?— A case report», *Indian Journal of Psychiatry*, vol. 43, n.° 1 (2001), pp. 70-72.

11. Beng-Yeong Ng, «Wei Han Zheng (Frigophobia): A Culture-related Psychiatric Syndrome», *Australian and New Zealand Journal of Psychiatry*, 32 (1998), p. 582.

12. Ted Kaptchuk, *Chinese Medicine: The Web That Has No Weaver*, Londres, Rider Books, 2000, pp. 437-452.

13. Moira Smith, «The Flying Phallus and Laughing Inquisitor: Penis Theft in the Malleus Maleficarum», *Journal of Folklore*, vol. 39, n.° 1 (2002), pp. 85-117; Kathleen Biddick, «Becoming Ethnographic: Reading Inquisitorial Authority in the Hammer of Witches», *Essays in Medieval Studies: Figures of Speech: The Body in Medieval Art, History, and Literature*, vol. 11 (1994), p.30.

14. J. Guy Edwards, «The *Koro* Pattern of Depersonalization in an American Schizophrenic Patient», en *The Culture Bound Syndromes*, p. 167.

15. Wolfgang Jilek, «Epidemics of "Genital Shrinking" (*Koro*): Historical Review and Report of a Recent Outbreak», *Curare*, vol. 9 (1986), p. 271.

16. Beng Yeong Ng y Ee Heok Kua, «*Koro* in Ancient Chinese History», *History of Psychiatry*, 7 (1996), p. 565.

17. *Ibid.*, p. 566.

18. *Ibidem.*

19. Chris Buckle *et al.*, «A Conceptual History of *Koro*», *Transcultural Psychiatry*, 44 (marzo de 2007), p. 30.

20. *Ibidem.*

21. Arabinda N. Chowdhury, «Hundred Years of *Koro*: The History of a Culture-bound Syndrome», *International Journal of Social Psychiatry*, 44 (1998), p. 181.

22. Wen-Shing Tseng, Mo Kan-Ming *et al.*, «A Sociocultural Study of *Koro* Epidemics in Guangdong, China», *The American Journal of Psychiatry*, vol. 145, n.° 12 (diciembre de 1988), p. 1.538; también en Wolfgang Jilek, «Epidemics of "Genital Shrinking" (*Koro*): Historical Review and Report of a Recent Outbreak», *Curare*, vol. 9 (1986), p. 273.

23. Edward Rhodes Stitt, Richard Pearson Strong, *Stitt's Diagnosis, Prevention and Treatment of Tropical Diseases*, vol. 2, Filadelfia, The Blakiston Company, 1942, p. 1.145.

24. Laurence J. Kirmayer, «Cultural Psychiatry in Historial Perspective», *Textbook of Cultural Psychiatry*, Cambridge, Cambridge University Press, 2007, p. 8.

25. Helen F. K. Chiu, «Professor Pow Meng Yap: A Giant in Psychiatry from Hong Kong», *Asia-Pacific Psychiatry*, 4 (2012), pp. 84-86.

26. Pow Meng Yap, «Mental Diseases Peculiar to Certain Cultures: A Survey of Comparative Psychiatry», *The Journal of Mental Science*, vol. XCVII, n.° 407 (abril de 1951), p. 313.

27. *Ibid.*, p. 327.

28. *Ibid.*, pp. 314-315.

29. Pow Meng Yap, «*Koro*—A Culture-bound Depersonalization Syndrome», *British Journal of Psychiatry*, 111 (1965), p. 48.

30. Arthur Kleinman y Robert Hahn, «Belief as Pathogen, Belief

as Medicine: "Voodoo Death" and the "Placebo Phenomenon" in Anthropological Perspective», *Medical Anthropology Quarterly*, vol. 14, n.º 4 (1983), pp. 3 y 16-19.

31. Arthur Kleinman, *The Illness Narratives*, Nueva York, Basic Books, 1988.

4. MENTES MODERNAS

1. Citado en la obra de Will Durant *The Story of Philosophy: The Lives and Opinions of the Great Philosophers*, Nueva York, Simon & Schuster, 1933, p. 284. [Hay trad. cast.: *Historia de la filosofía: La vida y el pensamiento de los más grandes filósofos del mundo*, México D.F., Diana, 1978.]

2. Cuando Yap llegó a Hong Kong, la ciudad estaba creciendo y modernizándose muy rápido, encauzada ya en su carrera a convertirse en una de las mayores ciudades del planeta, fusionando partes de varias culturas del mundo para crear la suya propia. Durante la ocupación japonesa en la Segunda Guerra Mundial, la población cayó de 1,6 millones a 600.000 habitantes. En 1948, solo tres años después de que los británicos volvieran a ocupar la colonia, la población rondaba los dos millones, una cifra bien nutrida por los refugiados de la guerra civil china que se establecían por la frontera. En 1966, Hong Kong alcanzó los cuatro millones de habitantes. En el momento en que escribo este libro, en 2016, siete millones de personas viven dentro de sus fronteras (según la *Encyclopedia Britannica* [Chicago, vol. 11 (1968), p. 660] y el CIA *World Factbook*).

3. Por truculento que suene, ese era el panorama, y supuso un paso adelante para los lunáticos de Hong Kong. Con todo, el psiquiátrico (como se rebautizó más adelante) era un lugar tétrico. En

palabras del doctor Wai Hoi Lo: «Cuando me incorporé al servicio de salud mental del gobierno como médico en junio de 1959, me pareció que el hospital estaba saturado y decrépito. Por la noche, se instalaban colchones de tatami en la sala de estar y en el comedor, para que los pacientes durmieran; por el día, estos tenían que pasear por un pequeño jardín para liberar el salón, dedicado a las terapias electroconvulsivas y otros tratamientos» (Wai Hoi Lo, «A Century (1885-1985) of Development of Psychiatric Services in Hong Kong—with Special Reference to Personal Experience», *Hong Kong Journal of Psychiatry*, vol. 13, n.° 4 [2003], p. 22).

4. E. G. Pryor, «The Great Plague of Hong Kong», *Journal of the Hong Kong Branch of the Royal Asiatic Society*, vol. 15 (1975), p. 62.

5. *Ibid.*, p. 65.

6. *Ibid.*, p. 63.

7. *Ibid.*, pp. 68-69.

8. Pow Meng Yap, «Ideas of Mental Health and Disorder in Hong Kong and Their Practical Influence», *Elixir*, n.° 1 (1967), p. 26.

9. Ted Kaptchuk y Michael Croucher, *The Healing Arts: Exploring the Medical Ways of the World*, Nueva York, Summit Books, 1987, p. 131.

10. Partiendo de la base de que nadie sabía qué era exactamente el *latah* ni a qué podía deberse, Yap se aproximó al síndrome con el conocimiento de un lugareño y los ojos de un extranjero. El *latah* se encontraba sobre todo en mujeres mayores de Malasia, de donde Yap era oriundo. Las afectadas parecían perder el control del habla y de sus acciones; todo cuanto eran capaces de hacer era imitar a los de su alrededor, como si su propio ser se hubiera desintegrado. A menudo iba acompañado de blasfemias. A raíz de la entrevista con uno de los sujetos, Yap escribió: «De vez en cuando, introducía la palabra *nonok* («vagina») y en un par de ocasiones hizo un amago de tocar los genitales del examinador». Si bien el tono de su

artículo «The Latah Reaction: Its Pathodynamics and Nosological Position» (en *The Journal of Mental Science*, vol. XCVIII, n.º 413 [octubre de 1952], pp. 33 y 516-564) era amable, en realidad, el estudio ponía el grito en el cielo sobre el hecho de que el *latah* se hubiera calificado de «histeria primitiva», propensa en gente con personalidades subdesarrolladas, incapaces de controlar sus instintos. En contraste, Yap intentaba abordar el síndrome desde la perspectiva de la cultura malasia. «Resulta difícil transmitirle a alguien que nunca haya estado en Malasia una idea apropiada de los hábitos y costumbres de las diversas clases de habitantes —escribió—. De ningún modo son "primitivos" y, de hecho, cada vez son más las personas arrastradas hacia la cultura global y moderna de la radio, los periódicos, los nacionalismos y la competencia económica.» Ahí radicaba, según él, la disminución de la prevalencia del *latah*. Yap señaló dos aspectos que merece la pena mencionar. En primer lugar, muchas afectadas habían «jugado» a estar *latah* de niñas. Sabían qué era, a qué se parecía y qué te pasaba cuando lo sufrías. Quizá esta «imitación consciente del *latah* durante la infancia» podía «quedar posteriormente "marcada" a causa de un "shock" como causa de su enfermedad». Al mismo tiempo, se percató de que «los chinos no manifestaban aquella reacción a menos que hubieran crecido en un entorno cultural principalmente malasio». Asimismo, «los niños japoneses nunca sucumbían al *imu* [un trastorno similar] a menos que hubieran sido educados desde la infancia con padres ainus. Estos hechos refuerzan la idea de que el entorno inmediato de los sujetos, tanto social como cultural, resultaba muy significativo en la etiología». En otras palabras, la cultura era un factor clave que podía precipitar el *latah*. Pero ¿qué parte de la cultura? ¿En qué aspecto de la cultura podía encontrarse la causa del *latah*? Yap sugería que los estudios posteriores tuviesen en cuenta «los mitos, el folclore, las creencias, los refranes, la literatura y el teatro (en el caso de los malasios, también el cine) de los grupos étnicos para esclarecer las actitudes de grupo con respecto al miedo, la violencia, el heroísmo o la conquista» (*ibidem*). Su intuición era acertada. Él no llegó hasta allí, pero pienso que iba por buen camino: hacia las historias que aquella gente contaba y las obras que representaba.

11. Pow Meng Yap, «Cultural Bias in Psychiatry and Mental Health», *Australian and New Zealand Journal of Psychiatry*, 2 (1968), p. 13.

12. Resulta interesante observar la cantidad de epidemias que tuvieron lugar en la región durante el mismo período: en Singapur (1967), Cantón (1967), Hong Kong (1967) y Hainan (1966). 1967 fue, sin duda, un año de cambio a nivel mundial, pero tanta ansiedad genital llama la atención. Un posible factor que me mencionaron en Singapur es la masacre de entre medio y un millón de chinos en Indonesia en tiempos del dictador Suharto (Marylyn Berger, «Suharto Dies at 86; Indonesian Dictator Brought Order and Bloodshed», *New York Times*, 28 de enero de 2008). (Wen-Shing Tseng, Mo Kan-Ming *et al.*, «Koro Epidemics in Guangdong, China: A Questionnaire Survey», *The Journal of Nervous and Mental Disease*, 180 [1992], p. 122) sostienen que las epidemias anteriores de Hainan habían acontecido después de momentos de gran agitación social: en 1952, la reforma agraria y la redistribución de la propiedad. En 1966 se produjo la revolución cultural. En 1974 hubo una epidemia de encefalitis. Esta hipótesis coincide con una de las teorías de Wolfgang Jilek: que el estrés sociocultural se manifiesta en esta clase de epidemias. En un artículo de Li Jie sobre el caso de Fuhu de 2004, la curandera local de ochenta y dos años atribuía la epidemia de 1963 a «Gran movimiento del Salto [*sic*], que requería que la gente trabajase más para aumentar la producción» y acarreaba «un "viento maligno" que se infiltraba en los cuerpos de la

gente». Entonces, ¿qué pasaba con la epidemia de 1984-1985 de Hainan? Una posible causa de ansiedad fue el hecho de que Hainan se estuviera independizando de la provincia de Cantón, un proceso que comenzó en 1984, cuando la isla se convirtió en una región especial que gozaba de competencias administrativas propias, y culminó en 1988, cuando se convirtió oficialmente en la provincia de Hainan y en una «zona económica especial». Esto son especulaciones mías, pero, desde hace más de doscientos años, China y Hainan mantienen una relación complicada.

13. Una vez terminada la entrevista, el doctor Wai nos llevó a su colega (un psiquiatra más joven casado con una mujer que practicaba medicina china) y a mí al restaurante de enfrente. Comimos cacahuetes encurtidos, gambas de río frescas, etcétera. Al cabo de un rato apareció una mujer con un vestido rosa claro y tomó asiento. «¿Sabe quién es?», me preguntó Wai. Contesté que no. Era Margaret Chan, la directora general de la Organización Mundial de la Salud. Wai dejó transcurrir unos minutos, se disculpó y se levantó de nuestra mesa, fue hasta la de la doctora Chan y la saludó.

5. MENTES SALVAJES

1. Laurence Kirmayer, «Cultural Psychiatry in Historical Perspective», en *Textbook of Cultural Psychiatry*, Cambridge, Cambridge University Press (2007), p. 8.

2. Raymond Williams, *Keyword: A Vocabulary of Culture and Society*, Nueva York, Oxford University Press, 1976, 1987, p. 90.

3. *Ibid.*, p. 90.

4. Peter Melville Logan, «On Culture: Edward B. Tylor's Primitive Culture, 1871», en BRANCH: *Britain, Representation and Nineteenth-Century History*, Dino Franco Felluga, ed. Prolongación de la

página web *Romanticism and Victorianism on the Net*. Consultada el 15 de abril de 2014.

5. George Stocking, *Victorian Anthropology*, Nueva York, The Free Press, 1987, p. 157.

6. *Ibidem*.

7. Edward Burnett Tylor, *The Origins of Culture: Part I of Primitive Culture*, Nueva York, J. P. Putnam's Sons, 1871, p. 1. [Hay trad. cast.: *Cultura primitiva*, Madrid, Ayuso, 1977, traducción de Marcial Suárez.]

8. Sigue siendo la actitud predominante en la actualidad y puede detectarse prácticamente a diario en los medios de comunicación. En 1961, durante los inicios de los Cuerpos de Paz, llegó incluso a desencadenar un incidente a escala internacional cuando Margery Michelmore, una de las primeras voluntarias en Nigeria, envió una postal a su novio quejándose de que «no estábamos preparados para las condiciones de vida miserables y absolutamente primitivas que imperaban tanto en la ciudad como en la sabana». Primitivos como eran, los estudiantes nigerianos disponían de un mimeógrafo que utilizaron para copiar la postal y repartirla por todo el campus de Ibadan. Después vinieron las manifestaciones y las exigencias de expulsar a los Cuerpos de Paz del país. John Updike escribió sobre aquel incidente en *The New Yorker*, Eisenhower lo aprovechó como prueba del «experimento juvenil» de Kennedy y, al final, se terminó culpando a los comunistas. El suceso cayó en el olvido y algunos años después pasó a ser un musical de Broadway. (Stanley Meisler, *When the World Calls: The Inside Story of the Peace Corps and Its First Fifty Years*, Boston, Beacon Press, 2011, pp. 37-42.)

9. Burnett Tylor, *op. cit.*, p. 453.

10. Ludger Müller-Wille y William Barr, *Franz Boas Among the Inuit of Baffin Island, 1883-1884: Journals and Letters*, Toronto, University of Toronto Press, 1998, pp. 12-15.

11. Extraído de George Stocking, *Observers Observed: Essays on Ethnographic Fieldwork*, Madison, University of Wisconsin Press, 1985, p. 33, de la entrada sobre Boas titulada «December 23, Anarnitung» (23 de diciembre).

12. Franz Boas, *Kwakiutl Tales Volume II*, Nueva York, Columbia University Press, 1910.

13. Alfred Kroeber y Clyde Kluckhohn, *Culture: A Critical Review of Concepts and Definitions*, Nueva York, Vintage Books, 1952.

6. CERDOS VENENOSOS

1. Paul Ngui, «The *Koro* Epidemic in Singapore», *Australia and New Zealand Journal of Psychiatry*, 3 (1969), p. 263.

2. Chong Tong Mun, «Epidemic *Koro* in Singapore», *British Medical Journal* (9 de marzo de 1968), p. 641.

3. Grupo de Estudio del *Koro*, «The *Koro* 'Epidemic' in Singapore», *Singapore Medical Journal*, vol. 10, n.º 4 (diciembre de 1969), pp. 234-235.

4. *Ibid.*, p. 236.

5. Gwee Ah Leng, «*Koro*: Its Origin and Nature as a Disease Entity», *Singapore Medical Journal*, vol. 9, n.º 1 (marzo de 1968), p. 3.

6. Hilary Evans y Robert E. Bartholomew, *Outbreak! The Encyclopedia of Extraordinary Social Behavior*, San Antonio, Anomalist Books, 2009, p. 195.

7. Ngui, *op. cit.*, p. 265.

8. Grupo de estudio *Koro*, *op. cit.*, p. 237.

9. Ngui, *op. cit.*, p. 266.

10. Cuando me puse en contacto con Ngui para revisar nuestra conversación, quiso rectificar la afirmación de que los afectados por el *latah* gritaban cosas como «joder» o «vagina». A mí me pa-

recía coherente con lo que había leído al respecto, incluido el artículo de Pow Meng Yap de 1952 donde daba informaba de ancianas *latah* que decían cosas como *nonok* («vagina»), *puki* («coño») y *butol* («pene»). Ngui quizá pensó que dejaría en mal lugar su cultura. Con todo, incluyo su respuesta a continuación, puesto que es de mis pocos interlocutores con experiencia personal en el tema: «Querido Frank: Me gustaría corregir la impresión de que las palabras malsonantes y la palabra *vagina* eran frecuentes en las personas que sufrían la retracción de *latah*. Esa palabrota puede ser considerada demasiado vulgar o grosera para ser aceptada por los peranakan. La retracción de *latah* es una reacción refleja inducida por algún estrépito repentino, como una palmada fuerte tras la cabeza, o un toque en las costillas a alguien afectado de *latah*. La persona *latah* soltará un grito de sorpresa o miedo, por su seguridad, como si hubiera sido atacada. Repetirá las mismas frases con aliteraciones. Como por ejemplo "¡Oh, Dios mío! ¡Oh, Dios mío! ... ¡Oh, Dios mío! ... ¡Oh, Dios mío!" o "Alamak. Allah Mak" (madre de Dios). La persona repetirá esas frases sin cesar, al tiempo que seguirá dando fuertes palmadas tras su espalda o tocándose las costillas. Otras de las frases habituales eran "¡Maldición! ¡Maldición", "Mala suerte", "Mala suerte, ¡está roto!", "¡Roto!"... "¡Roto!"... repetidas en bucle. El público solía prorrumpir en carcajadas, divertido por las desesperadas payasadas que el afectado de *latah* hacía a fin de liberarse de sus "torturadores". Todo esto se desarrollaba en un ambiente divertido y, en ocasiones, terminaba tan solo unas horas después, con la persona *latah* profundamente agotada. Me gustaría aclarar que, como psiquiatra, no me he encontrado con ningún caso de *latah* a lo largo de mi carrera. El *latah* es un síndrome ligado a la cultura específico de las culturas perenakan y malasia. No se ha observado entre la población china continental que se instaló en Malasia y Singapur».

11. Me enteré de esto en una ruta en barco por el río Singapur, cuyas orillas estaban plagadas de fornidos occidentales que bebían Heineken y Jagerbomb. En la pantalla, un narrador desalentado nos hablaba de Singapur y su «pasado enérgico, presente vibrante y futuro prometedor». Más tarde se oyó un grito proveniente de la parte delantera del barco y vi al guía echando de la proa a unos adolescentes alemanes, cuyo padre protestó enérgicamente sobre lo «muy enfadados que estaban sus hijos» por no poder sentarse al principio del barco. El guía se encogió de hombros con cara de resignación.

12. El escritor de ciencia ficción William Gibson lo llamó «Disneyland con pena de muerte» en *Wired Magazine*. Podía entender por qué: su enérgico pasado se preserva como algo inerte para que los visitantes lo vean o den una vuelta.

13. Curiosamente, Singapur estuvo dividida entre inmigrantes de Hokkien, Teochow y Cantón hasta la década de 1950, cuando en un esfuerzo de «reurbanización» se intentó integrar a todas las etnias de la ciudad, incluidas las chinas.

14. Aquella misma semana, un titular del *Malay Mail* rezaba: «Dos muertos y dos heridos durante la crisis de *amok* de un hombre».

7. ENFERMEDADES ESTADOUNIDENSES

1. Por lo general, la idea subyacente en este tipo de afirmaciones es que el SPM es una «construcción social», es decir, que no es real. No me refiero a esto. Si fuerais a decirle a una víctima de robo de pene en Nigeria que está sufriendo un síndrome cultural o que la causa de la desaparición de su miembro es su creencia en ella, reaccionaría con el mismo enfado e incredulidad que una mujer estadounidense a la que le dicen que el SPM es un síndrome cultural

(en concreto, un trastorno de ansiedad cultural). Esta reacción se da al poner en entredicho no solo una creencia, sino las fuerzas mismas que mantienen unido el mundo de una persona, en estos casos la bioquímica o la magia. Sería como decirle a un cristiano que Dios no existe o a Richard Dawkins que sí.

2. Mari Rodin, «The Social Construction of Premenstrual Syndrome», *Social Science and Medicine*, vol. 35, n.º 1 (1992), p. 50.

3. Ian Hacking, *Mad Travelers: Reflections on the Reality of Transient Mental Illness*, Charlottesville, University Press of Virginia, 1998, p. 72.

4. Robert T. Frank, «The Hormonal Causes of Premenstrual Tension», *Archives of Neurological Psychiatry*, 26 (1931), pp. 1.053-1.057.

5. Katharina Dalton y Raymond Greene, «The Premenstrual Syndrome», *British Medical Journal*, 1 (1953), pp. 1.007-1.014.

6. Joan C. Chrisler y Paula Caplan, «The Strange Case of Dr. Jekyll and Ms. Hyde: How PMS Became a Cultural Phenomenon and a Psychiatric Disorder», *Annual Review of Sex Research*, vol. 13, n.º 1 (2002), p. 276.

7. Loes Knaapen y George Weisz, «The Biomedical Standarization of Premenstrual Syndrome», *Studies in History and Philosophy of Biological and Biomedical Sciences*, 39 (2008), p. 125.

8. *Ibid.*, p. 126.

9. *Ibidem.* Los medios de comunicación también desempeñaron un papel importante en este cambio con historias como «Coping with Eve's Curse» («Sobrellevando la maldición de Eva») o «The Taming of the Shrew Inside You» («Domando a la fiera que llevas dentro)», entre otras, que versaban sobre cómo «los cambios hormonales pueden convertir a las mujeres normales en monstruos» (Chrisler y Caplan, *op. cit.*, p. 286).

10. Otra complicación añadida son las farmacéuticas. En el año 2000, la compañía Eli Lilly sacó un fármaco para el trastor-

no disfórico premenstrual llamado Sarafem. En realidad se trataba del mismo compuesto (fluoxetina) que el Prozac, solo que con coloración rosa en lugar de verde y un envoltorio y una publicidad diferentes. Como observó un escritor: «Los efectos secundarios de la fluoxetina son: insomnio, ansiedad, nervios y somnolencia. Son similares, si no idénticos, a algunos de los síntomas del TDPM» (en <healthpsych.psy.vanderbilt.edu/PMDD_and_Sarafem.htm>).

11. Paradójicamente, el DSM-5 afirma: «El trastorno disfórico premenstrual no es un síndrome ligado a la cultura y se ha detectado en individuos de Estados Unidos, Europa, la India y Asia. No está claro si los índices varían según las razas. No obstante, la frecuencia, la intensidad y la expresividad de los síntomas y de los patrones de búsqueda de ayuda pueden verse influidos de manera significativa por la cultura» (American Psychiatric Association, *Diagnostic and Statistical Manual of Mental Disorders, 5th Edition*, Arlington, Virginia, American Psychiatric Publishing, 2013, p. 173. [Hay trad. cast.: *DSM-5: Manual diagnóstico y estadístico de los trastornos mentales*, Madrid, Médica Panamericana, 2014]).

12. En otras culturas, la menstruación tiene un significado positivo y se describe en términos acordes. No se concibe como una afección debilitadora que requiere tratamiento médico. Por ejemplo, en la isla de Wogeo, en Papúa Nueva Guinea, consideran que la menstruación es un proceso tan poderoso y depurador que también se espera que los hombres menstrúen. Para ello, entran desnudos en el mar, se provocan una erección, bajan el prepucio y realizan un corte a ambos lados del glande con la pinza de un cangrejo. Cuando cesa el sangrado y el agua de mar a su alrededor está limpia, regresan a la orilla, se envuelven el pene en hojas medicinales y se consideran depurados. Se utiliza la misma palabra para la menstruación femenina y masculina. (Ian Hogbin, *The Is-*

land of Menstruating Men: Religion in Wogeo, New Guinea, Prospect Heights, Illinois, Waveband Press, 1996, pp. 88-89.) Según Chrisler y Caplan, «varias encuestas de la Organización Mundial de la Salud ponen de manifiesto que las mujeres de Europa occidental, Australia y Norteamérica tienen más probabilidad de presentar quejas relacionadas con el ciclo menstrual (salvo los retortijones). Según datos recopilados de mujeres de Hong Kong y el interior de China, los síntomas premenstruales que refieren son: fatiga, retención de líquidos, dolor y una mayor sensibilidad al frío. Las mujeres estadounidenses no hablan de sensibilidad al frío y las chinas, por su parte, rara vez se quejan de padecer una afección negativa» (Chrisler y Caplan, *op. cit.*, p. 285). En la misma línea, la menopausia también varía de una cultura a otra. Margaret Lock investigó el tema y halló una variación significativa. En Massachusetts, el 35 por ciento de las mujeres experimentaban sofocos y el 10 por ciento tenían sudores durante la noche. En Japón, donde básicamente la menopausia no existía en tanto que afección médica, estos índices eran del 10 y el 4 por ciento, respectivamente. El resultado era similar en Malasia, la India, el norte de África e Israel, donde los índices eran bajos o inexistentes, frente a unas proporciones mayores en Norteamérica, Europa y Varanasi, en la India. (Citado en Moerman, 2002, pp. 74-75; véase Margaret Lock y Patricia Kaufert, «Menopause, Local Biologies, and Cultures of Aging», *American Journal of Human Biology*, 13 [2001], pp. 494-504.)

13. Tamara Kayali Browne, «Is Premenstrual Dysforic Disorder Really a Disorder?», *Journal of Bioethical Inquiry*, vol. 12, n.º 2 (junio de 2015), p.6.

14. Como Thomas Johnson escribió en su artículo «Premenstrual Syndrome as a Western Culture-Specific Disorder»: «Tratamos de descubrir la "realidad" biológica del SPM, pongamos por caso, sin examinar las fuerzas culturales que participan en el proce-

so de creación de dicha realidad. Ansiamos ver síndromes ligados a la cultura en otras culturas, cuando ni siquiera somos capaces de entender sus complejos sintomáticos en términos biomédicos. A pesar de que haya quien se esfuerce por encontrar un atisbo de congruencia entre los extraños complejos sintomáticos de otras culturas y las entidades de enfermedades biomédicas occidentales, existe la tendencia a presuponer que tales síndromes son "irreales". Sin embargo, no dudamos en tratar nuestros propios síndromes problemáticos, como el SPM, como "reales" y buscamos constantemente los correlatos fisiológicos de nuestros síntomas» (Thomas Johnson, «Premenstrual Syndrome as a Western Culture-Specific Disorder», *Culture, Medicine and Psychiatry*, 11 [1987], p. 347). Otros autores han hecho observaciones similares. «La dominancia del discurso del SPM se hizo evidente por el hecho de que teníamos ciertas dificultades para encontrar participantes que no lo experimentasen», escribieron las investigadoras Lisa Cosgrove y Bethany Riddle en 2008. Hallaron (no son las únicas) que las mujeres que cumplían los roles de género tradicionales sufrían más por la menstruación. «Uno de los resultados más chocantes era que el discurso del SPM había ganado tal fuerza que muchas veces las mujeres daban por sentado que lo tendrían» (Lisa Cosgrove y Bethany Riddle, «Constructions of Femininity and Experiences of Menstrual Distress», *Women & Health*, vol. 38, n.º 3 (2003), pp. 37-58). Otro estudio halló que las pacientes «creían firmemente que el SPM tenía bases biológicas y rechazaban las atribuciones situacionales a su sufrimiento» (Chrisler y Caplan, *op. cit.*, p. 287). En un experimento de referencia, Diane Ruble observó que las mujeres inducidas erróneamente a pensar que estaban premenstruales sintieron más síntomas del SPM que aquellas que realmente lo estaban, pero a quienes se había hecho pensar que no (Jeanne Brooks, Diane Ruble y Anne Claris, «College Women's Attitudes and Expectations Concerning Menstrual-Related Changes», *Psychosomatic Medicine*, vol. 39, n.º 5 [septiembre-octubre de 1977], pp. 288-298). Con esto, mi intención no es desmentir dichos síntomas, sino mostrar que estos están causados por nuestra cultura, nuestro entendimiento del cuerpo y, como veremos en el capítulo 9, nuestras expectativas de la experiencia.

15. Lynn Payer, *Medicine and Culture*, Nueva York, Owl Books, 1996, p. 15.

16. Otras afecciones poco frecuentes: en Italia, tienes posibilidades de padecer de *cervicale* o *cervical*, una dolencia que no tiene equivalente en ningún otro idioma (Dany Mitzman, «How to Avoid Getting "Hit by Air" in Italy», *BBC Magazine* (3 de diciembre de 2011). En Francia, los farmacéuticos están acostumbrados a las «piernas pesadas» y te aconsejarán aplicar aceite de pepitas de uva en tobillos y rodillas (Emma Jane Kirby, «A Curiously French Complaint», *From Our Own Correspondent, BBC News* (13 de diciembre de 2008): <http://www.news.bbs.co.uk/go/pr/fr/-/2/hi/programmes/ from_our_own_correspondent/7779126.stm>).

17. En palabras de Payer: «A todo aquello que no encaje en la concepción del cuerpo en tanto que máquina, ni pueda ser cuantificado, se le negará no solo la cuantificación, sino incluso la existencia» (Payer, *op. cit.*, p. 151).

18. Allard Dembe, *Occupation and Disease: How Social Factors Affect the Conception of Work-Related Disorders*, New Haven, Yale University Press, 1996, p. 33.

19. *Ibid.*, pp. 36-39.

20. *Ibid.*, p. 88.

21. *Ibid.*, p. 93.

22. *En el blog del Instituto Nacional de Directores de Salud Mental de Estados Unidos. Consultado el 7 de noviembre de 2014*, <http://www.nimh. nih.gov/about/director/2013/transforming-diagnosis-shtml>.

23. Entrevista con el autor, julio de 2013.

24. Roberto Lewis-Fernandez, Devon Hinton, *et. al.*, «Review: Culture and the Anxiety Disorders: Recommendations for the DSM-V», *Depression and Anxiety*, o (2009), pp. 1-18.

25. Jeanne Tsai y Yulia Chentsova Dutton, «Understanding Depression Across Cultures», en *Handbook of Depression*, Ian Gotlib y Constance L. Hammen, eds., Nueva York, Guilford Press, 2002, p. 471.

26. *Ibid.*, p. 472.

27. Yulia Chentsova Dutton, Andrew Ryder, Jeanne Tsai, «Understanding Depression across Cultural Contexts», en Ian Gotlib y Constance L. Hammen eds., *Handbook of Depression*, tercera edición, Nueva York, Guilford Press, 2002, p. 340.

28. Evelyn Bromet, Laura Helena Andrade, *et. al.*, «Cross-national Epidemiology of DSM-IV Major Depressive Episode», *BMC Medicine*, 9 (2011), p. 90.

29. Uriel Halbreich y Sandhya Karkun, «Cross-cultural and Social Diversity of Prevalence of Postpartum Depression and Depressive Symptoms», *Journal of Affective Disorders*, 2006, pp. 97-111.

30. En la lengua de los hopi, no existe una palabra única para «depresión», sino que el concepto se divide entre tristeza por preocupación, infelicidad, mal de amores, «locura tipo embriaguez» y «darse de cabezazos contra una pared» (Spero Manson *et. al.*, «Depressive Experience in American Indian Communities: A Challenge for Psychiatric Theory and Diagnosis», en *Culture and Depression: Studies in the Anthropology and Cross Cultural Psychiatry of Affect and Disorder*, Berkeley, University of California Press, 1985, pp. 336-339). En yoruba, se emplea el mismo término para depresión, ansiedad, ira y tristeza. Y en japonés, la palabra *jodo*, que quiere decir «emoción», también puede significar «afortunado», «motivado» y «calculador» (Christopher Dowrick, *Be-*

yond Depression: A New Approach to Understanding and Management, 2.ᵃ ed., Oxford, Oxford University Press, 2009, p. 131). La gran pregunta que se deriva es si el modo como definimos y entendemos la depresión moldea nuestra experiencia de ella. De acuerdo con un modelo biomédico estricto, este tipo de relación causal es imposible. Pero si atendemos a multitud de pruebas, es probable.

31. Ethan Watters, *Crazy Like Us: The Globalization of the American Psyche*, Nueva York, The Free Press, 2010, p. 137. Véase también J. Leff, N. Sartorius *et al.*, «The International Pilot Study of Schizophrenia: Five-Year Follow-Up Findings», *Psychological Medicine*, 22 (1992), pp. 131-145.

32. «Cross-National Comparisons of the Prevalences and Correlates of Mental Disorders», *Bulletin of the World Health Organization*, Ginebra, vol. 78, n.º 4 (enero de 2000), <dx.doi.org/10.1590/S004296862000000400003>.

33. Lamentablemente, la creencia creciente de que las enfermedades mentales son enfermedades físicas puede empeorar el estigma de los enfermos mentales. En su libro *Crazy Like Us*, Ethan Watters escribe: «La lógica parecía irrebatible: en cuanto la gente empezara a creer que los síntomas de enfermedades mentales como la esquizofrenia no estribaban en la voluntad del individuo, ni emanaban de fuerzas sobrenaturales, el paciente se liberaría de la culpa. [...] Sin embargo, resulta que los mismos que abrazaron las creencias biomédicas y genéticas sobre la enfermedad mental eran a menudo quienes menos contacto querían con los enfermos mentales y los consideraban peligrosos e impredecibles (Watters, *op. cit.*, pp. 172-173).

34. Christopher Dowrick, «Depression as a Culture-bound Syndrome: Implications for Primary Care», *British Journal of General Practice* (mayo de 2013), pp. 229-230.

35. Universidad de Michigan, «Brooding Russians: Less Distressed than Americans», *ScienceDaily* (14 de julio de 2010), <http://www.sciencedaily.com/releases/2010/07/100713122844.html>.

36. Charles H. Hughes, «The Glossary of "Culture-Bound Syndromes" in DSM-IV: A Critique», *Transcultural Psychiatry*, vol. 35, n.º 3 (1998), pp. 417-418.

37. En el DSM-5, publicado en 2013, las fronteras entre cultura y biología se tornaron un poco más porosas. El término «síndromes ligados a la cultura» pasó a ser «síndromes culturales», algo menos restrictivo, e incluso «conceptos culturales de la aflicción», mucho más práctico. El texto dice: «Del mismo modo que la cultura y que el propio DSM, los conceptos culturales son susceptibles de variar con el tiempo, atendiendo a influencias tanto locales como globales». Asimismo, sostiene que «toda forma de aflicción está moldeada por su entorno, incluidos los trastornos enunciados en el DSM». Un planteamiento muy llamativo, en tanto que se aleja del modelo biomédico y su reduccionismo y se desmarca de la idea según la cual las enfermedades mentales son única y exclusivamente físicas. Semeja un reconocimiento, aunque a regañadientes, del hecho de que la cultura importa (*Diagnostic and Statistical Manual of Mental Disorders*, 5th Edition, Washington, D. C.: American Psychiatric Publishing, 2013, p. 758). Hay unos cuantos síndromes que ahora ocupan un breve párrafo como «problemas diagnósticos relacionados con la cultura» y también existe una «entrevista de formulación cultural» para ayudar a los pacientes a explicar a los psiquiatras su contexto cultural.

38. Entrevista con el autor, julio de 2013.

8. FUSIÓN DE MEDICINAS

1. *Encyclopedia Britannica*, vol. 4 (1968), Chicago, Encyclopedia Britannica, p. 808.

2. No pude encontrar esta referencia. Con todo, es un edificio fuera de lo común.

3. *Guangzhou Travel Guide/Map*, 2013.

4. Historia del Hospital General Dade Road, <http://www.gdhtcm.com/sitecn /lsyg/index.html>.

5. Avance del Hospital Provincial de Cantón, <http://www.gdhtcm.com/sitecn/yyjs/index.html>.

6. Lulu Zhang y Yuping Ning, «Guangzhou Psychiatric Hospital: The Oldest Psychiatric Hospital in China», *Psychiatry* (Edgemont), vol. 7, n.° 6 (2010), pp. 53-54.

7. Doctor Li Jie, «*Koro* Endemic Among School Children in Guangdong, China», *World Cultural Psychiatry Research Review* (diciembre de 2010), pp. 102-105.

8. Esta técnica utiliza materiales «calor», o *moxa*, para reconducir el torrente sanguíneo y el flujo de Qi.

9. Era bastante elevado. En 1993, un estudio descubrió que, si bien el conocimiento del *suo yang* era igual en tres zonas alejadas de China, el miedo que inspiraba era diferente. En la provincia de Jilin, en el norte, tan solo un 10 por ciento de la población creía que el *koro* era «una enfermedad peligrosa que requería ayuda inmediata». En Taiwán, la proporción era del 20 por ciento. En la provincia de Cantón (a la que Fuhu pertenecía), la cifra ascendía al 45 por ciento (W. S. Tseng *et al.*, «Social Psychiatry and Epidemic Koro: [4] Regional Comparison of Shuoyang Belief» [en chino], *Chinese Mental Health Journal*, 7 (1993), pp. 38-40 (citado en Jie, *op. cit.*). «Esto ilustraba que más allá del conocimiento, el factor crucial para que tuviera lugar un ataque de

koro o una epidemia era la creencia en él», escribió Li (Jie, *op. cit.*, p. 103).

10. Hay unas magníficas fotografías en este blog: <emsique. blogspot.com/2013/04/french-colonial-zhanjiang.html>.

9. BUCLES EXTRAÑOS

1. En otro tiempo se pensaba que el don de lenguas, también conocido como «glosolalia», era el producto de mentes simples, primitivas o ignorantes. A mediados del siglo XX fue objeto de debate entre los profesionales médicos, quienes se planteaban si debía considerarse una patología, una enfermedad. Sin embargo, en 1976, en su libro *Speaking in Tongues: Cross-Cultural Study of Glossolalia* (Chicago, University of Chicago Press), Felicitas Goodman llega a la conclusión de que no es un fenómeno anormal. Al contrario, se trata de un estado disociativo en la línea de los trances religiosos que pueden observarse en diferentes partes del mundo, como los de los chamanes húngaros taltoskok, los oráculos tibetanos o los curanderos amerindios. Además, Goodman descubrió que la glosolalia no es un comportamiento espontáneo, sino adquirido. «En muchos casos lo que parece una ocurrencia espontánea no lo es. Hay un condicionante muy fuerte en juego. [...] El factor condicionante al que hacía mención previamente es la expectativa cultural» (*ibid.*, p. 71). Constató, asimismo, que esta expectativa puede transmitirse «por la vía de la demostración o por el boca a boca» y que «de un modo u otro la mayoría de los suplicantes reciben información preliminar con respecto a dicho comportamiento, sobre lo que ocurre y sobre cómo lo percibe el espectador» (*ibid.*, p. 73). En otras palabras, se aprende un guion, independientemente de las puertas espirituales o neurológicas que abra. Las neuroimágenes

obtenidas en investigaciones recientes han mostrado que la glosolalia está asociada a unos patrones neurológicos determinados (Andrew Newberg, Nancy Wintering *et. al.*, «The Measurement of Regional Cerebral Blood Flow During Glossolalia: A Preliminary SPECT Study», *Psychiatry Research: Neuroimaging*, 148 [2006], pp. 67-71) y que es un estado que puede ser aprendido e inducido, y que podría intervenir en la reducción del estrés (Christopher Lynn, Jason Paris *et al.*, «Salivary Alpha-Amylase and Cortisol Among Pentecostals on a Worship and Nonworship Day», *American Journal of Human Biology*, vol. 22, n.° 6 [noviembre y diciembre de 2010], pp. 819-822). Es más, los investigadores han descubierto que el 80 por ciento de las personas que practican la glosolalia tienen «mayor estabilidad emocional y menor neuroticismo» que aquellas que no. Otros estudios han puesto de manifiesto que la glosolalia provoca una serie de beneficios para la salud y carece de efectos adversos (Andrew Newberg *et. al.*, *ibid.*, p. 70). En un electreoencefalograma realizado a una paciente se veía que este estado desencadenaba un pico de actividad en su lóbulo temporal derecho que provocaba temblores en el brazo izquierdo únicamente durante los momentos de trance (R. R. Reeves, S. Kose y A. Abubakr, «Temporal Lobe Discharges and Glossolalia», *Neurocase*, vol. 20, n.° 2 [2014], pp. 236-240). Como apuntó el bloguero de neurociencia Neuroskpetic, se trataba «de un recordatorio de que la actividad cerebral puede estar causada por el comportamiento y viceversa» (Neuroskeptic, «The Brain, Speaking in Tongues?», en Discovermagazine.com [7 de abril de 2013], <http://blogs.discovermagazine.com/neuroskeptic/2013/04/07/the-brain-speaking-in-tongues/#.WcOODsZx2Uk >.

2. Pow Meng Yap, «Mental Diseases Peculiar to Certain Cultures: A Survey of Comparative Psychiatry», *The Journal of Mental Science*, vol. XCVII, n.° 407 (abril de 1951), pp. 321-322.

3. Walter Cannon, «Voodoo Death», *American Anthropologist*, 44 (1942), pp. 169-181.

4. *Ibid.*, p. 187.

5. Algunos ejemplos: en 1972, Moisses Quijada, un hondureño parapléjico de veintidós años, ingresó en el hospital Mayo, donde permaneció durante un año intentando superar una «creencia de tipo vudú arraigada en su pueblo natal, según la cual algo robaba a los tullidos la voluntad de vivir». Falleció varios meses después de regresar a casa (Ronald Wintrob, «The Influence of Others: Witchcraft and Rootwork as Explanations of Behavior Disturbances», *The Journal of Nervous and Mental Disease*, vol. 156, n.º 5 [1973], p. 319). En 1936, en Hong Kong, una chica de veintiún años dio a luz a su primer hijo en el hospital maternoinfantil de Tsan Yuk. El parto transcurrió con normalidad, pero la mujer se negaba a hablar, a comer o a alimentar al recién nacido, lo que desconcertó a los médicos. Al cabo de seis días, rompió su silencio y le contó a una de las enfermeras que iba a morir. Antes de ingresar en el hospital se había detenido en el puesto de una adivina que le había dicho que moriría el sexto día. Ese mismo día, lo hizo. «La necropsia no halló nada que pudiera explicar su muerte» (W. C. W. Nixon, «Scared to Death?», *British Medical Journal* [18 de septiembre de 1965], pp. 700-701). «Big Paddy» era un aborigen que colaboraba con la policía en un pueblo remoto del oeste de Australia. En 1968, cuando patrullaban en busca de un sospechoso de asesinato, sorprendieron a la tribu supuestamente responsable. El hechicero de la tribu acusada lanzó una maldición contra toda la patrulla de rastreo y después de aquello, Big Paddy parecía profundamente afectado. Apenas hablaba y parecía estar desconectado de su alrededor. «No dirigía la mirada a su compañero blanco, y a duras penas conseguía probar bocado. Pese a todos los esfuerzos, fue perdiendo fuerza y murió unas semanas después» (G. W. Milton, «Self-

Willed Death or the Bone-Pointing Syndrome», *Lancet*, 23 [junio de 1973], p. 1.435). En 1965 en Labrador, Canadá, una mujer de cuarenta y tres años ingresó en el hospital de West River. Estaba «aparentemente sana», pero sufría desde hacía meses de «incontinencia severa por estrés». Le encontraron un cistocele y un prolapso uretral, así que la sometieron a una pequeña operación para extraerlo. Después se marchó para ir al teatro, pero al cabo de una hora regresó aquejada de fuertes dolores y con la presión sanguínea muy baja. Los médicos intentaron remediar ambas afecciones, pero la paciente fue empeorando paulatinamente, cayó en coma y falleció. Más tarde, los médicos se enteraron de que cuando tenía cinco años una adivina había predicho que moriría a los cuarenta y tres y que la mujer se lo había contado a su hija en repetidas ocasiones (A. R. Elkington, P. R. Steele y D. D. Yun, «Scared to Death?», *British Medical Journal* [7 de agosto de 1965], pp. 363-364). Un artículo de 1977 relataba el caso de un hombre de treinta y tres años admitido en la unidad de neurología de los servicios médicos de la Universidad de Arkansas después de haber sufrido ataques y alucinaciones. Los médicos que lo examinaron declararon que «los resultados de todas las pruebas neurológicas, incluido un examen cerebral, eran normales». Dos semanas después, falleció. Posteriormente, su esposa informó al personal médico de que su marido había estado viendo a una «dos cabezas», una mujer que podía sanar y realizar conjuros mediante el «hoodoo» o «rootwork», una religión de África occidental traída por los esclavos y mezclada con el cristianismo y el herbalismo de los nativos americanos. Resulta que el hombre había provocado el enfado de la dos cabezas y esta se había vengado con una maldición (Kenneth Golden, «Voodoo in General Hospital», *American Journal of Psychiatry*, vol. 134, n.º 12 [diciembre de 1977], pp. 1.425-1.427). No obstante, estas maldiciones parecen funcionar únicamente cuando se cree

en su poder. En palabras de Kenneth Golden: «Para que una maldición o maleficio funcione tienen que cumplirse una serie de requisitos previos, sea cual sea el contexto: la víctima debe creer en
el poder de la persona que administra la maldición y tiene que saber, o al menos sospechar, que se ha conjurado tal maleficio»
(Golden, *op. cit.*, p. 1.462). Un ejemplo clarísimo: en 2008, un faquir hindú llamado Pandit Surender Sharma presumía en televisión de poder matar a un hombre usando su poder espiritual.
Cuando esto llegó a oídos del director de la Sociedad Racionalista
India, Sanal Edamaruku, este último desafió a Sharma, retándole
a que le quitara la vida en directo. Durante varias horas, los hombres permanecieron el uno al lado del otro, mientras Sharma intentaba cometer el asesinato espiritual de Edamaruku. Claramente, el hombre sagrado creía en su propio poder. Claramente,
Edamaruku no. De haberlo hecho, quizá habría estado en apuros.
Pero, al final, Edamaruku dejó a Sharma en evidencia y lo hizo
quedar como un fraude, incluso aunque ninguno de los dos llegase a entender realmente los poderes con los que estuvieron traficando (Sanal Edamaruku, «The Night a Guru Tried to Kill Me on
TV», en Theguardian.com [23 de marzo de 2010], <http://www.
theguardian.com/commentisfree/belief/2010/mar/23/surendersharma-tv-ritual-edamaruku>). En 2014, Edamaruku se vio obligado a huir del país para escapar de un juicio por blasfemia tras haber investigado una estatua de Jesucristo que goteaba y hallado
que el agua venía de la fuga de un aseo cercano (Samanthi Dissanayake, «The Indian Miracle-Buster Stuck in Finland», *BBC News*
[3 de junio de 2014], <http://www.bbc.com/news/magazine-
26815298>).

6. Ronald Wintrob, «The Influence of Others: Witchcraft and
Rootwork as Explanations of Behavior Disturbances», *The Journal
of Nervous and Mental Disease*, vol. 156, n.º 5 (1973), pp. 322-323.

7. Sandford Cohen, «Voodoo Death, the Stress Response, and AIDS», *Psychological, Neuropsychiatric and Substance Abuse Aspects of AIDS (Advances in Biochemical Psychopharmacology)*, vol. 44 (1988), p. 95.

8. Shelley Adler, *Sleep Paralysis: Night-mares, Nocebos and the Mind-Body Connection*, New Brunswick, Rutgers University Press, 2011, p. 120.

9. Elaine Eaker, Joan Pinsky y William Castelli, «Myocardial Infarction and Coronary Death Among Women: Psychosocial Predictors from a Twenty-Year Follow-Up of Women in the Framingham Study», *American Journal of Epidemiology*, vol. 135, n.º 8 (1992), pp. 854-864.

10. Becca Levy, Martin Slade *et al.*, «Longevity Increased by Positive Self-Perceptions of Aging», *Journal of Personality and Social Psychology*, vol. 83, n.º 2 (2002), pp. 261-270.

11. D. P. Phillips, T. E. Ruth y L. M. Wagner, «Psychology and Survival», *Lancet*, vol. 342, n.º 8880 (1993), pp. 1.142-1.145. Citado en Daniel Moerman, *Meaning, Medicine and the «Placebo Effect»*, Cambridge, Cambridge University Press, 2002, p. 78.

12. David Phillips, George Liu *et al.*, «*The Hound of the Baskervilles* Effect: Natural Experiment on the Influence of Psychological Stress on Timing of Death», *British Medical Journal*, vol. 323 (del 22 al 29 de diciembre de 2001), pp. 1.443-1.446.

13. Adler, *op. cit.*, p. 94.

14. *Ibid*, pp. 14-16.

15. *Ibid*, p. 98.

16. *Ibid*, p. 129.

17. *Ibid*, p. 101.

18. Jon Levine, Newton Gordon y Howard Fields, «The Mechanism of Placebo Analgesia», *Lancet*, vol. 312, n.º 98091 (1978), pp. 654-657. Citado en Moerman, *op. cit.*, pp. 103-104. También en

Frank Miller, Luana Collaca, Robert Crouch y Ted Kaptchuk, *The Placebo: A Reader*, Baltimore, John Hopkins University Press, 2013, p. 106.

19. Fabrizio Benedetti, Elisa Carlino y Antonella Pollo, «Hidden Administration of Drugs», *Clinical Pharmacology and Therapeutics*, vol. 90, n.° 5 (noviembre de 2011), pp. 652-653.

20. Fabrizio Benedetti, *The Placebo Effects: Understanding the Mechanisms in Health and Disease*, 2nd edition, Oxford, Oxford University Press, 2014, pp. 61-63 y pp. 75-80. Ted Kaptchuk también se ha centrado en la importancia del ritual terapéutico, que parece dar el toque maestro que activa nuestros sistemas curativos. En el contexto actual, acudir a la consulta del médico puede cumplir esa función. Asimismo, es importante tener en cuenta el hecho de que, como dice Benedetti, «no existe un mecanismo único del efecto placebo, como tampoco del nocebo, sino muchos» (Benedetti, *op. cit.*, pp. 43-44).

21. Slavenka Kam-Hansen *et al.*, «Altered Placebo and Drug Labeling Changes the Outcome of Episodic Migraine Attacks», *Science Translational Medicine*, vol. 6, pp. 218ra5 (2014).

22. J. Bruce Moseley, Kimberley O'Malley, *et. al.*, «A Controlled Trial of Arthroscopic Surgery for Osteoarthritis of the Knee», *New England Journal of Medicine*, vol. 347, n.° 2 (11 de julio de 2002), pp. 81-88. Veáse también Susan Mayor, «Arthroscopic Meniscal Tear Surgery Is No Better Than Sham Surgery, Study Shows», *British Medical Journal*, 348:g4 (3 de enero de 2014). Para conocer los resultados del placebo en diferentes operaciones, véase Karolina Wartolowska, Andrew Judge *et al.*, «Use of Placebo Controls in the Evaluation of Surgery: Systematic Review», *British Medical Journal*, 348:g3253 (21 de mayo de 2014). Los investigadores demostraron que, en muchos casos, la cirugía placebo era tan eficaz como la real (o incluso más). A menudo, los autores interpretan estos resulta-

dos como la prueba de que la cirugía es inútil, en lugar de concluir que la cirugía placebo puede tener poderosos resultados curativos. Para esclarecer la situación, sería necesario comparar a los pacientes de ambas cirugías con un grupo de «no tratamiento».

23. Daniel Moerman, «Examining a Powerful Healing Effect Through a Cultural Lens, and Finding Meaning», *The Journal of Mind-Body Regulation*, vol. 1, n.º 2, p. 70.

24. Franklin G. Miller, David F. Kallmes y Rachelle Buchbinder, «Vertebroplasty and the Placebo Response», *Radiology*, vol. 259, n.º 3 (junio de 2011), pp. 621-625.

25. John Lacey, «All Placebos Not Created Alike in a Trial of Sham Acupuncture vs. Oral Placebo Pill, Patients Experimented Greater Pain Reduction from Sham Device Than Those Receiving Placebo Pill», *Harvard Medical School Office of Public Affairs* (1 de febrero de 2006).

26. Ted J. Kaptchuk, William B. Stason *et al.*, «Sham Device vs. Inert Pill: Randomised Controlled Trial of Two Placebo Treatments», *British Medical Journal*, Online First (1 de febrero de 2006).

27. Avraham Schweiger y Allen Parducci, «Nocebo: The Psychologic Induction of Pain», *The Pavlovian Journal of Biological Science*, vol. 16, n.º 3 (1981), pp. 140-143.

28. Piero Vernia *et. al.*, «Diagnosis of Lactose Intolerance and the "Nocebo" Effect: The Role of Negative Expectations», *Digestive and Liver Disease*, 42 (2010), pp- 616-619.

29. Melinda Beck, «Power of Suggestions: When Drug Labels Make You Sick», *Wall Street Journal* (18 de noviembre de 2008), p. D1.

30. Moerman, *op. cit.*, p. 84.

31. Fabrizio Benedetti, Elisa Carlino y Antonella Pollo, «How Placebos Change the Patient's Brain», *Neuropsychopharmacology*, 36 (2011), pp. 339-354. Moerman sostiene que el efecto placebo debería llamarse «efecto significado», mientras que otros exper-

tos proponen «efecto cuidado», basándose en la influencia de los médicos. Un estudio de 1966 demostró que el meprobamato, un relajante no muy fuerte, funcionaba mejor que el placebo en la mayoría de los casos, pero únicamente cuando los médicos se mostraban solícitos, seguros y entusiastas (Moerman, *op. cit.*, p. 37). En 2009, John M. Kelley estudió a 289 personas con síndrome de colon irritable. Formó tres grupos de sujetos: unos no recibieron tratamiento; otros, una pseudoterapia de acupuntura, cuyo terapeuta era de trato neutro y comercial, y otros fueron atendidos por un terapeuta «cálido y empático» que «ponía en marcha habilidades de escucha activa y transmitía confianza y expectativas positivas sobre el tratamiento». El último grupo mostró una «amplia» mejora, mientras que los otros dos tan solo obtuvieron un efecto «mediano» (John M. Kelley y Anthony Limbo, «Patient and Practitioner Influences on the Placebo Effect in Irritable Bowel Syndrome», *Psychosomatic Medicine*, 71 [2009], pp. 789-797). Es posible que estas interacciones sirvan para afianzar nuestras expectativas de mejora, o para desencadenar el sentimiento de ser necesitados por el grupo que, a su vez, refuerce al sistema de salud endógeno. Pero esto son especulaciones mías. Es necesaria investigación al respecto.

32. Uno de los hallazgos más importantes de Moerman para ilustrar este punto es la amplia variación de los efectos placebo entre diversas culturas. Unos ensayos clínicos sobre úlceras de estómago hallaron que el índice de curación con placebo era del 59 por ciento en Alemania, el doble que en el resto del mundo y una cifra altísima en comparación con su vecino, los Países Bajos, donde la tasa era del 22 por ciento. En cambio, en Brasil, en los ensayos de medicamentos antiácidos, la tasa de curación con placebo era del 7 por ciento, una cifra acorde con los efectos del propio medicamento, cuyos índices curativos llegaban al 78 por ciento en Alema-

nia, frente al 54 por ciento en Brasil. Los medicamentos funcionaban, pero eran más eficaces combinados con ciertas creencias alemanas. Las diferencias culturales están muy extendidas: en Estados Unidos, las inyecciones placebo funcionan mejor que las pastillas, pero en Europa no. En general, los comprimidos rosas generan más alerta y los azules menos (salvo para los hombres italianos, puesto que el azul coincide con el color de la selección nacional de fútbol). Un estudio de la década de 1980 constató que en las culturas italiana, irlandesa e hispana la gente experimentaba más dolor que en la polaca, la francocanadiense y las culturas norteamericanas ancestrales (véase Moerman, *op. cit*, capítulo 8). Nadie sabe a ciencia cierta cuáles son esas creencias, pero el conocimiento del cuerpo varía enormemente de una cultura a otra. Como señala Lynn Payer, los alemanes tienen una idea muy diferente de lo que es el corazón, lo ven como «un órgano con vida propia que palpita en respuesta a una serie de estímulos, incluidas las emociones» (Lynn Payer, *Medicine and Culture*, Nueva York, Owl Books, 1996, p. 80). Por ello, conceden especial importancia al funcionamiento correcto de su corazón. En Alemania, una baja presión sanguínea puede significar un diagnóstico de *Herzinsuffizienz*, con la consiguiente receta de medicación para el corazón. La traducción literal es «insuficiencia cardíaca», aunque en realidad significa algo muy diferente. Alemania es el país que más medicación cardíaca consume del mundo. Los estadounidenses, en cambio, ven el corazón como una simple bomba y las venas como tuberías. Por eso el corazón artificial se inventó en Estados Unidos: si alguna pieza de tu coche, o del cuerpo, se rompe, crees que puedes cambiarla por otra. El hecho de que el corazón artificial no funcionara no habría sorprendido a un médico alemán, quien consideraría el corazón parte de un bucle mucho más complejo que engloba pensamientos, sentimientos y emociones (Payer, *op. cit.*, pp. 74-100). Los diagnósticos de virus y las recetas de antibióticos serán más frecuentes entre los estadounidenses que entre los franceses o los alemanes, porque creemos y tememos a los gérmenes. En francés ni siquiera existe la *germ theory of disease* («teoría germinal de las enfermedades»), sino que hablan de «teoría germinal de las enfermedades infecciosas».

33. Richard Gracely, Ronald Dubner, William Deeter y Patricia Wolskee, «Clinicians' Expectations Influence Placebo Analgesia», *Lancet*, vol. 325, n.º 8419 (1985), p. 43. También en Miller *et al.*, *The Placebo: A Reader*, 2013, p. 115.

34. Abiola Keller, Kristin Litzelman *et al.*, «Does the Perception that Stress Affects Health Matter? The Association with Health and Mortality», *Health Psychology*, vol. 31, n.º 5 (septiembre de 2012), pp. 677-684.

35. McGonigal define el «estado mental» como «una creencia que determina tu manera de pensar, sentir y actuar» que «suele estar construida a partir de una teoría sobre el funcionamiento del mundo» (Kelly McGonigal, *The Upside of Stress: Why Stress Is Good for You, and How to Get Good at It*, Nueva York, Avery, 2015, p. 11. [Hay trad. cast.: *Estrés: El lado bueno. Por qué el estrés es bueno para ti y cómo puedes volverte bueno para él*, Ciudad de México, Océano de México.]).

36. *Ibid.*

37. *Ibid.*, p. 110.

38. *Ibid.*, pp. 9-10. Tanto la «reacción de lucha o huida» como la «respuesta de desafío» incrementan los niveles de cortisol, una hormona relacionada con el estrés que puede resultar de ayuda a corto plazo, pero que a largo plazo se asocia con una disminución de la función inmunológica y un aumento del riesgo de depresión. La «respuesta de desafío» también incrementa la dehidroepiandrosterona, que contrarresta algunos efectos negativos del cortisol.

39. Dana Carney, Amy Cuddy y Andy Yap, «Power Posing: Brief Nonverbal Displays Affect Neuroendocrine Levels and Risk Tolerance», *Psychological Science*, vol. 21, n.° 10, pp. 1.363-1.368.

40. Matthieu Riccard, Antoine Lutz y Richard Davidson, «Mind of the Mediator», *Scientific American* (noviembre de 2014), p. 45.

41. Michael Gazzaniga, *Who's in Charge? Free Will and the Science of the Brain (the Gifford Lectures 2009)*, Nueva York, Ecco, 2011, pp. 137-140.

42. Ian Hacking, *Mad Travelers: Reflections on the Reality of Transient Mental Illness*, Charlottesville, University Press of Virginia, 1998, p. 7.

43. *Ibid.*, p. 1.

44. A finales del siglo XIX, el auge mundial del transporte y el turismo de masas abrieron una amplia gama de posibilidades para el viaje de recreo personal. En las décadas de 1870 y 1880, Thomas Cook & Sons vendían siete millones de billetes al año para viajar por Europa y Oriente Medio. Según Hacking, esto fue el nicho que propició que la *fugue* se extendiera (*ibid.*, pp. 27-30).

45. Ian Hacking, «Madness: Biological or Constructed», en *The Social Construction of What?*, Cambridge, Harvard University Press, 2001, pp. 109-110. [Hay trad. cast.: *¿La construcción social de qué?*, Barcelona, Ediciones Paidós Ibérica, 2001, traducción de Jesús Sánchez Navarro.]

46. De una entrevista a Hinton del autor. Véase también Devon E. Hinton, Vuth Pich *et al.*, «Khyâl Attacks: A Key Idiom of Distress Among Traumatized Cambodia Refugees», *Culture Medicine and Psychiatry*, 34 (2010), pp. 244-278.

47. Elizabeth Tao, «The Next Wave of Hmong Shamans: Sandy'Ci Moua's Story», *Twin Cities Daily Planet* (2 de abril de 2013).

10. LA COLA DEL DRAGÓN

1. Edward Schafer, *Shore of Pearls*, Berkeley, University of California Press, 1970, pp. 85-86.

2. Su Dongpo, «Cuando un niño nace».

3. Schafer, *op. cit.*, p. 86.

4. Demi, *Su Dungpo: Chinese Genius*, Nueva York, Lee & Low Books Inc., 2006.

5. Lingao, históricamente llamada Limkow, Linkow, Limko o Limkao, cuyo idioma es conocido por su casi millón de hablantes como Ong Be. De acuerdo con las reglas del pinyin, debería escribirse Lingao, para evitar la confusión habitual con Ling'ao, el lugar de una central nuclear al norte de Hong Kong.

6. El empresario chino Charlie Soong, oriundo de Hainan (cuyas tres hijas se casaron con Chiang Kai-shek, Sun Yat-sen y H. H. Kung, en su época, el hombre más rico de China), financió un diccionario hainanés-chino, imposible de encontrar hoy en día. Además del hainanés, en la isla se hablan al menos otros diez idiomas, incluido el de la minoría li (pariente lejano del tailandés) y la miao (la palabra china para *hmong*). También está el lingao (únicamente hablado en Lingao y emparentado con el tailandés), el cham (una lengua de Vietnam de origen malasio-polinesio), el cunhua (de la familia de lenguas tai), el danzhou (durante un tiempo considerado como dialecto del cantonés y hoy «inclasificable», únicamente hablado en Danzhou), y los dialectos min, jun, hakka, mai y danjia. En las esferas más sofisticadas, se habla mandarín. No obstante, resulta muy complicado dibujar un verdadero mapa lingüístico de Hainan sin un conocimiento profundo de chino. Puede encontrarse información muy útil, en inglés, en www.ethnologue.com y en los siguientes artículos: Graham Thurgood, «Hainan Cham, Anong, and Eastern Cham: Three Languages, Three Social

Contexts, Three Patterns of Change», *Journal of Language Contact*, 2010, VARIA 3; Graham Thurgood, «From Atonal to Tonal in Utsat (A Chamic Language of Hainan)», *Proceedings of the Eighteenth Annual Meeting of the Berkeley Linguistics Society: Special Session on the Typology of Tone Languages*, 1992, y Therepan L-Thongkum, «The Tai-Kadai Peoples of Hainan Island and Their Languages», en *Essays in Tai Linguistics*, M. R. Kalaya Tingsabadh y A. S. Abramson, eds., Chulalongkorn University Press, pp. 189-204. Gracias a Graham Thurgood por su ayuda.

7. Una noche me monté en mi bici de alquiler, pedaleé de vuelta al Twinkle Star y salí en busca de un «pollo al estilo Hainan», famoso desde Singapur hasta Bangkok. Marian me lo había prohibido explícitamente con un: «¡Es asqueroso! Está medio crudo, es pollo pasado por agua. No sabes cuánta gente de Singapur se marcha de aquí decepcionada». Y así fue. Pero me entretuvo un rato.

8. Wen-Shing Tseng, Mo Kan-Ming *et al.*, «A Sociocultural Study of *Koro* Epidemics in Guangdong, China», *The American Journal of Psychiatry*, vol. 145, n.° 12 (diciembre de 1988), p. 1.540.

9. Wolfgang Jilek, «Epidemics of "Genital Shrinking" (*Koro*): Historical Review and Report of a Recent Outbreak», *Curare*, vol. 9 (1986), p. 278.

10. Tseng *et al.*, *op. cit.*, p. 1.541.

11. Otro de los casos descritos por Jilek es el de un hombre que vivía en Zhanjiang. También tenía veintiocho años, trabajaba como contable, tras nueve años de educación formal. El ataque ocurrió después de que se metiera en la cama, después de que no pudiera conciliar el sueño: «Eran las diez y veinte de la noche. Vi que la ventana estaba abierta y oí que entraba algo. Encendí la lamparita y rebusqué por toda la habitación, pero no encontré nada así que volví a acostarme. Sentí algo frente a mí. Alargué la mano para intentar tocarlo, pero no había nada. Así que salí a echar un vistazo, pero no vi nada. Tenía frío, volví

a la cama, pero no podía quedarme dormido. Estaba tiritando. De pronto, noté cómo se me encogían los genitales dentro del abdomen. Intenté agarrarme el pene, pero ya no lo notaba, estaba muy pequeño. Salí disparado, pidiendo ayuda a gritos a los vecinos. Inmediatamente, un vecino prendió unos petardos, agitó una campanilla y tocó el tambor. Otro sacó una red de pesca y me la tiró, envolviéndome con ella. Después cogieron un par de palillos y me apretaron el dedo corazón de la mano izquierda. Al apretar el corazón izquierdo, según decían, el espíritu maligno salía por ahí. Me apretaron el dedo durante una hora. Otros vecinos me agarraban el pene con las manos. Se turnaban, lo sujetaban con firmeza. Mientras tanto, también tocaban el tambor. Golpeaban el suelo con un cuchillo y chillaban: "¡Fuera de aquí, espíritus malignos!". También me atizaban bajo la red de pesca, con sandalias y pantuflas. En realidad, apaleaban al espíritu maligno, y gritaban: "Espíritu maligno, sal de ahí. Si no sales, te mataremos". No me dolía, estaba demasiado asustado, convencido de que me iba a morir. Al cabo de una hora, empecé a encontrarme mejor. Me sangraba un poco el pene, a causa de los tirones. Me quedé dormido, estaba agotado. A la mañana siguiente, me dolía el pene, seguía sangrando un poco. Fui al centro de salud. No he vuelto a tener ataques, pero sigo sin dormir bien. [...] En cierto modo, por las noches sigo con miedo a sufrir suk-yang otra vez» (Jilek, *op. cit.* [1986], pp. 274-275).

12. Tseng *et al.* dicen «más de dos mil personas» (*op. cit.* [1988], p. 1.540), mientras que Jilek afirma «al menos, cinco mil personas» (*op. cit.* [1986], p. 273).

13. Tseng *et al.*, *op. cit.* (1988), p. 1.541.

14. *Ibidem.*

15. *Ibidem.*

16. *Ibid.*, p. 1.542. En una encuesta de seguimiento realizada a las víctimas, Tseng *et. al.* también concluyeron que «la familiaridad y la creencia en el concepto del *koro*, así como la creencia en

un poder sobrenatural como causante de los desastres, son fundamentales para que un sujeto se convierta en víctima de un ataque
de *koro*» (Wen-Shing Tseng, Mo Kan-Ming *et al.*, «Koro Epidemics
in Guangdong, China: A Questionnaire Survey», *The Journal of Nervous and Mental Disease*, 180 [1992], p. 121).

11. LAS CADENAS QUE NOS UNEN

1. Resulta que es más bien habitual en todo el mundo. Como se
ha mencionado antes, en Italia la gente lleva bufandas bien enro-
lladas al cuello para evitar un *colpo d'aria* («un golpe de aire»)
((Dany Mitzman, «How to Avoid Getting "Hit by Air" in Italy»,
BBC Magazine (3 de diciembre de 2011). Los tibetanos también pueden padecer «enfermedades de viento» (Ronit Yoeli-Tlalim, «Ti-
betan "Wind" and "Wind" Illnesses: Towards a Multicultural Approach to Health and Illness», *Studies in History and Philosophy of
Biological and Biomedical Sciences*, 41-540 [4-7] [diciembre de
2010], pp. 318-324), y en Corea, los casos de «muerte por ventilador» coparon los periódicos (Rebecca Rosen, «the Attack of the
Killer Fans», *The Atlantic*, mayo de 2012), cuando la gente cerraba
puertas y ventanas de una habitación, encendía el ventilador y
moría. En la República Checa, la gente evita la corriente de los aires acondicionados y los refrigeradores por miedo a *nastydnout od
ledvin*, o «atrapar frío en los riñones», que puede causar «dolores
en los músculos trapezoidales, en la cabeza y la espalda y hasta
reumatismo» (<http://www.jenprozeny.cz/zdravi/20172-so-
vam-lete-hrozi-aute>).

2. Wen-Shing Tseng, «The Development of Psychiatric Concepts in Traditional Chinese Medicine», *Archives of General Psychiatry*, vol. 29 (octubre de 1973), p. 571.

3. Donald Brown, *Human Universals*, Nueva York, McGraw-Hill Humanities, 1991. Citado también en Steven Pinker, *The Blank Slate: The Modern Denial of Human Nature*, Nueva York, Penguin Books, 2002, p. 437. [Hay trad. cast.: *La tabla rasa: La negación moderna de la naturaleza humana*, traducción de Roc Filella Escolà.]

4. De las entrevistas del autor a Andrew Gordon.

5. Andrew S. Gordon, Cosmin Adrian Bejan y Kenji Sagae, «Commonsense Casual Reasoning Using Millions of Personal Stories», *Association for the Advancement of Artificial Intelligence*, 2011.

6. Yuval Noah Harari, *Sapiens: A Brief History of Humankind*, Nueva York, Harper, 2015, pp. 20-39. [Hay trad. cast.: *Sapiens: de animales a dioses: Una breve historia de la humanidad*, Barcelona, Debate, 2014. Traducción de Joandomènec Ros.]

7. Véanse Rutu Mulkar-Mehta, Andrew S. Gordon, Jerry Hobbs y Eduard Hovy, «Casual Markers Across domains and Genres of Discourse», K-CAP (26-29 de junio de 2011), y Emmett Tomai, Laxman Thapa, Andrew S. Gordon y Sin-Hwa Kang, «Casualty in Hundreds of Narratives of the Same Events», *Association for the Advancement of Artificial Intelligence*, 2011.

8. Puede llegar a ocurrir con la publicación del libro de Andrew Gordon, *How People Think They Think: A Formal Theory of Commonsense Psychology* (con Jerry Hobbs), una especie de diccionario de razonamiento causal (al que él mismo llama «una formalización lógica de los conocimientos de sentido común que la gente posee acerca de su propia vida mental») que representa más de quince años de trabajo sobre la cuestión y que podría meter a los ordenadores en nuestras vidas, e historias, como nunca antes se ha visto.

9. Eileen Gavin, «The Causal Issue in Empirical Psychology from Hume to the Present, with Emphasis upon the Work of Michotte», *Journal of the History of the Behavioral Sciences*, vol. 8, n.º 3 (1972), p. 303.

10. *Ibid.*, p. 310. Véase también Albert Michotte, *The Perception of Causality*, Nueva York, Basic Books, 1963. Desde entonces se ha detectado esa habilidad en bebés de seis meses (Lisa Oakes y Leslie Cohen, «Infant Perception of a Causal Event», *Cognitive Development*, 5 (1990), pp. 193-207.

11. *Ibid.*, p. 311.

12. Citado en Daniel Kahneman, *Thinking Fast and Slow*, Nueva York, Farrar, Straus and Giroux, 2011, p. 76. [Hay trad. cast.: *Pensar rápido, pensar despacio*, Barcelona, Debate, 2012. Traducción de Joaquín Chamorro Mielke.] Andrew Gordon también ha utilizado la película de Heider y Simmel. Su laboratorio ha creado el Heider-Simmel Interactive Theater, donde puedes crear tu propia película Heider-Simmel. (<narrative.ict.usc.edu/heider-simmel-interactive-theater.html>.)

13. Camus escribió: «En ese instante sutil en el que el hombre se vuelve sobre su vida, Sísifo, regresando hacia su roca, contempla esa serie de actos desvinculados que se convierteen su destino, creado por él, unido bajo la mirada de su memoria y pronto sellado con su muerte». Aunque tenga parte de razón, se trata de una conjetura absurda, pues nadie obraría así. No contemplamos nuestras vidas como una serie de actos desvinculados entre sí. Los humanos, por naturaleza, echamos la vista atrás e imponemos coherencia causal a nuestros hechos vitales. Sin ella, todo cuanto tenemos se reduce al caos, el absurdo y arduas novelas filosóficas. (Es posible que Camus sufriera de «realismo depresivo».) (Albert Camus, *The Myth of Sisyphus and Other Essays*, Nueva York, Vintage International, 1983, p. 123. [Hay trad. cast.: *El mito de Sísifo*, Madrid, Alianza Editorial, 1999. Traducción de Esther Benítez.]

14. Michael Gazzaniga, *Who's in Charge? Free Will and the Science of the Brain (the Gifford Lectures 2009)*, Nueva York, Ecco, 2011, p. 85.

15. *Ibid.*, p. 83.

16. Dan McAdams, «The Psychology of Life Stories», *Review of General Psychology*, vol. 5, n.º 2 (2001), pp. 100-122.

17. Dan McAdams, *The Redemptive Self: Stories Americans Live By*, Oxford, Oxford University Press, 2006, p.87.

18. En su libro *Creativity: The Psychology of Discovery and Invention*, el psicólogo Mihaly Csikszentmihalyi cuenta la historia de un artista que, en su primera sesión de terapia, cuando era un joven pintor famoso, describió su infancia como «perfectamente normal, incluso idílica». Diez años después, cuando sus cuadros pasaron de moda y su carrera artística estaba en declive, le dijo a Csikszentmihalyi que «su padre había sido distante y estricto, y su madre, avasalladora y obsesiva». En un principio, habló de sus veranos en el jardín, pero después, de que mojaba la cama por las noches. Csikszentmihalyi volvió a entrevistarlo al cabo de una década, cuando estaba acabado, era un alcohólico con problemas de drogas y dos divorcios a sus espaldas. «Entonces, su descripción de la infancia incluía padres y tíos alcohólicos, abuso físico y tiranía emocional. No es de extrañar que aquel niño fracasara en la edad adulta. ¿Qué versión de su infancia estaba más cerca de la verdad?», se interroga Csikszentmihalyi. El psicólogo apunta hacia «una vigorosa presión para hacer que pasado y presente sean coherentes», o, en otras palabras, buscamos y encontramos coherencia causal en nuestras vidas (Mihaly Csikszentmihalyi, *Creativity: The Flow and Psychology of Discovery and Invention*, Nueva York, Harper Perennial, 1996, pp. 172-173). Del mismo modo, las historias que contamos sobre el mundo reflejan más nuestro fuero interno que cualquier elemento exterior a nosotros. En un estudio realizado por la Universidad de Buffalo, se pidió a 395 adultos que hablaran sobre el ataque terrorista del 11 de septiembre. Después se compararon las narraciones con los resultados de un test de bien-

estar psicológico. Resultó que las historias eran diferentes según el estado de salud mental. Mientras que las de aquellos que gozaban de mejor salud mental «eran redondas, presentaban mucha imaginería redentora y los temas de salvación nacional estaban muy presentes», los sujetos con peor salud mental escribieron historias «mal estructuradas, con mucha imaginería tóxica y temas de toxicidad personal» (Jonathan Adler *et al.*, «The Political Is Personal: Narrating 9/11 and Psychological Well-Being», *Journal of Personality*, vol. 77, n.º 4 [agosto de 2009], pp. 903-932).

19. James Pennebaker, *Opening Up: The Healing Power of Expressing Emotions*, Nueva York, The Guilford Press, 1997, p. 6.

20. *Ibid.*, p. 30.

21. *Ibid.*, p. 34.

22. *Ibid.*, pp. 36-37.

23. En otra ocasión, Pennebaker estudió a un grupo de trabajadores despedidos sin preaviso de una gran empresa de informática de Dallas. La media de edad era de cincuenta y dos años, y la mayoría habían trabajado allí durante tres décadas. Se formaron tres grupos. El primero escribió sobre «sus pensamientos y sentimientos más profundos acerca del despido» media hora diaria durante cinco días; el segundo, sobre la gestión del tiempo, y los sujetos del tercer grupo no escribieron nada. Al cabo de tres meses, el 27 por ciento de los sujetos del primer grupo volvían a tener trabajo, frente a un 5 por ciento en los otros dos grupos. Después de varios meses más, la proporción era del 53 frente al 18 por ciento. Todos se presentaron exactamente al mismo número de entrevistas de empleo (Pennebaker, *op. cit.*, pp. 38-40).

24. Kelli Keough y Hazel Markus, «The Role of the Self in Building the Bridge from Philosophy to Biology», *Psychological Inquiry*, 9 (1998), pp. 49-53. Citado en Kelly McGonigal, *The Upside of Stress: Why Stress Is Good for You, and How to Get Good at It*, Nueva York,

Avery, 2005, p. 70. [Hay trad. cast.: *Estrés: El lado bueno. Por qué el estrés es bueno para ti y cómo puedes volverte bueno para él*, Ciudad de México, Océano de México.]

25. Dos estudios importantes al respecto, citados en Daniel Moerman, *Meaning, Medicine and the «Placebo Effect»*, Cambridge, Cambridge University Press, 2002, pp. 89-93: L. Luborsky, B. Singer *et al.*, «Comparative Studies of Psychotherapies. Is It True That "Everyone Has Won and All Must Have Prizes?"», *Archives of General Psychiatry*, 32 (1975), pp. 995-1.008. Y M. L. Smith y G. V. Glass, «Meta-analysis of Psychotherapy Outcome Studies», *American Psychologist*, 32 (1977), pp. 752-760.

26. En un estudio realizado con refugiados sudaneses, los sujetos recibieron cuatro sesiones de Terapia de Exposición Narrativa (TEN), *counseling* o «psicoeducación». Un año después, tan solo un 29 por ciento del grupo TEN seguía cumpliendo los criterios del síndrome de estrés postraumático, mientras que en los otros grupos la proporción era del 79 y el 80 por ciento, respectivamente (Frank Neuner, Margarete Schauer *et al.*, «A Comparison of Narrative Exposure Therapy, Supportive Counseling, and Psychoeducation for Treating Posttraumatic Stress Disorder in an African Refugee Settlement», *Journal of Consulting and Clinical Psychology*, vol. 72, n.º 4 [2004], pp. 579-587). En otro estudio se dividió a veintiséis huérfanos del genocidio de Ruanda en dos grupos. Uno recibió TEN y el otro, terapia interpersonal. Seis meses después, el 25 por ciento de los niños TEN seguían cumpliendo los criterios del síndrome de estrés postraumático, frente a un 71 por ciento del grupo de terapia interpersonal. Además, los sujetos del primer grupo también presentaban mejoras significativas en cuanto a depresión (Susanne Schaal, Thomas Elbert y Frank Neuner, «Narrative Exposure Therapy Versus Group Interpersonal Psychotherapy: A Controlled Clinical Trial with Orphaned Survivors of the Rwandan Ge-

nocide», *Psychotherapy and Psychosomatics*, 78 [2009], pp. 298-306).

27. Maggie Schauer, Frank Neuner y Thomas Elbert, *Narrative Exposure Therapy: A Short-Term Treatment For Traumatic Stress Disorders*, 2.ª ed., Cambridge, Massachusetts, Hogrefe Publishing, 2011.

28. Lamaro P. Onyut, Frank Neuner *et al.*, «Narrative Exposure Therapy as a Treatment for Child War Survivors with Posttraumatic Stress Disorder: Two Case Reports and a Pilot Study in an African Refugee Settlement», *Biomed Central Psychiatry*, vol. 5, n.° 7 (2005).

12. MAREAR LA LOMBRIZ

1. Wolfgang Jilek, «Epidemics of "Genital Shrinking" (*Koro*): Historical Review and Report of a Recent Outbreak», *Curare*, vol. 9 (1986), p. 279.

13. MÁS ALLÁ DE LAS CREENCIAS

1. Los tres ejemplos son de Sunanda Creagh, «Mass Trance Afflicts Indonesian Factory Workers», Reuters/Yahoo News (24 de febrero de 2008).

2. John Croman, «Minnesota School Incident Likely Mass Psychogenic Illness», KARE 11 News (8 de febrero de 2014).

3. Laura Dimon, «What Witchcraft Is Facebook? Mass Psychogenic Illness —Historically Known as "Mass Hysteria"—Is Making a Comeback», *The Atlantic* (11 de septiembre de 2013).

4. Robert Bartholomew *et al.*, «Mass Psychogenic Illness and the Social Network: Is It Changing the Pattern of Outbreaks?»,

Journal of the Royal Society of Medicine, 105 (2012), pp. 509-512. Véase también Susan Dominus, «What Happened to the Girls in Le Roy», *New York Times Magazine* (7 de marzo de 2012).

5. Heiner Raspe, Angelika Hueppe y Hannelore Neuhauser, «Back Pain, a Communicable Disease?», *International Journal of Epidemiology*, 37 (2008), p. 72.

6. *Ibidem.* Para más información, veáse Raspe *et al.*, *op. cit.*, pp. 69-74.

7. Nicholas Christakis y James Fowler, «The Spread of Obesity in a Large Social Network over 32 Years», *The New England Journal of Medicine*, 357 (2007), pp. 370-379. Véase también Nicholas Christakis y James Fowler, *Connected: The Surprising Power of Our Social Networks and How They Shape Our Lives*, Nueva York, Little, Brown and Company, 2009.

8. Nicholas Christakis y James Fowler, «The Collective Dynamics of Smoking in a Large Social Network», *New England Journal of Medicine*, vol. 358 (2008), pp. 2.249-2.258.

9. Rose MdDermott, James H. Fowler y Nicholas A. Christakis, «Breaking Up Is Hard to Do, Unless Enveryone Else Is Doing It Too: Social Network Effects on Divorce in a Longitudinal Sample», *Social Science Research Network* (18 de octubre de 2009). Véase también «Is Divorce Contagious?», Pew Research Center (21 de octubre de 2013), <http://www.pewresearch.org/fact-tank/2013/10/21/is-divorce-contagious/>.

10. Christakis y Fowler descubrieron que, si bien la felicidad se transmite socialmente, depende también de factores geográficos: si un amigo que vive a menos de dos kilómetros está feliz, tu posibilidad de aumentar tu felicidad se eleva un 25 por ciento. Si es un hermano, la probabilidad es del 14 por ciento. El efecto dura cerca de un año. Si la conexión vive a más de dos kilómetros, no hay efecto (Christakis y Fowler, *Connected*, 2009, pp. 49-54).

11. John Cacioppo, experto en la ciencia de la soledad, colaboró con Christakis y Fowler y descubrió que cuando alguien tenía un amigo o un familiar que se sentía solo, las probabilidades de sentir lo mismo dos años después eran del 52 por ciento (Christakis y Fowler, *Connected*, 2009, pp. 57-59. También John T. Cacioppo, James Fowler y Nicholas Christakis, «Alone in the Crowd: The Structure and Spread of Loneliness in a Large Social Network», *Journal of Personality and Social Psychology*, vol. 97, n.º 6 (diciembre de 2009), pp. 977-991).

12. Un estudio de «estilo cognitivo» entre compañeros de habitación universitarios constató que, después de tres meses, los estudiantes con actitudes positivas o negativas empezaban a adoptar la actitud del otro. Asimismo, constataron que seis meses de convivencia con un compañero con actitud negativa aumentaba de forma significativa el riesgo de depresión (Gerald J. Haeffel y Jenifer L. Hames, «Cognitive Vulnerability to Depression Can Be Contagious», *Clinical Psychological Science* [16 de abril de 2013], citado en NPR, «Gloomy Thinking Can Be Contagious» [24 de junio de 2013], <http://www.npr.org/sections/healt-shots/2013/06/24/193483931/Contagious-Thinking-Can-Be-Depressing>). La amabilidad también puede propagarse socialmente (James Fowler y Nicholas Christakis, «Cooperative Behavior Cascades in Human Social Networks», *PNAS*, vol. 107, n.º 12 [23 de marzo de 2010], pp. 5.334-5.338).

13. Según la hipótesis del nicho cultural, el aprendizaje social fue clave para el desarrollo de la humanidad: hace que acumulemos conocimiento generación tras generación y es lo que nos distingue de los otros primates. Poseemos la habilidad de transmitir percepción causal sin necesidad de conocimiento causal. Podemos saber que una cosa provoca que otra suceda sin saber cómo lo hace. (¿Sabes cómo funciona tu ordenador? ¿O tu coche?) Esto se llama «ra-

zonamiento abductivo», y es nuestro punto fuerte como especie (aunque a veces es también nuestro punto débil). El aprendizaje social es el mejor transmisor de percepción causal y desempeña un papel primordial, desde la teoría del cerebro social de Robin Dunbar, hasta el efecto placebo e incluso el efecto de salud interpersonal (Robert Boyd, Peter J. Richerson y Joseph Henrich, «The Cultural Niche: Why Social Learning Is Essential for Human Adaptation», *PNAS*, vol. 108, n.º Suplemento 2 [28 de junio de 2011], pp. 10.918-10.925. Véase también Joseph Henrich, «A Cultural Species: How Culture Drove Human Evolution; A Multi-Disciplinary Framework for Understanding Culture, Cognition and Behavior», *Psychological Science Agenda* [American Psychological Association] [noviembre de 2011]).

14. Luana Colloca y Fabrizio Benedetti, «Placebo Analgesia Induced by Social Observational Learning», *Pain* (2009), pp. 28-34, y Fabrizio Benedetti, «Responding to Nocebos Through Observation: Social Contagion of Negative Emotions», *Pain*, 154 (2013), p. 1.165.

15. En un estudio realizado con diez mil alumnos de secundaria, Catherine Riegle-Crumb investigó la brecha de género en las estudiantes de física y concluyó que no tenía nada que ver con los ingresos, la dicotomía entre centro urbano y suburbios, ni cualquier otra causa típica. El único factor determinante era la presencia de otras mujeres en la comunidad que trabajasen en el ámbito de la ciencia, la tecnología, el medio ambiente o las matemáticas. En esas comunidades, las chicas tenían las mismas probabilidades de estudiar física que los chicos. Veían la vida científica a su alrededor y sabían que era un camino que podían seguir (Catherine Riegle-Crumb y Chelsea Moore, «The Gender Gap in High School Physics: Considering the Context of Local Communities», *Social Science Quarterly*, vol. 95, n.º 1 [marzo de 2014], pp. 253-268. Cita-

do en Shankar Vedantam, «Why Aren't More Girls Attracted to Physics?», *NPR* [9 de agosto de 2013], <http://www.npr.org/templates/transcript/transcript.php?storyId=210251404>).

16. Hablando en plata, lo que quiero decir es que cuando empleamos la palabra «cultura», nos referimos a todo un ecosistema de historias de las que nos consideramos parte y compartimos con un grupo de gente, ya sea por nacimiento o por elección. Con «historias» me refiero a todo el espectro de cadenas causales, desde las más cortas (cómo interaccionar con la gente que conoces), hasta la más larga (cómo nació el universo). Me refiero a historias sobre el pasado, el presente y el futuro. Hablo de historias sobre héroes y villanos, y gente corriente que lleva una vida normal, de historias sobre el mundo físico y el espiritual, sobre la suerte, el amor y la pérdida. Porque en cada historia interviene alguna fuerza causal que primero se antoja posible, después familiar y por último real. Estas percepciones causales, estas creencias, son la pieza que faltaba en el biobucle.

17. Bill Gardner, «Author Paul Gruchow, Who Chronicled the Prairie, Dies at 56», *St. Paul Pioneer Press* (24 de febrero de 2004).

18. Mike Finley, «Empty Places: Remembering Paul Gruchow», *Minnesota Monthly* (noviembre de 2004).

14. HASTA EL MAR

1. El li, la lengua hablada en Shuiman, es más cercana al tailandés que al mandarín o al cantonés. Los habitantes de esta aldea en nada se parecen a los pekineses. Incluso en la década de 1980, las tribus li y miao (hmong) tenían su propio gobierno autónomo en Wuzhishan. Aquello terminó en la época en la que las primeras carreteras conectaron Shuiman con el mundo exterior. Hoy en día se llega en bici.

NOTAS

2. Edward Schafer, *Shore of Pearls*, Berkeley, University of California Press, 1970, p. 27.

3. «Hainan, a Mother Because of "Witches" Were Burnt to Death Called Yaoqi Three Sons», *South China Sea Network*, Kunming Harbor (8 de agosto de 2014), <http://www.news.kunming.cn/society/content/2012-08/22/content_3056274.htmm>.

ÍNDICE ALFABÉTICO

acupuntura, 148, 257

Adler, Shelley, 144, 145
  Sleep Paralysis: Night-mares, Nocebos, and the Mind-Body Connection, 144

Advances in Biochemical Pharmacology, revista, 142

Alemania, 43, 144, 153
  enfermedades y síndromes ligados a la cultura, 110, 201, 258 n. 32
  Herzinsuffizienz o «insuficiencia cardíaca», 110, 258 n. 32
  tasas de ataques de pánico, 114
  tasas de curación con placebo, 257 n. 32

amok, 57, 91, 99, 100

Anáhuac o México y los mexicanos antiguos y modernos (Tylor), 81

anorexia, 106, 113, 153

ansiedad social, trastornos de, 114

aprendizaje social, 84, 203, 272-273 n. 13

Asociación China de Medicina, 89

Asociación de Psiquiatría de Hong Kong, 77

Asociación Médica de Singapur, 89

Australia
  «lesiones por esfuerzo repetitivo», 112
  muertes causadas por el «hueso apuntador», 140, 252 n. 5

Babinski, Joseph, 107

Bacon, Francis, 80

Baffin, isla de, 83

Bangladesh, el norte de, 58

BBC, 20, 28

Bello, Funmi, 15

Benedetti, Fabrizio, 146, 147, 149, 203, 255 n. 20

Benín, 20-21, 28-29

Bennett, William, 82

Best American Travel Writing, 55

Beyond Depression (Dowrick), 119

Bikaner, en la India, 172

Bin Laden, Osama, 51

biomédico, modelo, 109-121, 244 n. 17
  condiciones bioculturales y, 116-117, 120
  depresión y, 114-115, 116

enfermedades mentales y,
114-121, 246 n. 33, 247 n. 37
neurociencia y, 152
Boas, Franz, 82-83
bomohs, brujos, 100-101
Borneo, 11, 53, 179, 200
Brasil, 115
muertes por vudú, 140
tasa de curación con placebo,
257 n. 32
tasas de depresión en, 115
British Journal of General Practice, 119
British Journal of Psychiatry, 64
British Medical Journal, 111
brujería
aborígenes australianos, 251
Nigeria, 24, 33
temor en la Europa medieval
sobre la desaparición de los
genitales, 60-61
véase también bomohs; *mamhepo*;
vudú, muertes por
Bryson, Bill, 50
bucle, efecto, 155
bulimia, 121, 153

Cacioppo, John T., 272 n. 11
calambre del escribiente, 111
Camboya, 58, 154
Camus, Albert, 177, 266 n. 13
Canadá
muertes por vudú, 252 n. 5
tasas de enfermedades
mentales, 115
Cannon, Walter, 140
Cantón, en China, 123-136

desarrollo y modernización, 126
koro, epidemias de, 130
Caplan, Paula, 242 n. 12
Castle Peak, hospital de (Hong
Kong), 72-74, 75
cerebro, pesadez de, 32
Chan, Margaret, 235 n. 13
Chatwin, Bruce, 50
Checa, República, *nastydnout od
ledvin* en, 264 n. 1
Chee Kuan Tsee, 96, 100
China, 11, 59
bei gui chaak («ser apretado por
un fantasma»), 144
casos de *suo yang*, 61, 62, 71, 88,
89, 91, 93-95, 125-132, 135,
163, 165-167, 171, 191,
196-197, 208-216, 248 n. 9
epidemias de *koro*, 62, 129-133,
164-170, 187-198, 207-219,
234 n. 12
Kroeber y Kluckhohn sobre, 84
síntomas premenstruales en,
242 n. 12
tasas de depresión grave en, 115
trastornos de ansiedad social, 114
Zhanjiang, 133-136, 262 n. 11
véase también Cantón; Hainan,
isla de; Hong Kong; medicina
tradicional china; Singapur
Chrisler, Joan C., 240 n. 6, 242 n. 12
Christakis, Nicholas, 202-203, 271
n. 10, 272 n. 11
Christy, Henry, 81
*Colección de publicaciones del
profesor Pow Meng Yap*, 75

Colombia, 115
colon irritable, síndrome del, 108, 257 n. 31
Compedium maleficarum, 60-61
Congo, 140
Corea, 53
casos de «muerte por ventilador», 264 n. 1
tasas de depresión, 114-115
cortisol, hormona, 259 n. 38
Cosgrove, Lisa, 243 n. 14
Crazy Like Us (Watters), 246 n. 33
crise de foie («crisis de hígado»), 110
Csikszentmihalyi, Mihaly, 267 n. 18
Cuddy, Amy, 151
Cuerpos de Paz, 48, 236 n. 8
cultura
debates sobre estudios culturales, 84-85
definición, 12, 79-85
en la antropología de Boas, 83
enfermedades mentales y, 64, 65, 75, 114-116, 233 n. 10
historias como, 204, 274 n. 16
Kroeber y Kluckhohn sobre, 84
nueva definición de, 274 n. 16
psiquiatría occidental y, 64, 65-66, 75
teoría de la Cultura y la Civilización de Tylor, 80-82
cultura, síndrome ligado a la, 12, 32, 57-66, 69-77
DSM y, 57, 99, 106-107, 113, 120, 247 n. 37

efecto bucle y, 154
en Camboya, 58
en China (epidemias de *koro*), 62, 129-133, 164-170, 187-198, 207-219, 234 n. 12
enfermedades psicogénicas masivas y, 199-204
Hong Kong, 63, 71-77
India, 58, 99, 172
Malasia, 57, 75, 91, 100-103, 232 n. 10
medicina china y, 59-62, 188-190
modelo biomédico y, 109-121, 140, 244 n. 17, 247 n. 37
muerte como, 143-145
países occidentales y, 105-121, 244 n. 16
papel de la educación y, 77, 79, 92, 97, 132-133
papel de las creencias personales, 139-155, 169, 218, 248 n. 9, 263-264 n. 16
Pow Meng Yap sobre, 63-64, 70-77, 140, 232 n. 10
psiquiatría occidental y, 63-64, 65, 75, 97-99, 113
Singapur, 87-99, 172, 234 n. 12
véase también koro; suo yang
Culture-Bound Syndromes: Folk Illnesses of Psychiatric and Anthropological Interest, 120

dab tsog, 144, 145, 156
Dadas, Albert, 152-153
Dalton, Katharina, 107

Davidson, Richard, 151
Dembe, Allard, 112
depresión, 180-182, 268 n. 23
  contagio social y, 203, 272
  n. 12
  creencias culturales sobre la
  felicidad y, 119-120
  en diferentes lenguas, 245 n. 30
  modelo biomédico y, 114-120
depresión posparto, 115
dhat, síndrome de, 58
DHEA, hormona, 151, 259 n. 38
diazepam, 147
Dinamarca, 115
disfórico premenstrual, trastorno
  (TDPM), 108, 241 n. 10, 241 n. 11
Dowrick, Christopher, 119

Edamaruku, Sanal, 253 n. 5
Eli Lilly, farmacéutica, 240 n. 10
enfermedades mentales
  condiciones bioculturales, 115,
  120
  cultura y, 64, 65, 75, 114-116,
  233 n. 10
  estrés postraumático y,
  183-184, 269 n. 26
  fugue y, 153
  modelo biomédico y, 113-121,
  246 n. 33, 247 n. 37
  psiquiatría occidental y, 64, 65,
  75, 98-99
  síndromes y, 98-99
  véase también depresión; DSM
esquizofrenia, 113, 115, 246 n. 33
estado mental, 150, 259 n. 35

Estados Unidos, 26, 42, 75, 84, 91,
  108, 109, 110, 113-115, 119, 121,
  143, 145, 148, 156, 241, 258 n. 32
Estrés: el lado bueno (McGonigal), 150
estrés postraumático, síndrome
  de, 183, 184, 269 n. 26

felicidad
  creencias culturales sobre,
  119-120
  propagación social y geográfica
  de la, 203, 271 n. 10
fluoxetina, 241
Fowler, James, 202-203, 271 n. 10,
  272 n. 11
Framingham Heart Study, 142, 202
Francia, 64, 109, 114, 153, 244 n. 16
  enfermedades diagnosticadas
  sólo en, 109-110, 244 n. 16
  tasas de depresión en, 114
  teoría germinal de las
  enfermedades, 259 n. 32
Frank, Robert, 107
frigofobia, 59-60
fugue (fuga), trastorno médico de
  la, 153-154, 260 n. 44

Gazzaniga, Michael, 152, 177
Gellhorn, Martha, 50
Gibson, William, 239 n. 12
gilhari, síndrome de, 59, 172
glosolalia, hablar en idiomas
  desconocidos, 139, 250 n. 1
Golden, Kenneth, 252-253 n. 5
Goodman, Felicitas, 249 n. 1
Gordon, Andrew, 174-175, 266 n. 12

Gran Bretaña, «calambre del taquígrafo» en, 111

Granta, 50, 53

Grossmann, Igor, 120

Gruchow, Paul, 47, 204-205

Grupo de Estudio del *Koro*, 90

Gwee Al Leng, 98

Habila, Helon, 225 n. 4

Hacking, Ian, 152-154, 260 n. 44

Hainan, isla de (China), 62
  ciudad de Haikou, 161-162, 163-164, 167, 187, 199, 207, 214
  ciudad de Sanya, 168, 207, 212-214, 217
  epidemia de *koro* (1984), 62, 130, 165-170, 187-196, 207-219, 234 n. 12
  lenguas en, 163, 261 n. 6, 274 n. 1
  Lingao, 163-170, 187-198, 261 n. 5
  modernización y desarrollo, 162

Hamilton, Max, 99

Han, dinastía, 164

Harari, Yuval, 175

Harper's Magazine, 65

Healing Arts, The (Kaptchuk), 72

Heider, Fritz, 177, 266 n. 12

Herzinsuffizienz o «insuficiencia cardíaca», 110, 258 n. 32

Hessler, Peter, 51

hikimori, 57-58

Hinton, Devon, 154-155

Hipócrates, 106

histeria, 64, 106-107, 153, 233 n. 10

Historia de la medicina tradicional china del emperador Amarillo, 61

historias, narración de, 172-185, 199-205, 218
  como cultura, 203, 274 n. 16
  inteligencia artificial y, 174-175
  razonamiento causal, 174-178, 183, 266 n. 13, 272 n. 13, 274 n. 16
  véase también Narrative Exposure Therapy (NET); neurociencia

hmong, inmigrantes, 143-145, 155-157

Ho, Faith, 72, 74

Hobbes, Thomas, 80

Holanda, 62

Honduras, 251 n. 5

Hong Kong, 11, 63, 69-71, 74, 75, 87
  epidemias de *koro*, 77, 123, 234 n. 12
  muertes por vudú, 251 n. 5
  población y crecimiento, 231 n. 2
  síntomas premenstruales, 241 n. 12

Hospital de Medicina Tradicional China de la Universidad de Cantón, 126

Hospital del Cerebro de Cantón, 130

Hospital Provincial de Medicina Tradicional China, en Cantón, 128

Hughes, Charles, 120

Ilechukwu, Sunday, 27-28

India, 58, 62, 99, 172, 209, 241 n. 11, 242 n. 12
  esquizofrenia en, 115
  muertes por vudú, 253 n. 5

Indonesia, 53, 62, 102, 200, 208, 209, 210, 234
  creencia tradicional en el Orang Minyak, 102
  régimen de Suharto, 234 n. 12
  véase también Borneo
Inglaterra (Reino Unido), 69, 75
  dolencias de «sabañones» en, 110
inmersión cultural, 46, 69
Insel, Thomas, 113
Instituto de Salud Mental de Singapur, 96
Instituto de Tecnología Creativa de la Universidad de Carolina del Sur, 174
Instituto Nacional de Salud Mental de Estados Unidos (INSM), 113
inteligencia artificial, 173
Italia, 11, 43-43, 45, 66, 137, 144, 153, 184, 199, 244 n. 16
  evitar un colpo d'aria, 264 n. 1

Japón, 115
  índices de depresión, 115
Ji, Frank, 207-211
Jilek, Wolfgang, 234 n. 12, 262 n. 11
Johnson, Thomas, 242-243 n. 14

Kan, Toni, 15-16, 23, 33
Kaptchuk, Ted, 60, 72, 255 n. 20
Kapuściński, Ryszard, 50
Karimu, Wasiu, 15-19, 20, 27, 34
Kelley, John M., 257 n. 31
Kerr, John Glasgow, 130
khyâl cap, 58
Kirmayer, Lawrence, 63

Kleinman, Arthur, 65-66, 113, 121
Klemm, Gustav, 80
Kluckhohn, Clyde, 84
koro, 12, 15-39, 61-64
  epidemias de, véase Cantón; China; Hainan, isla de; Hong Kong; Nigeria
Kroeber, Alfred, 84
kwakiutl, tribus, 83

Lagos, 15-16, 23, 25, 29-38
latah, 57, 79, 91-92, 99, 100, 232-233 n. 10, 238 n. 10
LeBon, Gustave, 203
lesiones por esfuerzo repetitivo, 112
Li Jie, 130-133
Li Xing Ping, 127
Lock, Margaret, 242 n. 12
Logan, Peter, 84-85

Mad Travelers: Reflections on the Reality of Transient Mental Illnesses, 152
Madison, en Wisconsin, 22, 32, 54, 221
Malasia, 51, 53, 57, 63, 209
  bomohs, brujos, 100-101
  medicina tradicional y creencias, 100-103
  pontianak, mujeres vampiro, 101
  ritual main peteri, 100
maldiciones, muertes por, 140, 251-252 n. 5
  véase también vudú, muertes por
Malleus maleficarum (Kramer y Sprenger), 60

mamhepo, 32
Manser, Bruno, 53-54, 178
Manual diagnóstico y estadístico de los trastornos mentales (DSM), 57, 99, 105-106, 120
DSM-III, 108
DSM-IV, 98, 120
DSM-5, 98, 108, 113, 241 n. 11, 247 n. 37
SPM/TDPM en, 109, 241 n. 10
Mao Zedong, 194
mara (duende), 144
Matthes, Benjamin, 62
McAdams, Dan, 178-179, 204
McGonigal, Kelly, 150, 259 n. 35
Meaning, Medicine and the «Placebo Effect» (Moerman), 149
medicina tradicional china, 59-62, 188-190
distancia con la medicina occidental, 71-73, 168, 189-190
frigofobia en, 60
medicina de Malasia y, 100
papel de las creencias en, 143, 169, 189
Yap sobre, 72
véase también suo yang
Medicine and Culture (Payer), 109
meditación, 151
Melville, Herman, 9
menopausia, significado cultural de la, 242 n. 12
menstruación, significado cultural de la, 107, 241 n. 12, 243 n. 14

véase también síndrome premenstrual (PMS)
Mental Diseases Peculiar to Certain Cultures» (Pow Meng Yap), 140
México, 81, 115
Michelmore, Margery, 236 n. 8
Michotte, Albert, 176-177
migrañas, 108, 110, 147
Mo Kan-Ming, 130, 133
Moerman, Daniel, 149, 256 n. 31
Montesquieu, barón de, 80
More, Thomas, 80
Moua, Sandy'Ci, 155-156
muerte súbita noctura, síndrome de, 143-145
multiculturalidad, 46, 82
Murtala Muhammed, Aeropuerto Internacional, 23
Museo de Ciencias Médicas de Hong Kong, 71

naloxona, «antagonista opiáceo», 146, 149
Nei Jing, Historia de la medicina tradicional china del Emperador China, 61
neurociencia
efectos de calmante placebo, 146
glosolalia, hablar en idiomas desconocidos, 139, 250 n. 1
modelo biomédico y, 152
Ngui, Paul, 88, 89-90, 91-92, 97, 105, 237-238 n. 10
nicho cultural, hipótesis del, 272 n. 13

Níger, 140
Nigeria, 11, 28, 115
    Area Boys (Lagos), 16-18, 29,
        30, 32, 41, 193
    Congreso del Pueblo Odua
        (CPO), 18
    creencia en *yuyu*, 26, 34
    epidemia de *koro* (1975-1977), 28
    esquizofrenia en, 115
    hotel Mainland (Lagos), 24, 29
    inicios de los Cuerpos de Paz
        en, 236 n. 8
    koro en, 12, 15-39
    mercado de Jankara (Lagos),
        25, 37
    tasas de ataques de pánico, 114
nocebo, respuesta, 145-148, 203,
    255 n. 20
Nueva Zelanda, 140

Obazi, Starrys, 12, 34-36
obesidad, propagación social de
    la, 202
ode ori, 32
Opening Up (Pennebaker), 180
Orang Minyak, 102
Organización Mundial de la
    Salud (OMS), 115, 235 n. 13,
    242 n. 12

Países Bajos, 257 n. 32
pánico, ataques de, 114
Pao Siaw-Ow, 62
Papúa Nueva Guinea, 241
par, efecto, 203
Paracelso, 67

Payer, Lynn, 109-110, 115, 244 n. 17,
    258 n. 32
Peng Xinxin, 133-134
Pennebaker, James W., 180-182,
    268 n. 23
percepción, psicología de la,
    176-178
personalidad múltiple, trastorno
    de, 121, 150
pesadilla, 58, 144
Phillips, David, 143
placebo, respuesta, 146-150
    cirugía placebo y, 147-148, 255
        n. 22
    diferencias culturales en, 257
        n. 32
    en la investigación
        neurocientífica, 147
    influencia de los médicos,
        256-257 n. 31
    naloxona y, 146, 149
    rituales de sanación y, 147, 255
        n. 20
PMS Action, 108
pontianak, mujer vampiro de
    Malasia, 101-102
premenstrual, síndrome (SPM),
    106-109, 113, 239 n. 1, 242-243
    n. 14
Prozac, 118
psiquiatría occidental, influencia
    de la cultura sobre, 65, 75
Puerto Rico, 114

razonamiento causal, 174-178, 183,
    266 n. 13, 272 n. 13, 274 n. 16

Riddle, Bethany, 243 n. 14
Riegle-Crumb, Catherine, 273 n. 15
rituales de sanación y, 147, 255 n. 20
River Town (Hessler), 51
Rosenberg, Marian, 162-164, 168,
170, 187-198, 207
Ruble, Diane, 243 n. 14
Rusia
expectativas sobre la felicidad,
120
media de trastornos de
ansiedad social, 114

sabañones, 110
Schafer, Edward, 162, 208
sentido común, razonamiento
causal, 174-176
Sharma, Pandit Surender, 253
Shore of Pearls (Schafer), 208
Simmel, Marianne, 177, 266 n. 12
Singapur, 11, 62, 87-103, 123, 171,
209, 234 n. 12, 238 n. 10, 239
n. 13
víctimas femeninas de koro, 90
Singapur, Asociación Médica de, 89
*Sleep Paralysis: Night-mares,
Nocebos, and the Mind-Body
Connection* (Adler), 144
Spencer, Herbert, 69
*Stitt's Diagnosis, Prevention and
Treatment of Tropical Diseases*
(1942), 63
Su Dongpo, 162, 163
Sudáfrica, 115
Sudán, 27, 269 n. 26
Suiza, 53, 61, 67, 114

Sun Simiao, 61
Sun Yat-sen, 162, 261 n. 6
suo yang, en China, 61, 62, 71, 88,
89, 91, 93-95, 125-132, 135, 163,
165-167, 171, 191, 196-197,
208-216, 248 n. 9
epidemia en Hainan (1984), 62,
130, 165-170, 187-196,
207-219, 234 n. 12

tabaco, propagación social del,
202-203
taijin kyofusho, 57
Tailandia, 11, 22, 51-52, 62, 96, 101,
105, 179, 187, 209
Taiwán
esquizofrenia en, 115
koro en, 248 n. 9
tasas de depresión, 114
Tanzania, 48, 50, 55, 66, 179, 221
taoísmo, 164, 196
Terapia de Exposición Narrativa
(NET), 183, 269 n. 26
Terranova, 144
Tíbet, enfermedades de viento en,
264 n. 1
Transcultural Psychiatric, 27, 63
túnel carpiano, síndrome del,
111-113
Turquía, 115
Tylor, E. B., 80-83, 85, 105
Cultura primitiva:
investigaciones sobre el
desarrollo de la mitología,
filosofía, religión, arte y
costumbres, 81

Updike, John, 236 n. 8
Upside of Stress, The (McGonigal), 259 n. 35

vampiros, 101-102
vertebroplastia, 148
Victoria, hospital psiquiátrico, en Hong Kong, 63, 70, 231 n. 3
viento, miedo del, 171-172, 264 n. 1
    ataques de viento en Camboya, 58, 154-155
    China (pa-feng), 59
    véase también China
vudú, muerte por, 140-142, 251-253 n. 5

Wai Hoi Lo, 76, 79, 105, 123
Wang, Sansa, 167, 215-216
Watters, Ethan, 246 n. 33
Williams, Raymond, 80
Winona, en Minnesota, 41, 42, 45-46, 138, 226 n. 1
World Hum, página web, 55
Wu Chuandong, 215, 218

Yap, Pow Meng, 133
    en el hospital de Castle Peak (Hong Kong), 72, 74-75
    en el hospital psiquiátrico Victoria (Hong Kong), 63-64, 70
    investigación sobre los síndromes ligados a la cultura, 63-64, 70-77, 140, 232 n. 10
    «Mental Diseases Peculiar to Certain Cultures», 140
    sobre la medicina tradicional china, 72
    sobre la muerte por vudú, 140
    sobre *latah* en Malasia, 75, 233 n. 10, 238 n. 10
Yumani, medicina, en la antigua Grecia, 100

Zhang Zhong Jing, 61
    Sobre la enfermedad fría, 61
Zhanjiang, en China, 133-135, 262 n. 11
Zhou, Cassie, 168-169

SUMARIO

Introducción 11

1. El caso de la virilidad perdida 15
2. Siguiendo los hilos 41
3. Ligados a la cultura 57
4. Mentes modernas 69
5. Mentes salvajes 79
6. Cerdos venenosos 87
7. Enfermedades estadounidenses 105
8. Fusión de medicinas 123
9. Bucles extraños 137
10. La cola del dragón 161
11. Las cadenas que nos unen 171
12. Marear la lombriz 187
13. Más allá de las creencias 199
14. Hasta el mar 207

Agradecimientos 221
Notas 225
Índice alfabético 277

· ALIOS · VIDI ·
· VENTOS · ALIASQVE ·
· PROCELLAS ·